税務頭を鍛える本
<small>ぜいむあたま</small>

弁護士・公認会計士
髙橋貴美子 著
Takahashi Kimiko

中央経済社

はじめに

～課税庁の思考パターンを知り，自分の頭で考えて 的確に主張するために～

　税務の現場においては，課税庁側と納税者側とで意見が対立することが少なくありません。そして，意見対立の結果なされた課税庁側の課税処分に対して不服がある場合には，制度上，異議申立て及び審査請求という不服申立ての手続きがあり，最終的には税務訴訟によって争うことになります。

　しかし，非常に憂うべきことではありますが，課税庁側の組織が判断する異議申立て及び審査請求の場合のみならず，税務訴訟においても（独立した機関であり，中立であるはずの裁判所がどういうわけか⁉）納税者の主張よりも課税庁の主張を支持する傾向にあり，納税者の権利救済という点で，十分には機能していないというのが現状です。このことは，平成28年度の税務訴訟における勝訴率が4.5％[1]にとどまるという結果からも裏付けられます。

　もっとも，近時の最高裁判決においては租税法律主義の観点または納税者の救済という面で妥当な判断もみられるところではあります。しかし，不当な課税処分のすべてについて最高裁まで争うということは，時間及び費用の観点に照らして現実的ではありません。そうすると，**裁判所ではなく税務の現場で，課税庁側の主張に対して，的確に自己の主張を構成し主張する等して問題を解決する**ことが，**現状における�実的な解決策**といえます。

　また，税務調査等において具体的に問題が発生した場面だけでなく，租税法規を適用する場面において，未だ通達や裁判の判断等がないような事項に対して，何とか自分で回答を導き出す必要もあります。

　以上のように，税実務のプロフェッショナルとしては，税務に関する問題について，自分の頭で考えて的確に主張することは，非常に重要なスキルになり

1　平成28年度「税務統計―19-1～2　不服審査・訴訟事件関係―」より。

ます。

では，どうすれば自分の頭で考えて的確に主張できるようになるのでしょうか？

自分の頭で考えることが大事なのはわかっていても，何らの枠組みや知識もないところで，ゼロから考えることは困難です。このことは，例えば数学の問題について，必要となる概念の定義や定理も知らずに考える場面（例えば，微分の概念や計算方法も知らずに微分の問題を解くような場面）をイメージすれば容易に想像できるでしょう。

このように，「自分の頭で考える」ためには，思考の枠組みや型，用いられる概念やルールを正確に理解しておく必要があります。

このことは，税務上の問題を考える場合も同様です。しかし，租税法の世界は，ルールがはっきりとせず，概念も多義的で曖昧であるという特殊性があります。また，ルールや概念の解釈等が判決で言及されている場合もありますが，前述のように課税庁側の主張を追認するような判決が多いため，納税者に有利な主張を構成するために使えるルールや概念が限られているという不利な状況にあります。

しかし，あきらめてはいけません！

使える素材（例えば，納税者勝訴の裁判例）は少ないけれども，ないわけではありません。使えるものはドシドシ使いましょう！

曖昧な概念については，学説等も参考にしてできるだけ明確にしましょう！

ロジック（論理）には，不当・不合理な主張を暴く力があります。ロジックを重視しましょう！

抽象的な議論にはゴマカシが隠されている場合が少なくありません。具体的に考えてみましょう！

一般に説明されている視点ではなく，異なった視点から考えてみましょう！見過ごされていた何かが見つかるかもしれません。

あきらめずに考えれば，何らかの打開策が見つかるはずです。

「弁論術とは，どんな問題でもそのそれぞれについて可能な説得の方法を見つけ出す能力である。」[2]——アリストテレス『弁論術』

本書の構成

本書では，上記の観点（**使える素材は使う，概念の明確化，ロジック重視，具体的に検討する，異なった視点から見る**）をベースにして，「自分の頭で考えて的確に主張するため」の枠組みと視点を紹介します。

まず，第1章では，そもそも「考える」とはどういうことであるかについての筆者の見解を紹介した上で，「考える」場面を説得すべき相手方が存在する「議論」に移し，税務の問題を「議論」として分析・構成するための枠組み，道具としてのロジック，素材としての趣旨・保護法益等について説明します。また，実務では租税法規の条文解釈が争点となることが少なくありません。そこで，租税法規のユーザーである税理士自身が条文解釈ができるよう，近時の最高裁判決で用いられている解釈方法を抽出し，試案として解釈ルールを定立します

第2章では，納税者と課税庁との間の紛争を類型化した上で，課税庁独自の思考パターンがその紛争の原因になっていることを指摘します。そして，紛争類型ごとに裁判例を取り上げ，課税庁の思考パターンが実際の裁判例においてどのように現れているかを概観した上で，その思考パターンに基づく主張の問題点を抽出し，当該問題点に対して反論を試みます。

第3章では，課税実務や判決で多用される「課税の公平」について，その概念の正確な理解のため，「課税の公平」の根拠となる憲法14条1項からその具体的な内容を解き明かした上で，「課税の公平」を判断理由とする裁判例を取り上げ，本来の意味で「課税の公平」という概念が使用されているか否か，何を比較の指標として「同じ・違う」と判断しているかについて分析・検討します。

第4章では，当初申告要件のある選択権規定に関する更正の請求の事案と消費税法における輸出免税要件の解釈に関する事案について，税務調査における調査官の主張に対しどのようにして反論を構成していくかにつき，会話形式で検討します。

2　アリストテレス『弁論術』31頁（岩波文庫・2010年）

v

目　次

第1章

1

税務の問題に対していかに「考え」かつ「主張」するか?

[1] まずは考えるためのマインドセット ……………………………………… 1

  (1) そもそも「考える」とはどういうことか?　1

  (2) 数学とは違って,租税法の分野においては絶対的な「正解」はない　3

[2] 「議論」において大事なこととは? ………………………………………… 6

[3] 税務の問題を「議論」として分析・構成するためのフレームワーク(枠組み) ……………………………………………………………… 10

  (1) 議論を分析・構成するための「構造」　10

  (2) 議論を分析・構成するための「道具」　14

  (3) 議論の「素材」　18

[4] 不当な「推論」の類型を知っておく ……………………………………… 35

  (1) 強　弁　36

  (2) 隠れた前提・根拠を置いているが,その前提等が誤り・不当である論証　37

  (3) 発生可能性(蓋然性)の程度を無視する論証　41

  (4) 論点のすり替え(論点の歪曲)　45

  (5) 論点先取り(循環論法)　46

[5] 租税法における条文の解釈ルール …………………………………………… 48

  (1) 文理解釈 vs 目的論的解釈 ～いずれが優先するか?～　50

  (2) 文理解釈といえども,一筋縄ではいかない!　76

  (3) 「例外規定の厳格解釈」って何だ??　81

  (4) 条文解釈においては「保護法益の調和」が必要!　84

vi 目　次

第2章

課税庁特有の思考パターンを理解し，これに反論する！ ——— 87

1 事案の特殊性を考慮することなく，通達等を画一的・形式的に
適用することで紛争となるケース ················· 93
- (1) 事案の概要　94
- (2) 争　　点　95
- (3) 検察側の主張　95
- (4) 検察側の主張に対する検討　96
- (5) 最高裁における判断を基に上記の問題点と反論を検証してみる　103
- (6) 本紛争類型に対する反論のポイント　107

2 納税者に有利な最高裁の判断を制限的に解釈・適用することで
紛争となるケース ····················· 109
- (1) 事案の概要　110
- (2) 争　　点　110
- (3) 東京地裁の判断　111
- (4) 分析・検討　114
- (5) 東京高裁の当てはめと東京地裁の当てはめとを比較する　123
- (6) 本紛争類型における問題点抽出と反論のポイント　131

3 実質的・本質的に同じものを違うと評価することにより紛争と
なるケース ······················· 132
- (1) 福岡高裁の判断　133
- (2) 分析・検討　133
- (3) 本紛争類型における問題点抽出と反論のポイント　137

4 条文上，要件・効果が必ずしも明確でない場合に，過剰に
納税者に不利益な解釈をすることで紛争となるケース ·········· 138
- (1) 事案の概要　139
- (2) 争　　点　139
- (3) 裁判所の判断　140
- (4) 分析・検討　144

目　次　vii

(5)　本紛争類型における問題点抽出と反論のポイント　155

5 通達を拡大解釈または縮小解釈することにより紛争となる
ケース ………………………………………………………………… 157

(1)　事案の概要　157

(2)　争　　点　158

(3)　東京地裁の判断　159

(4)　東京地裁の判断を分析する　163

(5)　最高裁の判断をみてみよう！　170

(6)　本類型における問題点抽出と反論のポイント　173

第3章

175

「課税の公平」とは一体何だ？

1 まず「課税の公平」の中身を知ろう！ …………………………… 176

(1)　憲法14条1項における「平等」の意味　177

(2)　租税法における「課税の公平」の内容　178

(3)　租税法における「合理的区別」の判断基準　180

(4)　大島訴訟の判断基準によると憲法14条1項に反するとの判断が
なされないことを裁判例で確認する　186

2 税務訴訟における「課税の公平」のマジックワード化 ………… 193

(1)　最高裁平成20年9月12日判決・判タ1281号165頁（ペット葬祭
業事件）　194

(2)　最高裁昭和62年10月30日判決・判タ657号66頁（信義則に関す
る裁判例）　196

(3)　最高裁平成17年12月19日判決・裁判所ウェブサイト（外税控
除事件）　203

(4)　財産評価に関する「時価」が原則として評価通達に基づいて
評価されるべきとされる根拠　206

(5)　裁判例を検証した結果のまとめ　215

viii 目　次

3 「課税減免規定の厳格解釈」というテーゼは「課税の公平」
からは導けない！ ……………………………………………… 216

4 「課税の公平」が議論に用いられている場合の
チェックポイント ……………………………………………… 223

第4章
225

未だ答えの出ていない問題について主張を組み立てる

1 選択権規定における更正の請求の可否と選択権規定の
条文解釈 ………………………………………………………… 226

(1) 設　　例　226

(2) 検　　討　230

2 消費税の還付〜輸出免税における帳簿等の保存要件に不備が
あった場合の還付の可否 ……………………………………… 293

(1) 設　　例　294

(2) 検　　討　296

第1章
税務の問題に対していかに「考え」かつ「主張」するか？

1 まずは考えるためのマインドセット

(1) そもそも「考える」とはどういうことか？

　筆者は，本書において，「自分の頭で考えること」が重要であり，思考方法やロジックの組み立て方を説明しようとしているわけですが，いざ，「考える」とはどういうことか？　を説明しようとして，「考える」ということが何なのか実はよくわかっていないことに気がつきました。

　そこで，それが何かを知るべく，「思考」に関する本を読んでみました。例えば，波頭亮『思考・論理・分析―「正しく考え，正しくわかること」の理論と実践』では，思考とは「思考者が思考対象に関して何らかの意味合いを得るために頭の中で情報と知識を加工すること[3]」であるとしていました。また，沢田允茂『考え方の論理』では，「考える」ということには，「知覚の判断」と「物事の間にどのような関係が成り立つのかをみつけること」の2種類がある[4]と説明されていました。

　以上の説明を参考に，自分なりに「考える」ということを定義すれば，「**考える対象が属する分野の知識・情報及び思考パターン等を利用・加工して，自**

3　波頭亮『思考・論理・分析―「正しく考え，正しくわかること」の理論と実践』16頁（産業能率大学出版部・2004年）
4　沢田允茂『考え方の論理』24〜25頁（講談社・2016年）

己の見解・意見・命題を組み立てること」ということになりそうです（図表1）。簡単にいえば，何かを「考える」とは，まず素材となるものを得て，その素材を分解したり組み合わせたり，比べたりして，新しいものを作り出すという行為であるということです。その素材となるものには，考える対象が属する分野における特有の思考パターンといったものも含まれます。

　一方，筆者が定義するところの「自分の頭で考える」に対する正反対の行為は，「コピペ」です。つまり，他の誰かが考えたことをそのまま受け入れて，自己の見解にするという行為です。もちろん，他者の考え方を批判的に検討した上で，その考え方に共感し，それを自己の考えとするということを否定するものではありません。この場合は，「他者の考え方」を素材として，「批判的に検討する」という加工のプロセスを経て，「妥当である」と判断して，自己の見解として組み立てているので，「コピペ」にはなりません。

　したがって，上記定義からいくと，**「偉い学者が言っているので」**とか，**「最高裁が判断したことなので」**ということだけを根拠に自己の意見とすることは「自分の頭で考えた」ことにはならないということになります。

●●●図表1　「自分の頭で考える」ということ

以上のように，「考える」ということを，情報等の加工であると定義した以上，全くのゼロから考えることはできないことになります。何らかの**「足場」**となる枠組みや情報等が必要になります。例えば，数学の場合には「公理」であるし，科学の場合は実験結果や観測結果になるでしょう。**租税法の場合には，条文の文言や，制度趣旨及び裁判例における判断等が「足場」になります。**したがって，足場となる情報等の収集及び理解は，考えるという行為には必要不

可欠です（図表1のStep1）。

　また，考えるためには，収集した情報等を加工するための方法論や使用する道具の使い方がわかっていないと，目の前にある情報等をこねくり回すだけになってしまいます。したがって，その方法論と道具についても知る必要があります（図表1のStep2）。**租税法の場合には，条文の解釈ルールや論理則等が，「方法論」や「道具」に該当します。**

(2)　数学とは違って，租税法の分野においては絶対的な「正解」はない

　以上のように，情報等を加工して自己の結論や意見を導き出すわけですが，税務の分野においては，数学とは異なり，**絶対的な「正解」はありません。**確立された最高裁の判例であっても，絶対的な「正解」ではありません。国税庁が定めた通達ももちろん「正解」ではありません。権威に裏打ちされた1つの見解にすぎないのです。

　それでは，なぜ，数学とは異なり絶対的な「正解」がないのでしょうか？

　考えられる原因は，以下の3点です。

①　用語や概念が多義的（＝一義的に決まらない）であること

　数学において，用語や概念は，非常に厳密に定義されています。したがって，ある要素aが「A」という概念に該当するか否かは，一義的に判断することができます。

　一方，租税法における概念は，そもそも定義自体が定まっていないか（例えば，租税回避という概念）またはある程度定義のようなものがあっても多義的である場合が少なくありません（むしろ，多いです）。そして，思考の基礎となる概念の意味が異なれば，当然に異なった結論が出てくることになります（図表2）。

●●● 図表2　ある概念の意味（内容）が一義的に明らかでない場合

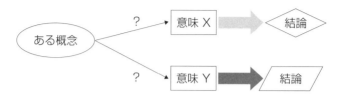

② そもそも「真」・「偽」がはっきりと決められないものを対象としていること

数学において証明の対象となる「命題」とは，「真」か「偽」が判定できる文や式のことをいいます[5]。よって，数学は「真」・「偽」が判定できるものを対象としているということになります。

一方，租税法の場合には，性質上，自己の経験等を基にした価値観を伴う内容（例えば，「寄附金」該当性における経済的合理性の判断）を対象とすることが多いため，その結論は，論者によって異なることになります（図表3）。

●●● 図表3　論者によって経済的合理性の有無は異なる

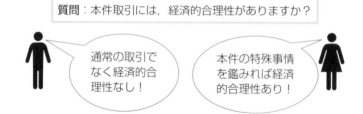

③ 適用されるべきルールが明確でないこと

例えば，数学の場合，5＋3×7という計算をする場合，(a)まず，5＋3を行い，その結果に7を掛けるという方法，つまり，(5＋3)×7という方法と，(b)まず，3×7を先に行い，その結果に5を足すという方法，つまり，5＋(3×7)の2つの方法が考えられます。しかし，四則計算においては，「加減

5　矢崎成俊『大学数学の教則　数学ライセンス取得のためのノート』24頁（東京図書・2014年）

乗除が混在する式においては、掛け算・割り算を先に行い、その後、足し算・引き算を行う」という**ルール**があります。したがって、上記計算は(b)の方法で行うべきことが明確に定められていますし、これが7＋11×8という数字に置き換わったとしても、変わることはありません。

　一方、租税法の場合、条文解釈を例に挙げると、一応、文理解釈を優先すべしというルールがありますが、必ずしもすべての事案においてこのルールが適用されているわけではありません。文理解釈よりも目的論的解釈が優先される例が、最高裁判例の中でも少なからずみられるところです（例えば、61頁以降で検討する消費税法30条7項の「保存」の解釈が争点となった最高裁平成16年12月16日判決）。このように、租税法においては、条文解釈1つを取り上げても適用ルールが必ずしも明確ではなく、よって、導かれる解釈も論者によって異なることになります（図表4）。

●●●**図表4　租税法においてはルールが必ずしも明確でない**

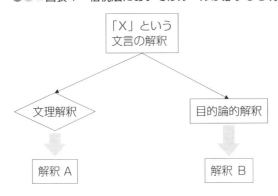

　以上のように、①用語や概念が多義的であること、②そもそも「真」・「偽」がはっきりと決められないものを対象としていること及び③適用されるべきルールが明確でないことにより、租税法の問題には数学のような絶対的な「正解」はないため、異なる複数の見解の中のいずれが妥当であるかは、**いずれの主張がより説得的か**で決することになります。

　もっとも、概念をできるだけ明確化すること（上記①）や、適用されるルールを明確化すること（上記③）は、租税法における判断の客観性を担保するた

めに（例えば，結論先にありきのような判断に対して的確に反論するために）必要なことです。そこで，本書では，これらの点についてもできるだけ明確化していきます。

では，「説得的な主張」とはいかなる主張をいうのでしょうか？

これまでに読んだ説得的ではなかった様々な文章を思い浮かべつつ，「説得的でない主張」の特徴を列挙してみます。これらの逆が，「説得的な主張」の特徴ということになるでしょう。

- 考え方の道筋（フレームワーク）がはっきりしていないこと
- 論理に飛躍があること
- 論理矛盾があること
- 問題の所在がはっきりしていないこと
- 自己が提起した問いに対して正面から答えていないこと
- 主張を支える根拠が薄弱であること
- 枝葉末節の議論が多いこと
- 言葉の使い方が曖昧で，意味するところがはっきりしていないこと
- 形式的な議論に終始していること（実質面への言及がないこと）　などなど。

2 「議論」において大事なこととは？

ここまで，「考える」ということ，租税法の問題において「正解」はないこと，したがって，いずれの主張がより説得的であるかによって，その妥当性を決することなどについて見てきました。

もっとも，本書では，税務調査等の場面で「自分の頭で考えて，説得的に主張する」ことをテーマにしていますから，自分1人で「考える」にとどまらず，その結果を相手方に対して主張することを前提にしています。そこで，これ以降は，事実や根拠等に基づく主張・反論を意味する**「議論」**を前提として検討していくことにします。

では，相手方に対して主張する場合に，事実や根拠等に基づく主張・反論で

第1章 税務の問題に対していかに「考え」かつ「主張」するか？ 7

ある「議論」として構成する必要があるのはなぜでしょうか？

それは，相手側を説得し，最終的には聞き入れてもらう必要があるからです。

根拠を示さない主張は，単なる個人の意見表明にすぎません。「これはおかしい」，「私はこれが好き・嫌い」といった言明と同じです。

このように，「議論」においては，**自己の主張を支える根拠・理由を示すことが「肝」**になります。

この点，すでに誰かが同様の主張に対して理由を見つけ出してくれている場合には，これを用いることもできます。しかし，これまで誰も議論してこなかったようなケースにおいては，自分自身で理由を見つける必要があります。

したがって，議論を構成するためには，**いかにして自己の主張を支える理由を探し出すかが重要なポイント**になります。

思考実験で，自己の主張とそれを支える理由を考えてみる

例えば，以下の問題を考えてみましょう。

フィリッパ・フットというイギリスの倫理学者が提示した思考実験で，「トロッコ問題」というものがあります。NHK教育テレビで放送されたマイケル・サンデル教授の「ハーバード白熱教室」でも取り上げられていたので，ご存知の方も少なくないと思います。その場合であっても，再度，ご自分で考えてみてください。

まず，問題1について，あなたが採るべきであると考える行動を明らかにしてください。この場合，刑法上の問題や観点は無視してください。あくまで，あなたの「正義感」をベースに考えてください。

問題1

あなたは，ある鉄道のポイント切り替えのそばにいます。線路の右側をみると，石を積んだトロッコが猛速度で暴走してきました。到底，止めることができないようなスピードです。トロッコの進行方向をみると，5人の作業員がいます。このままでは，トロッコが突っ込み，5人の作業員が死んでしまいます。しかし，あなたがポイントを切り替えれば，トロッコが引き込み線の方に進路を変更するため，5人は助かることになります。他には手段がありません。

しかし、運の悪いことに、その引き込み線にも作業員が1人いました！

さて、あなたは、5人を助けるためにポイントを切り替えますか？それとも、1人を助けるためにこのまま放置しますか？

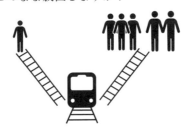

いかがでしょうか？

「ポイントを切り替えて、1人を犠牲にして5人を助ける」という回答と、「そのまま放置して5人を犠牲にする」という回答の2つが考えられます。もちろん、いずれか一方が「正解」というわけでもありません。

ただ、統計データでは、「ポイントを切り替えて、1人を犠牲にして5人を助ける」という回答が多数派だったようです[6]。

では、次に、問題1を少し変化させたトロッコ問題について考えてみてください。

問題2

あなたは、ある鉄道上の陸橋の上に立っています。橋の下にある線路をみると、石を積んだトロッコが猛速度で暴走してきました。到底、止めることができないようなスピードです。トロッコの進行方向をみると、5人の作業員がいます。このままでは、トロッコが突っ込み、5人の作業員が死んでしまいます。しかも、この線路には引き込み線もありません。

あたりを見渡すと、あなたの側にはかなり太った男性がいることに気がつきました。それも、陸橋から身を乗り出して線路を見ています。この男性を後ろから突き落とせば、暴走トロッコを止めることができます。他には手段があり

6　北村良子『論理的思考力を鍛える33の思考実験』20頁（彩図社・2017年）

ません。

　さて，あなたは，5人の作業員を助けるために，この太った男性を突き落としますか？　それとも，そのまま静観しますか？

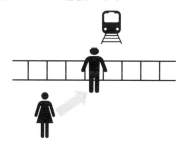

　こちらについては，いかがでしょうか？　問題1と同じ回答になりましたか？

　問題2も，本質的には問題1と同じように，「1人を犠牲にして5人を助ける」か，「そのまま放置して5人を犠牲にする」かの選択になります。

　しかし，統計データでは，「そのまま放置して5人を犠牲にする」の回答の方が多数派だったようです[7]。つまり，問題1と問題2とでは，多数派が入れ替わったということです。あなたは，自分が出した結論に対して，それぞれ，その理由を説明することができますか？

　おそらく，問題1で「1人を犠牲にして5人を助けるべき」と考えた人は，犠牲となる「**人数**」で判断したのだと思います。つまり，「**結果**」に着目して判断したということです。一方，問題2では，「**行為態様**」に着目したのではないかと思います。ポイントを切り替える行為よりも男性を突き落とす行為は，より直接的かつ積極的に殺人という行為になってしまうということに心理的な抵抗があったのではないでしょうか。

　または，問題1の場合には，引き込み線にいた1人は，同じく線路での工事をしている作業員なので，事故に巻きこまれる一定のリスクを負っているけれども，問題2の場合には全くの通りすがりの人であり，そのようなリスクは負っていないという「**犠牲となる対象者の属性**」に着目したということかもし

7　北村良子・前掲（注6）27頁

れません。

単に，自己の意見を言うだけであれば，理由は必要ありません。しかし，議論をするためには，上記のような理由付けが必要になります。

もちろん，最初から，「結果」，「行為態様」または「犠牲となる対象者の属性」といった判断基準を見つけて，これに基づいて結論を導き出すことは難しいでしょう。このような思考実験に慣れていない人は，感覚的に判断していたのではないかと思います。しかし，感覚的な判断であったとしても，無意識に何らかの価値判断や視点に基づいて判断したはずなので（例えば，「犠牲になる人の数は少ない方が良い」といった価値判断），それを**抽出し**，**言語化**すれば理由になり得ます。

そして，税務の問題は，倫理の問題である「トロッコ問題」とは異なり，**租税法規が基礎となるルールとして存在する**のですから，理由を見つけることは格段に楽なはずです。

3 税務の問題を「議論」として分析・構成 するためのフレームワーク（枠組み）

そこで，以下では税務の問題を「議論」することを念頭に置いて，議論の「**構造**」と，議論のための「**道具**」及び議論のための「**素材**」について，説明していきます。

なお，議論には，自己の主張を構成する場面のみならず，相手方の主張に対する反論を構成するという場面もありますので，両方の観点から検討しましょう。

(1) 議論を分析・構成するための「構造」

① 議論モデル図

先に述べたとおり，理由を示さない主張は，単なる個人の意見表明にすぎません。

したがって，「議論」においては，その主張等が正当であることを裏付ける

ような事実や根拠等を併せて提示することが必要になります。

よって、議論は、「**主張**」とそれを正当化するための「**前提**」・「**事実**」及び「**根拠**」によって構成されることになります[8]。

なお、検討の対象となっている議論を、図表5のようなモデル図（以下「議論モデル図」といいます）として表すと、何が①前提または事実等であって、その②根拠は何であるか、また、当該前提等と根拠によってどのような③主張が導かれるかが整理され、かつ一覧することができるため、本書における議論の分析の場面においては、できるだけ議論モデル図を用いることにします。

●●● 図表5　議論モデル図

以下、いくつかの例を用いて、議論モデル図により議論を分析してみます。

例えば、「ある条文の文言『A』は文理解釈によって解釈すべきであり、『A』という文言の一般的な意味は『B』であることから、『A』は『B』と解釈される」との主張を議論モデル図で分析すると、図表6のようになります。

●●● 図表6　文理解釈の場合の議論モデル図

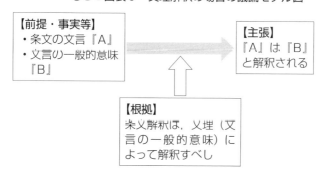

8　当該構造は、足立幸男『議論の論理　民主主義と議論』（木鐸社・1997年）94頁以降で紹介されているトゥールミンの議論モデルを参考にしました。

また，例えば，「ある条文の文言『A』は，立法趣旨によって解釈すべきであり，立法趣旨は『C』であるため，『A』は『C』と解釈される」との主張を議論モデル図で表現すると，図表7のようになります。

●●●図表7　目的論的解釈（趣旨による解釈）の場合の議論モデル図（その1）

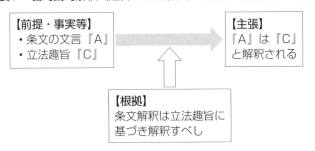

上記のように，同じ「条文の文言が『A』であること」を前提としていても，根拠が異なれば，結論であるところの主張も異なってきます。

そこで，自己が採用している根拠が妥当であることの理由も示す必要があります。

この点，後述するように，租税法においては，租税法律主義により，条文解釈は原則として文理解釈が目的論的解釈に優先されるべきであるというルールがあります。したがって，文理解釈よりも目的論的解釈を優先するのであれば，本来，その理由も明らかにされる必要があります。よって，このような場合には，「立法趣旨に基づき解釈すべし」という理由（根拠1）だけでは十分とはいえず，「本事案においては○○により，文理解釈よりも目的論的解釈が優先されるべきである」という理由（根拠2）も必要になります（図表8参照）。

②　議論において検討すべき対象

議論モデル図から明らかなように，「主張」は「前提・事実等」と「根拠」から導出されます。したがって，「主張」が妥当であるためには，まず，構成要素である「前提・事実等」が妥当または真実であること，「根拠」が妥当または合理的であることが必要です。加えて，次に説明するように，「前提・事実等」及び「根拠」から「主張」が導出されるための**「推論」**が妥当である必

●●● 図表8　目的論的解釈（趣旨による解釈）の場合の議論モデル図（その２）

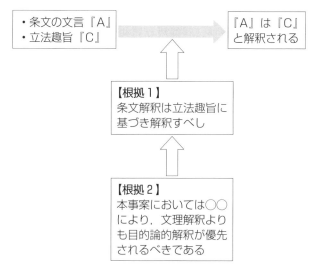

要もあります。

したがって，相手方の主張を批判的に検討する場合において検討すべき対象は，図表9で示したように①前提・事実等，②根拠及び④推論，ということになります。

●●● 図表9　妥当な議論であるか否かの検討対象

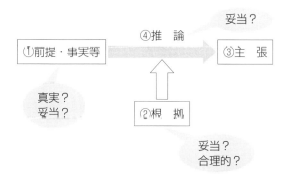

⑵ 議論を分析・構成するための「道具」

すでに述べたとおり，「前提・事実等」及び「根拠」から「主張」が導出されるためには，その「推論」が妥当である必要があります。

「推論」とは，一般的に，いくつかの前提（議論モデル図では，「前提・事実等」及び「根拠」がこれに該当します）から，それらの前提を根拠にしてある結論（議論モデル図では，「主張」がこれに該当します）を導き出す論理的に統制された思考過程のことをいいます（導出のメカニズムのこと。議論モデル図では，「⇨」部分がこれに該当します）[9]。そして，妥当な「推論」であるためには，一定のルールに従っている必要があり，当該ルールのことを，一般に**「推論規則」**と呼びます。

本書では，「考える」ことの定義を「対象となる分野の知識・情報及び思考パターン等を利用・加工して，自己の見解・意見・命題を組み立てること」としたわけですが，これに則していえば「前提・事実等」及び「根拠」は加工されるべき**「素材」**であり，「推論規則」はそれらを成果物であるところの「主張」に加工するための**「道具」**といえます。

以下，推論規則について，簡単に説明します。

① 「PならばQ」（条件法）を理解する

日常生活でもよく使われる推論規則として「条件法」があります。

「条件法」とは，「PならばQ」という文（条件文）で表される推論規則です。Pという仮定（前提）から，Qという結論が導かれるということを意味します。

「PならばQ」という条件文と，前提「P」及び結論「Q」との関係について押さえておくべき内容は，以下のとおりです。

⒜ 「PならばQ」が真の場合には，Pが真であれば，必ず（100％）Qは真になること

図表10のベン図からわかるとおり，Pに該当するものはすべてQにも該当す

---

9 米盛祐二『アブダクション仮説と発見の論理』2頁（勁草書房・2015年）

ることになります。

●●● 図表10 「PならばQ」が真の場合のベン図

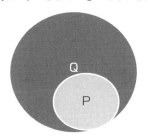

(b) Pが真であるにもかかわらず、Qが偽になる場合には、「PならばQ」は偽であること

例えば、「明日雨が降れば、運動会は中止です。」という条件文が真の場合、明日雨が降ったとしたら、運動会は中止になります。一方、明日雨が降ったとしても運動会が中止にならないのであれば、「明日雨が降れば、運動会は中止です。」という文は「偽」であったということになります。

したがって、「PならばQ」という条件文が偽であることを立証するためには、「P」が真の場合であっても、「Q」が真にはならない場合があること（つまり、100％成り立つわけではないこと）を示せばよいことになります。

例えば、「カラスであれば、すべて黒色である」という条件文が偽であることを立証するには、白色のカラスの例（つまり、カラスであっても、黒くないものがあること）を示せば足りるということになります（図表11）。これを「**反証**」といいます。

●●● 図表11 カラスであっても黒くないものがある場合のベン図

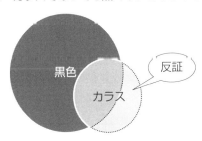

(c) 「PならばQ」が真であったとしても，その「逆」である「QならばP」が真になるとは限らないこと

「逆は必ずしも真ならず」ということですが，そのことは以下の例からもわかります。

「Xが犯人なら，犯行時刻にアリバイ[10]はないはずである」という条件文は，単独犯の場合で，かつ，遠隔操作のような特殊な手段を用いていない限り，真になります。しかし，この条件文が真であったとしても，その「逆」である「Xにはアリバイはない。よって，Xは犯人である」は必ずしも真にならないことは当然です。犯行時刻にアリバイがない人はいくらでもいるわけですから，それだけで，犯人にされてはかないません。

(d) 「PならばQ」が真であったとしても，その「裏」である「PでないならばQでない」が真であるとは限らないこと

図表12は，「PならばQ」が真である場合のベン図ですが，「PでなくてもQである場合」（反証）があることは明白です。

したがって，「PならばQ」が真であったとしても，その「裏」である「PでないならばQでない」が真であるとは限りません。

●●●図表12 「PならばQ」が真でも「PでなくてもQ」が成り立つ場合がある

以上は，論理学上の条件法に関する説明ですが，税務に関する議論においては，経験則が根拠となったり（そもそも経験則は例外を伴う），価値判断を伴ったりする（価値判断は人によって異なる）ため，100％の割合で上記(a)か

---

10 「アリバイ」とは，犯罪が行われた時，その現場以外の所に居たという証明のこと。現場不在証明ともいいます。

ら(d)が成り立つというわけではありません。

したがって、税務の議論において問題とされるべきは、PからQが導かれることに**相当の蓋然性**（数値でいえば、70％以上ということになるでしょうか）があるか否かということになります。

このように、そもそも蓋然性の問題である以上、それに該当しない場合もあり得るわけですから、相手の主張が妥当しない場合（「反証」）を1つ挙げただけでは、相手方の主張を完全に否定することはできないことに注意しましょう。

●●●図表13　税務の議論では相当の蓋然性が必要

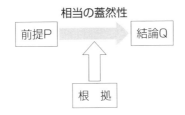

② 「三段論法」を押さえておく

推論規則の代表的な例として、「**三段論法**」があります。

「**三段論法**」とは、「PならばQである」と「QならばRである」から「PならばRである」を導く推論規則です（図表14参照）。つまり、「Q」を媒介にし

●●●図表14　三段論法の構造

前提1	PならばQである。
前提2	QならばRである。
結　論	PならばRである。

例えば、「容疑者Xにはアリバイがない。容疑者のうちアリバイがない者は、犯人である。したがって、Xは犯人である。」という議論を、三段論法の形式にすると以下のようになります。

前提1	容疑者Xにはアリバイがない。
前提2	容疑者のうちアリバイがない者は、犯人である。
結　論	容疑者Xは犯人である。

18

て，結論において「P」と「R」を結びつけるという形をとる推論規則です。

　なお，本書で紹介した条件法や三段論法以外にも推論規則はありますが，税務上の議論では，条件法や三段論法くらいしか使用されていないので[11]，これらを押さえておけば，ひとまず足りると思います。

(3)　議論の「素材」

　ここでは，議論の「素材」となるものについて説明します。

　税務において議論となる場面は，条文解釈，課税要件等への当てはめ及び事実認定の3場面に分けられます。

　例えば，条文解釈の場面における最低限の素材は，当然のことながら条文です。そして，条文の趣旨・目的，裁決・裁判例における判断，学説，経験則，保護法益（後述）も，条文解釈の素材として用いられます。

　また，課税要件等への当てはめの場面においては，事実を経験則等に基づき評価するといった操作がなされますので，この場合の素材は経験則ということになります。

　このように，税務における議論において「素材」となり得る主なものは，**条文，立法趣旨，保護法益，裁決・裁判例の判断，通達，学説，経験則**です。

　以下，それぞれの意味と使用方法または留意点について説明します。

①　「条文」

　「条文」の意味については，説明するまでもありませんが，税務上の問題は法律問題ですから，適用対象となる条文を確定することが議論の**大前提**となります。

　適用対象となる条文が確定された後の第1番目のステップは，問題となる，または問題となり得る文言（通常，**課税要件**がこれに該当します）を特定することです。そして，特定できた後は，その文言の意味が一義的に明らかか否かが問題となります。

11　三段論法は，前提が正しければ結論が100％の正しさで導かれる推論方式ですが，何度もいうように，税務上の議論では100％の推論がなされるわけではないので，正確にいえば，「三段論法もどき」（擬似三段論法）です。

そして，文言の意味が一義的に明らかである場合には，事案における事実関係が当該文言に該当するか否か（課税要件該当性）が問題となり，当該文言の意味が明らかでない場合には，条文解釈の問題に進むことになります（図表15）。

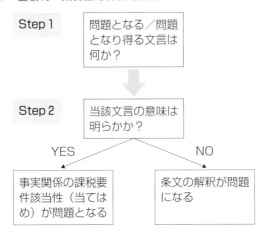

図表15　条文上の文言の確定，解釈，当てはめの関係

議論の素材となり得る条文としては，適用対象となる条文以外に，類似の構造を有する条文，同じ文言が用いられている条文も対象となります。例えば，法人税法132条の2における「法人税の負担を不当に減少させる結果となると認められるもの」という文言の解釈が主な争点となったいわゆるヤフー事件（最高裁平成28年2月29日判決・裁判所ウェブサイト）の第1審において，納税者側は，法人税法132条の2が同法132条の枝番として規定されており，両者の規定ぶりが酷似し，否認の要件の文言も同様であることから両者を別異に解すべき理由がないことを根拠として，同法132条における解釈と同様に解すべきであると主張しました。

当該主張は，裁判所によって否定されはしましたが，類似の構造を有する条文の使用例の一例であるといえます。

なお，税務の議論において素材となる条文は，租税法規に限られません。というのも，私法上の法律関係に対して租税法規が適用されるため，私法上の法律関係を解釈する必要がありますし，また，税法固有の概念以外については，

租税法規以外の法分野からの借用概念が問題になるからです。よって，民法，会社法等の他の法分野の条文も税務の議論における素材になります。

② 「立法趣旨」

「立法趣旨」とは，法によって実現しようとしている目的のことをいいます。

例えば，法人税法34条において役員給与が損金不算入とされる趣旨は，役員給与の支給の恣意性を排除することであり[12]，租税特別措置法61条の4の交際費の損金不算入の趣旨は，冗費を節約し企業の資本蓄積を促進することです。

租税法規のみならず，法律一般において，条文の趣旨は，条文解釈において非常に重要な素材になります。というのも，条文は，立法趣旨を要件効果の形で文章化したものですから，条文の文言だけではその意味が曖昧・不明な場合，立法趣旨が文言の意味を確定するための手掛かりとなるからです（なお，立法趣旨による条文解釈については，「 5 　租税法における条文の解釈ルール」において説明します）。

どのようにして趣旨を調べるか？

租税法規の趣旨を調べるためには，基本書，コンメンタール及び財務省HPで掲載されている税制改正の解説等に当たることになるでしょう。最高裁判決において争点となっている条文の制度趣旨が認定されている場合もありますので，最高裁判決に当たるというのも1つの手です。

ただし，すべての租税法規に関して立法趣旨が明らかにされているわけではありません[13]。また，立案担当者が解説した趣旨が立法者が考える趣旨であるとは限りません。この点について問題提起された例として，19頁で言及したヤフー事件の第1審及び控訴審判決があります。当該下級審判決は，専ら立案担当者が示した立法趣旨を基に「法人税の負担を不当に減少させる結果となると認められるもの」との文言を解釈したものですが，学者等から「規定の『趣

12　『平成18年度税制改正の解説』323頁
13　「わが国では各規定の立法目的が明確に確認できる資料が十分に準備されていない」という意見があります。伊藤滋夫・岩﨑政明編『租税訴訟における要件事実論の展開』424頁（青林書院・2016年）

旨・目的』を重視するという解釈手法は，法解釈の手法としてありうる方法ではあるが，税法の領域においては，可能な限り文理解釈を重視すべきである。また，わが国においては，税法の立法趣旨が何かは，法の立法時においては必ずしも明確ではない。たとえば，しばしば言及される各年版の『税制改正のすべて』は，立法の後，立案担当者が解説したものであり，また，立案担当者の解説が文字どおりの立法者意思と言ってよいかは疑問である。あるいは，本件の事案については，立案担当者が立法の前後において示した言説と本件紛争に関して示した見解との間には乖離があるとする指摘もある。[14]」等の批判がなされていました。

③ 「保護法益」

「保護法益」という用語は，通常，刑法において用いられ，「法律によって保護される社会生活上の利益」を意味しますが，法律によって保護される利益は法律一般に存在しますので，本書では**「法律によって保護される利益」**のことを**「保護法益」**と呼ぶことにします。

保護法益は，条文解釈の根拠として使われることが多いので，解釈の対象となっている条文に関係する保護法益は何か？　ということを意識しておくことは重要です。

通常，問題となっている条文の解釈にあたり考慮すべき保護法益は複数あり，これらの保護法益が対立関係にあることが多いため，いずれを優先させるかによって，解釈手法や解釈内容が異なってくることになります（**図表16**）。

●●●● 図表16　保護法益間の対立関係

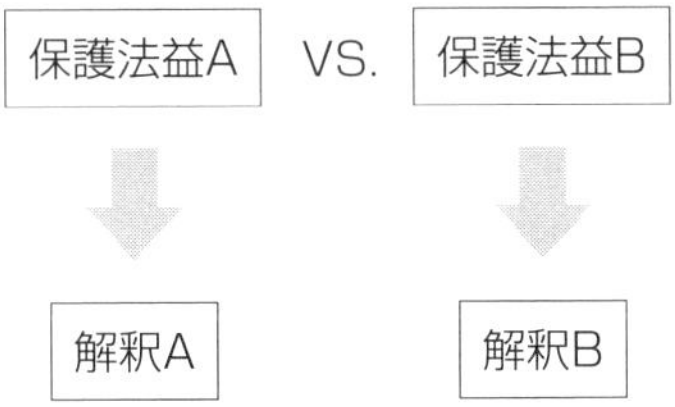

保護法益A	VS.	保護法益B
↓		↓
解釈A		解釈B

14　田中治「租税回避否認の意義と要件」岡村忠生編『租税回避研究の展開と課題』64頁（ミネルヴァ書房・2015年）

そこで，以下，税務判例において取り上げられることの多い保護法益につき，対立関係となることの多い保護法益をセットにして，概観していきましょう。

ⓐ 「予測可能性」vs.「課税の公平」

「予測可能性」とは，納税者が自己の租税負担を容易に予測することが可能になることをいい[15]，租税法律主義から導かれます（**図表17参照**）。

そして，**「租税法律主義」**とは，「法律の根拠に基づくことなしには，国家は租税を賦課・徴収することはできず，国民は租税の納付を要求されることはない[16]」という原則をいいます。租税法律主義の法令上の根拠は，憲法30条及び84条に求められます。

租税法律主義は，歴史的・沿革的には，行政権の担い手たる国王による恣意的課税から国民を保護することを目的としていましたが，今日的には，複雑な経済社会における各種の取引や事実の租税効果（タックス・エフェクト）について十分な法的安定性と予測可能性を保証し得るような機能を有していると解されています[17]。

一方，**「課税の公平」**とは，税負担は国民の間に担税力に即して公平に配分されねばならず，各種の租税法律関係において国民は平等に取り扱われなければならないことをいい，憲法14条1項の平等原則を根拠としています（**図表17**）。なお，課税の公平については，第3章にて詳述します。

以上より，「予測可能性」と「課税の公平」とは，いずれも憲法上要請されている保護法益であるということがわかります。

参考

【憲法14条1項】
すべて国民は，法の下に平等であつて，人種，信条，性別，社会的身分又は門地により，政治的，経済的又は社会的関係において，差別されない。

---

15 増田英敏『リーガルマインド租税法〔第4版〕』27頁（成文堂・2013年）参照。
16 金子宏『租税法第22版』73頁（弘文堂・2017年）
17 金子宏・前掲（注16）75頁，増田英敏・前掲（注15）27頁参照。

【憲法30条】
国民は，法律の定めるところにより，納税の義務を負ふ。
【憲法84条】
あらたに租税を課し，又は現行の租税を変更するには，法律又は法律の定める条件によることを必要とする。

図表17 「予測可能性」vs.「課税の公平」

税務訴訟において，予測可能性と課税の公平が衝突する場面は多く，特に租税回避事件において激しく衝突することになります。というのも，租税回避事件では，形式的には条文上の要件を満たしてはいるものの，その形式に実態が伴っていないため，同じ実態を有する他のケースと同様に課税がなされるべきであるという「課税の公平」の要請があり，一方で，形式上は条文上の要件を満たしている以上，条文どおりに適用されるべきであるとする「予測可能性・法的安定性」の要請があるため，両者が真っ向から対立するからです。

(b) 「担税力に応じた課税」vs.「課税事務の効率的な処理」

「担税力に応じた課税」とは，税負担が**担税力**（各人の経済的負担能力のこと）に応じて配分されなければならないという要請であり，租税公平主義（租税平等主義）がその根拠となります。

「課税事務の効率的な処理」とは，課税庁は大量の課税事務を適正・迅速に行わなければならないため，その事務が効率的に処理されなければならないという要請のことをいいます。法的な根拠は不明ですが，財政上の要請というところでしょうか。

「担税力に応じた課税」と「課税事務の効率的な処理」が対立するのは，**納税者側の個別具体的な事情を考慮するか，または，そのような個別的な事情は捨象して，形式的・画一的な取扱いをすべきかが問題となる場面**です。その具体的な例として，相続税法22条の「時価」の評価（財産評価）の問題があります。

現在の課税実務では，財産評価基本通達に基づく画一的な財産評価がなされています。この財産評価基本通達に基づく形式的・画一的な処理は課税庁側における「課税事務の効率的な処理」の要請を満たすことになりますが，一方で，形式的・画一的な処理によって個別性が無視される結果，実態とは乖離する評価がなされる場合があり，納税者側の「担税力に応じた課税」が害されることになります。

なお，財産評価が争点となる裁判例では，財産評価基本通達の一般合理性が認められる場合には，財産評価基本通達によっては時価を適切に算定できない特別の事情のない限り，財産評価基本通達に基づいて評価された価額を「時価」であると推認するという判断枠組みを取っていますが，財産評価基本通達の一般合理性が否定される例はほとんどなく[18]，また，特別の事情が認められるケースもほとんどありません[19]。したがって，財産評価においては，現状の裁判上，課税実務の効率的な処理の方を担税力に応じた課税よりも優先する傾向にあるといえるでしょう。

(c)　「実体的真実主義」vs.「租税法律関係の早期確定」

「実体的真実主義」とは，租税債務の認識にあたっては，課税要件事実が真実存在するか否かということが出発点とされる考え方[20]をいいます。もう少しわかりやすくいうと，課税要件に該当する具体的な事実が存在する場合にのみ

18　その理由として，裁判所においては実質的に財産評価基本通達の一般合理性の審理判断をしていないことが挙げられます。

19　その理由として，裁判所が「特別の事情」とは極端に例外的なケースに限られると解していること，特別の事情を裏付ける証拠（例えば，納税者側が提出する不動産鑑定評価書）が信用性なしとして否定されることが挙げられます。

20　碓井光明「課税要件法と租税手続法との交錯」『租税法の基礎理論　租税法研究』21頁（有斐閣・1983年）

●●● 図表18 「担税力に応じた課税」vs.「課税事務の効率的な処理」

租税債務が発生するということになるでしょうか。

実体的真実主義の法令上の根拠は，租税法律主義になります（図表19）。

●●● 図表19 「実体的真実主義」vs.「租税法律関係の早期確定」

実体的真実主義の具体的表れとして，国税通則法における更正の請求の制度が挙げられます。

「租税法律関係の早期確定」とは，読んで字のごとく，租税に関する法律関係を早く確定すべき利益ということです。

租税法律関係の早期確定の具体的表れとして，更正の請求期限が，（平成23年度税制改正以前において）1年に制限されていたことが挙げられます。国税通則法精解[21]は，1年の時的制限が設けられていた理由として，「税法が申告期限を定めて納税者がその期間内に十分な検討をした後，期限内申告を行うことを期待する建前をとっているので，その期限後いつまでもこのような請求を認めることは適当でないし，また，法律関係の早期安定，税務行政の能率的な

21　志場喜徳郎他編『国税通則法精解』341頁（大蔵財務協会・2013年）

運営等の面からも問題があると認められるからであった。」と説明しており，租税法律関係の早期確定がその根拠であったことがわかります。

「実体的真実主義」と「租税法律関係の早期確定」が対立する場面として，更正の請求期限を徒過した場合に錯誤の主張が許されるか否かという問題があります。

この点につき，最高裁昭和39年10月22日判決・判タ169号134頁は，以下のように判示して，納税者の過誤による課税上の不利益の是正よりも，租税法律関係の早期確定の法益を優先する旨の判断をしています。

「そもそも所得税が右のごとく，申告納税制度を採用し，確定申告書記載事項の過誤の是正につき特別の規定を設けた所以は，所得税の課税標準等の決定については最もその間の事情に通じている納税義務者自身の申告に基づくものとし，その過誤の是正は法律が特に定めた場合に限る建前とすることが，**租税債務を可及的速かに確定せしむべき国家財政上の要請に応ずるものであり**，納税義務者に対しても過当な不利益を強いる恐れがないと認めたからにほかならない。従って確定申告の記載内容の過誤の是正については，その錯誤が客観的に明白且つ重大であって，前記所得税法の定めた方法以外にその是正を許さないならば，納税義務者の利益を著しく害すると認められる特段の事情がある場合でなければ，所論のように法定の方法によらないで記載内容の錯誤を主張することは，許されないものといわなければならない。」（下線強調は筆者）

なお，上記判断は，租税法律関係の早期確定の法益を重視しつつ，実体的真実主義の法益への配慮から，特段の事情がある場合には，更正の請求によらずに錯誤の主張ができるとするものです。特段の事情が満たされるためには，「錯誤が客観的に明白且つ重大であって，前記所得税法の定めた方法以外にその是正を許さないならば，納税義務者の利益を著しく害すると認められる」場合に限られますが，「明白かつ重大」，「著しく害する」という要件は非常にハードルが高く，該当するケースはほとんどないでしょう[22]。実際，「**明白**」，「**重大**」，「**著しい**」といった文言が要件に含まれている場合，当該要件該当性

が認められることはほとんどありません。最高裁昭和39年10月22日判決が判示した上記要件についても，これを満たすとして事後の是正が認められた裁判例は見当たりません（最高裁昭和39年10月22日判決の要件該当性が争点となった裁判例として，大阪地裁平成11年3月25日判決・税資241号418頁，和歌山地裁平成26年7月4日判決・税資264-119号順号12500等がありますが，いずれも「錯誤が客観的に明白であるとはいえない」などとして，要件該当性が否定されています）。

　その意味で，最高裁昭和39年10月22日判決における実体的真実主義への配慮は，**「画に描いた餅」**のようなものです。

　なお，当該判示によれば，租税法律関係の早期確定の根拠は，「国家財政上の要請」ということになりそうです。

　また，「実体的真実主義」と「租税法律関係の早期確定」が対立する場面として，課税要件の解釈・適用において，納税者の主観的事情や特殊事情を考慮すべきか否かといった問題があります。

　この点，実体的真実主義を優先させた近時の最高裁判決として，最高裁平成27年3月10日判決・判タ1416号73頁（当たり馬券の所得区分と外れ馬券の必要経費性が争点となった刑事事件。なお，94頁以降で詳しく分析します）があります。当該事案において，検察官が馬券の購入の態様に関する事情を考慮して所得区分を判断しなければならないとすると，課税事務に困難が生じる（だから，個別の事情は捨象して画一的に判断すべきという趣旨と思われます）と主張したところ，最高裁は，「画一的な課税事務の便宜等をもって一時所得に当たるか雑所得に当たるかを決するのは相当ではない」として，検察官の主張を排斥しました。

　④　「経験則」
　「経験則」とは，経験から得られた事物の性情や因果関係に関する法則のことをいいます。つまり，行為・事物・現象等を観察した結果，帰納的に得られたパターンのことです（**図表20**）。

22　「明白とまではいえない」とか，「著しいとまではいえない」と評価することによって，該当性を簡単に否定することができるからです。

この定義ではややわかりにくいかもしれませんが,「一般に何々である」とか「通常, 何々である」いった言い方がなされる場合の,「一般に何々である」,「通常, 何々である」が「経験則」です。これ以外にも, 物理法則や経済法則のような専門的分野におけるものも,「経験則」に該当します。

●●●図表20　経験則とはパターンである

例えば,「人は, 通常, 自分の実印を他人に貸し渡すことはしない。」という経験則があります。この経験則は, 契約書に実印が押してあるという事実がある場合, 契約者自身が押印したという事実を推認することになります（図表21）。

●●●図表21　経験則による事実の推認

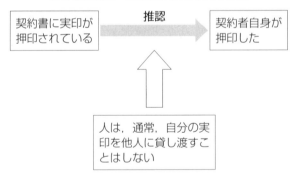

(a)　経験則をどのようにして見つけるか？

この他にも様々な経験則がありますが, 経験則がすべてリストアップされている「経験則カタログ」のようなものは存在しません。したがって, 自分で見つけなければなりません。

経験則を見つける方法としては，例えば，問題となっている事案と類似の裁判例等を分析して抽出するという方法があります。

また，経験則を見つける際に参考となる書籍もあります。伊藤滋夫『事実認定の基礎』（有斐閣）には，経験則の体系が試案として掲載されています。例えば，「人の財産的行為（取引行為）は原則として経済的利益を追求するものである」という上位概念の経験則があり，そのうちの1つとして，「原則として等価交換以上になるようにする。」という中位概念の経験則があり，その具体例として，「売買・請負・代物弁済は時価でし，貸金は利息付きでするのが通常である。」，「企業を買収する場合にはなんらかの経営の見通しがあるのが通常である。」といった下位概念の経験則が紹介されています[23]（図表22）。

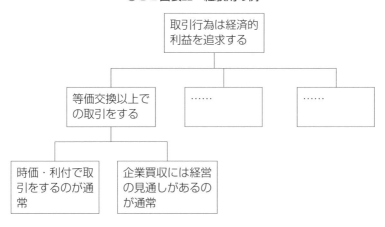

●●●図表22　経験則の例

(b)　経験則をどのようにしく議論に使うか？

経験則は，議論におけるいろいろな場面で使用されます。例えば，条文解釈に用いられたり，事実を評価したりする場合に用いられます。

もちろん，事実認定にも用いられます。例えば事実認定の場合，証拠（議論モデル図では，「前提・事実等」に該当します）から主張する事実（議論モデル図では，「主張」に該当します）を導出する際の「根拠」として用いられます。

23　伊藤滋夫『事実認定の基礎』98頁（有斐閣・2002年）

ここで，留意すべき点について説明しておきましょう。

1つの事実に対して妥当しうる経験則は1つに限られるわけではありません。したがって，同じ事実であっても適用する経験則が異なれば，結論が変わることになります。

例えば，相続税の調査で問題となることの多い「名義預金」ですが，東京地裁平成20年10月17日判決・税資258号順号11053では，被相続人Aの妻B名義の預金と有価証券が相続財産に含まれるか否かが争点となっています。裁判上，名義預金等が相続財産に含まれるか否かについては，概ね，①出捐者が誰か，②財産の管理運用者は誰か，③利益の帰属者は誰か等を判断要素として判断することとなっています。

本裁判例では，まず②について，妻Bが妻名義の預金及び有価証券の管理を行っていたという納税者主張の事実を認定しました。

当該事実に対して，「**通常，財産の運用をしている者が財産の所有者である。**」という経験則（②の判断基準のもとになっています）を適用すれば，妻名義の預金等は相続財産ではなく，妻Bが権利者ということになります（図表23）。しかし，裁判所は，以下のように判示して，妻Bが管理運用していたとしてもそれが決定的な要素にはならないとして，消極に判断しました。

> 「一般に，財産の帰属の判定において，財産の管理及び運用を誰がしていたかということは重要な一要素となり得るものではあるけれども，**夫婦間においては，妻が夫の財産について管理及び運用をすることがさほど不自然であるということはできないから**，これを殊更重視することはできず，BがA名義でAに帰属する有価証券及び預金の管理及び運用もしていたことを併せ考慮すると，Bが本件B名義預金等の管理及び運用をしていたことが，本件B名義預金等がAではなくBに帰属するものであったことを示す決定的な要素であるということはできない。」（下線強調は筆者）

つまり，裁判所は，「**夫婦間では，しばしば，妻が夫の財産について管理・運用することがある**」という経験則を適用し，妻Bが自己名義の預金等を管理・運用していたという事実があったとしても，それをもって妻Bが権利者で

あるとまでは推認できないと判断したということです(図表23)。

このように，1つの事実であっても適用されるべき経験則は複数あり得るので，議論との関係でいえば，ある事実にとって正しい経験則を見つけるというのではなく，**導きたい結論に使えそうな経験則を探すということが，実践的な対応になります**。

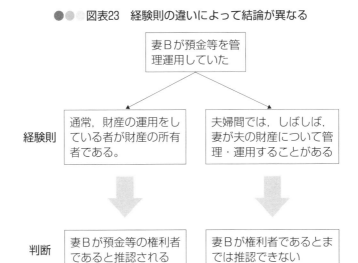

●●●図表23　経験則の違いによって結論が異なる

⑤ 「裁決・裁判例」における判断

自己の主張に沿う裁判例や裁決は，議論における重要な「根拠」の素材になります。というのも，わが国の現行の制度では，自力救済[24]は原則として禁じられているため，紛争の解決は，終局的には訴訟で解決されることになるからです。そして，課税庁の課税処分等に関する紛争も，税務訴訟によって終局的に判断されることになります。

したがって，**税務判例を「根拠」として議論を構成すれば，自己の主張に対する「説得力」が増すことになります**。特に，最高裁判決の場合は，三審制に

24　例えば，民法上，借家人が家屋を立ち退かないので，家主が自らの実力でこれを追い出すなどのように，私人が司法手続によらず自己の権利を実現することをいいます。高橋和之他編『法律学小辞典第5版』712頁（有斐閣・2016年）

おける最後の判断ですので説得力があります。そこで，本書でも最高裁判決のうち「根拠」として使えそうなものをピックアップしています。

　とはいえ，納税者勝訴率が10％を下回る現状（平成28年度は４％といった悲惨な状況！）にあっては，納税者に有利な判決自体が少なく，課税庁側の根拠となる判決の方が多いという状況にあります。

　加えて，そもそも判決というものは，問題となった事案に対する判断という性質を有すること，また，判断する裁判官の考え方によっても異なる結論となるので，同じ争点の判断であっても，必ずしも判決間に整合性があるとはいえません。その結果，問題となっている事案に対する「直接的な回答」を求めて裁判例をリサーチしても，混乱する結果になる可能性があります。

　このように，「直接的な回答」を得て，それを自己の主張の根拠にするという目的でリサーチをしたとしても，期待した裁判例が得られる可能性は低いです。それに対し，以下のような利用目的であれば，他の事案に対して汎用的に使用することができます。

- **解釈方法に関するルールの根拠としたり，条文解釈方法の参考とする**
  近時の最高裁判決では厳格な文理解釈によるべきであると判断したものが多く，趣旨によって課税要件を拡大解釈するような主張を排斥するための根拠となります。また，緻密に文理解釈をした最高裁判例（例えば，本書でも取り上げるホステス報酬源泉税事件・最高裁平成22年３月２日判決や，生命保険年金二重課税事件・最高裁平成22年７月６日判決等）は，文理解釈をいかに行うかの具体例として参考になります。

- **課税庁側の主張に対して反論する方法・視点を知る**
  納税者敗訴の判断をした原審を否定して，納税者勝訴の判断をした最高裁判決は，通常，「原審における上記判断を是認することはできない」とした後に，その是認できない理由を述べていますので，原審におけるいかなる点に着目すればそれに反論することができるのかを知るための良い素材となります。また，反論する場合の根拠にもなります。

　例えば，本書でも取り上げる私道の評価に関する最高裁平成29年２月28日

第1章　税務の問題に対していかに「考え」かつ「主張」するか？　33

判決・判タ1436号79頁では，私道の用に供されているか否かの判断におい
て，原審では建築基準法等の法令上の制約がある場合に限られるといった
制限的な解釈をしたことに対し（課税庁の主張と同じ），最高裁では，客
観的交換価値（＝「時価」）が低下する場合は，法令上の制約がある場合
には限らないとの判断をしました。このように，当該最高裁の判断は，
「時価」とはあくまで「客観的交換価値」であり，その評価においては，
法的な観点に限定される理由はなく，経済的な観点から考慮されるべきも
のであるとの基本的な視点が明らかにされていますので，他の財産評価に
おいても同様に利用できます。

● **事実の評価方法・視点を知るために利用する**

同じ事実であっても，それに対する「評価」を変えれば結論を変えること
ができます。したがって，事実に対する評価は議論における重要な要素に
なります。そして，通常，事実には複数の側面がありますので，いかなる
側面に着目するかが重要なポイントになります。

その評価方法や視点を知るための素材として，裁判例を利用することがで
きます。

例えば，東京高裁平成15年9月9日判決・判タ1145号141頁の萬有製薬事
件における事実の評価方法と，原審である東京地裁平成14年9月13日判
決・税資252号の評価方法と比較すると，その違いがよくわかります。そ
の違いの1つとして，「英文添削の差額負担額が各事業年度で1億円以上
の額に達していた」という事実に対し，東京地裁では負担額自体の高額さ
に着目し交際費該当性を認める方向で評価しましたが，一方，東京高裁で
は金額は高額ではあるものの，申告所得額に対する割合が1％未満にすぎ
ない点に着目し，交際費該当性を否定する方向で評価しました。

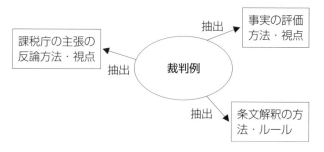

●●● 図表24　裁判例の実践的利用方法

　そこで，使える裁判例をリサーチする方法ですが，例えば，金子宏名誉教授の『租税法』では，各論点に関連する裁判例が紹介されています。それを判決データベースで検索すると，同じ争点の裁判例が紹介されていたりするので，今度はその裁判例を検索して，そこで紹介されている裁判例を検索してみるというように，**芋づる式で検索**するのが効果的だと思います。

　なお，問題となっている争点の裁判例がなければ，それと関連する争点の裁判例を調べてみましょう。幅広に調べることによって，使えそうな裁判例が見つかることがあります。

⑥　「学説」

　「**学説**」の議論における利用法ですが，条文解釈の「根拠」として利用されることが多いと思います。もっとも，課税庁側が学説を根拠として持ち出すことは少ないと思います。一方，納税者側は，勝訴判決が少ないので，学説をもって主張せざるを得ないことから，学説を根拠とすることが少なくありません。

　また，裁判例等が出ていない新しい争点については，学説を根拠にすることになります。

⑦　「通達」

　「**通達**」とは，上級行政庁が法令の解釈や行政の運用方針などについて，下級行政庁に対して行う命令または指令のことであり[25]，納税者に対して拘束力

第1章 税務の問題に対していかに「考え」かつ「主張」するか？　35

を有する法規ではありません。また，必ずしも通達で示されている解釈が正しいわけでもありません。そもそも，通達における解釈というのは，典型的な事案を想定して定められたものですから，当該典型的な事案以外については，当然に妥当するわけではありません。

　国税庁自身も，国税局長に宛てた文書の中で，法人税基本通達の制定に際して，「この通達の具体的な運用に当たっては，法令の規定の趣旨，制度の背景のみならず条理，社会通念をも勘案しつつ，個々の具体的事案に妥当する処理を図るように努められたい。**いやしくも，通達の規定中の部分的字句について形式的解釈に固執し，全体の趣旨から逸脱した運用を行ったり，通達中に例示がないとか通達に規定されていないとかの理由だけで法令の規定の趣旨や社会通念等に即しない解釈におちいったりすることのないように留意されたい。**」（下線強調は筆者）としています。

　もっとも，課税実務上，通達はあたかも法令であるかのごとく，形式的・画一的に取り扱われています。したがって，課税庁側による議論では，「根拠」として使用されることが多いです。しかし，租税法律主義を持ち出すまでもなく，税法を含む法律の議論においては，あくまでも条文が議論のスタートになることは当然です。したがって，通達を根拠とする主張に対しては，どの条文のどの文言の解釈に関するものであるかを，確定する必要があります。

4 ┃ 不当な「推論」の類型を知っておく

　14頁以降において，議論の道具としての「推論」及び「推論規則」について説明しました。

　課税庁の主張のみならず裁判所の判決も含め，実際の議論においては，必ずしも常に妥当な推論が展開されているわけではなく，不当な推論が混入していることは少なくありません。

　したがって，不当な推論の類型を知っておくことは，議論を分析したり，反

25　金子宏・前掲（注16）109頁

論したりする際に役立ちます。

　そこで，以下では，よくある不当な推論の類型につき，具体的な例を挙げて説明します。

(1) 強　　弁

　「強弁」には，いくつかの類型がありますが，主なものとして，①自分が言いたいことをひたすら言いつのるタイプの強弁と，②無理に理屈をつけて，自己の意見や言い訳を通そうとするタイプの強弁があります。

　①のタイプの強弁は，税務調査の場面でも少なからずあるようです。また，筆者の経験上，税務訴訟においてもこのタイプの強弁に遭遇することが少なくありません。例えば，納税者側の主張に対して，課税庁側が論理的に反論できないような場合，ひたすら従前の自己の主張を繰り返すというものです。

　②のタイプの強弁の例は，税務訴訟の判決においても散見されます。筆者が訴訟代理人を務めた税務訴訟の控訴審判決[26]でもありました。

　それは平成29年の改正前財産評価基本通達における広大地補正率の一般的合理性が争点となった事案ですが，課税庁側は，広大地補正率は鑑定評価事例を収集し分析・検討した上で，統計的手法を用いて算定したため合理性があるなどと，何らの客観的な証拠もなく同じ主張を繰り返したため（これは①のタイプの強弁です），納税者側は，同じ地積の土地であっても画地条件によって有効宅地化率は異なるため，広大地補正率は一般的合理性を欠く等の主張をしました[27]。

　これに対し，東京高裁は，上記課税庁の主張をそのまま認めた上，何らの客観的な証拠による裏付けがないにもかかわらず，「広大地補正率の算式の各数値に特段不自然又は不合理な点がみられない」ことを理由に，広大地補正率の

26　東京高裁平成29年1月25日判決・TAINS：Z 888-2038
27　なお，平成29年の改正財産評価基本通達においては，広大地通達の改正理由として，「従来の広大地の評価に係る広大地補正率は，個別の土地の形状等とは関係なく面積に応じて比例的に減額するものであるため，社会経済情勢の変化に伴い，広大地の形状によっては，それを加味して決まる取引価額と相続税評価額が乖離する場合が生じていた。」等と説明されており，東京高裁平成29年1月25日判決における納税者側の主張を裏付ける結果となっています。

一般的合理性を認める判断をしました。つまり，何らの裏付けがないにもかかわらず，統計的手法によって算出されたはずの広大地補正率の算式の数値のみを見て，不自然または不合理でないと判断したということです。しかし，統計的手法によって算出された数値の合理性は，当該統計データと照らしあわせて初めて判断し得るものであり，その数値単独で判断できるものではありません。このように，東京高裁は，**無理に理屈をつけて，広大地補正率に一般的合理性があると言い張る強弁をした**ということになります。

　ちなみに，「不自然・不合理な点はない」という言い回しは，判決において多用されるマジックワードです。

(2)　隠れた前提・根拠を置いているが，その前提等が誤り・不当である論証

　11頁ですでに説明したとおり，議論は，「前提」・「事実」，「根拠」及び「主張」によって構成されています。そして，妥当な推論と言い得るためには，「前提」・「事実」及び「根拠」が「主張」を導くために十分に備わっていることが必要になります。

　しかし，実際の議論においては，必ずしもすべての「前提」等が明示されているわけではありません。例えば，「昨夜の夕飯はカレーだったので，今晩はカレーはやめておこう」といった主張は，「2日続けて同じ夕飯は好ましくない」という**「隠れた根拠」**で支えられていますが，容易な内容なのでこの主張の聞き手は，無意識のうち暗黙の根拠を補って理解しています。

　しかし，複雑な議論になると「隠れた根拠」があることに気がつかないことがあります。何か釈然としないような議論には，「隠れた根拠」があり，かつ，誤っている又は不当である場合が少なくありません。

　最高裁判決であっても，このタイプの不当な議論がなされているものがあります。

　最高裁昭和49年9月20日判決・判タ313号252頁（以下「最高裁昭和49年判決」といいます）は，金銭債務の評価方法に関する規範を定立した判決ですが，その後の税務訴訟においても，最高裁昭和49年判決で判示された評価方法が，現在に至るまでそのまま維持されています[28]。

一方，貸付金債権等の金銭債権は，最高裁昭和49年判決で判示された金銭債務の評価方法とは異なり，財産評価基本通達上，原則として元本の価額と利息の価額の合計額によって評価するものと規定されています[29]。しかし，金銭債務と金銭債権は，同じ金銭の貸借関係について，債務者側からみるか債権者側からみるかの違いにすぎず，**両者はコインの裏表の関係にある**にもかかわらず，その評価方法に差があること自体，合理性を欠くものと思われます（それも，当該評価方法の差は，相続財産が増加する方向にのみ作用します）。

　もっとも，以下に引用した最高裁昭和49年判決の判示を読んでも，一見して不当な推論がなされているようには思われません。しかし，仔細に検討すると，隠れた前提が置かれており，その前提が合理性を欠いていることがわかります。

　以下，最高裁昭和49年判決の判示を分析してみます[30]。

　　「そこで，弁済すべき金額が確定し，かつ，相続開始の当時まだ弁済期の到来しない金銭債務の評価について考えると，その債務につき通常の利率による利息の定めがあるときは，その相続人は，弁済期が到来するまでの間，通常の利率による利息額相当の経済的利益を享受する反面，これと同額の利息を債権者に支払わなければならず，彼此差引きされることとなるから，右利息の点を度外視して，債務の元本金額をそのまま相続開始の時における控除債務の額と評価して妨げない。**これに対し，約定利率が通常の利率より低い場合には，相続人において，通常の利率による利息と約定利率による利息との差額に相当する経済的利益を弁済期が到来するまで毎年留保しうることとなるから，当該債務は，右留保される毎年の経済的利益の現在価値の総額だけその消極的価値を減じているものというべきであり，**したがつて，このような債務を評価するときは，右留保される毎年

28　東京高裁平成17年2月17日判決・税資255号順号9934，原審：東京地裁平成16年9月3日判決・税資254号順号9736，大阪高裁平成20年11月27日判決・税務訴訟資料258号順号11083，原審：大阪地裁平成19年11月14日判決・判タ1282号111頁，東京地裁平成27年6月25日判決・ウエストロー・ジャパン

29　財産評価基本通達204「貸付金，売掛金，未収入金，預貯金以外の預け金，仮払金，その他これらに類するもの（以下「貸付金債権等」という。）の価額は，次に掲げる元本の価額と利息の価額との合計額によって評価する。（以下略）」

の経済的利益について通常の利率により弁済期までの中間利息を控除して得られたその現在価額（なお，右中間利息は複利によつて計算するのが経済の実情に合致する。）を元本金額から差し引いた金額をもつて相続開始の時における控除債務の額とするのが，相当である。」（下線強調は筆者）

最高裁昭和49年判決が，相続財産中に存在する金銭債務でその約定利率が通常の利率よりも低い場合には，留保される毎年の経済的利益について通常の利率により弁済期までの中間利息を控除して得られたその現在価額を元本金額から差し引いた金額をもって評価すべきと判断する理由は，上記判決中の「約定利率が通常の利率より低い場合には，相続人において，通常の利率による利息と約定利率による利息との差額に相当する経済的利益を弁済期が到来するまで毎年留保しうることとなるから，当該債務は，右留保される毎年の経済的利益の現在価値の総額だけその消極的価値を減じているものというべきであ」るという部分で説明されています。**つまり，相続財産中の金銭債務の約定利率が通常の利率よりも低い場合には，通常の利率と約定利率の金利差に対応した経済的利益が弁済期まで留保されるということが上記判断の根拠になっているということです。**

では，相続財産中の金銭債務の約定利率が通常の利率よりも低い場合には，論理的に，通常の利率と約定利率の金利差に対応した経済的利益が弁済期まで留保されることになるのでしょうか？

上記判断（「約定利率が通常の利率より低い場合には，相続人において，通常の利率による利息と約定利率による利息との差額に相当する経済的利益を弁済期が到来するまで毎年留保しうることとなる」）は，14頁で説明した「PならばQである」という条件文となっていることがわかります。そして，当該議論において「前提」となるPは「約定利率が通常の利率よりも低い金銭債務が相続財産中に存在する」（これを「前提P」と呼びます）であり，「結論」であるQは「通常の利率と約定利率の金利差に相当する経済的利益が弁済期まで留

30　筆者が寄稿した「金銭債務の評価について〜最高裁昭和49年9月20日判決の論理上の問題点と弊害」税務事例50巻1号46頁において，金銭債権と金銭債務とが異なる評価方法であることによる弊害についても言及していますので，ご参照ください。

40

保される」となります。この「結論」であるQを分析的に言い換えれば，「相続人は，弁済期に至るまで，①約定利率の利息相当の利息を支払い，かつ，②通常の利率の利息相当の利息を得る」ということになります（これを「結論Q」と呼びます）（図表25）。

●●○○図表25　最高裁昭和49年判決における判断の論理構造（条件文）

【前提P】

約定利率が通常の利率
よりも低い金銭債務が
相続財産中に存在する

ならば

【結論Q】

相続人は，弁済期に至るまで，①約定利率の利息相当の利息を支払い，かつ，②通常の利率の利息を得る

この条件文が真であるためには，前提Pから結論Qへの推論が妥当である必要があります（つまり，Pが真であるとき，Qも真となること。14頁参照）。

この点，相続財産中に約定金利の定めのある金銭債務があるとの前提Pから，当然に約定利率の支払利息が発生することが導かれますから，結論Qの「①約定利率の利息相当の利息を支払う」ことを導くことができます（図表26）。

では，結論Qの「②通常の利率の利息を得る」を導くことができるでしょうか？

この点，相続人が，弁済期に至るまで通常の利率による受取利息を収受するためには，相続財産中に金銭債権が存在していることが必要になります。しかし，図表26から明らかなとおり，金銭債権が相続財産中に存在することは前提Pには含まれていません。したがって，結論Q「②通常の利率の利息を得る」は前提Pから導くことができません。

また，金銭債務が相続財産中に存在するという前提Pから，それと同額かつ同じ弁済期の金銭債権が相続財産中に存在することを導くこともできません。もっとも，被相続人が生前，借入れにより得た金銭をそのまま金融機関に預金として預け入れ，そのままの状態で相続が発生したような場合であれば，相続財産中に金銭債務元本と同額の金銭債権が含まれることにはなります。しかし，借入れにより得た金銭は，借入れの目的に従って投資または費消されるのが普通ですから，このようなケースはあったとしても稀でしょう。

そうすると，最高裁昭和49年判決は，「相続財産中に，金銭債務と同額かつ

第1章　税務の問題に対していかに「考え」かつ「主張」するか？　41

●●●●図表26　結論①は成り立つが，結論②は成り立たない

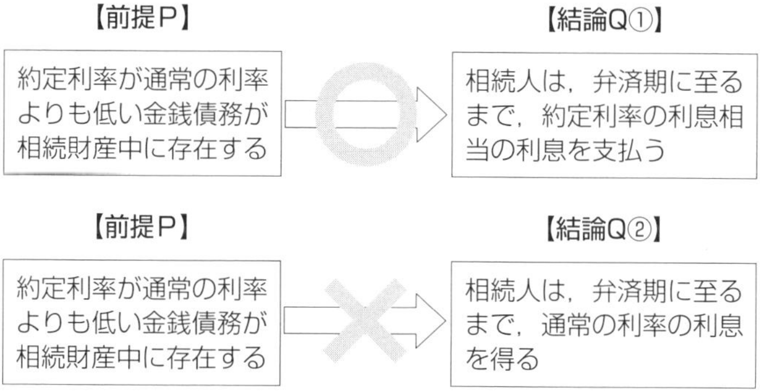

【前提P】

約定利率が通常の利率よりも低い金銭債務が相続財産中に存在する

【結論Q①】

相続人は，弁済期に至るまで，約定利率の利息相当の利息を支払う

【前提P】

約定利率が通常の利率よりも低い金銭債務が相続財産中に存在する

【結論Q②】

相続人は，弁済期に至るまで，通常の利率の利息を得る

同じ弁済期の金銭債権が存在する」という**隠れた前提**を置いて，結論Q②を導いているということになります。しかし，このような隠れた前提は一般に妥当せず，このような前提を置くことは不当ということになります。

　おそらく，裁判所は，知らず知らずのうちに，金銭債務が発生した時点（つまり，同額の金銭または金銭債権が存在する）を前提としていたものと思われます。

(3)　発生可能性（蓋然性）の程度を無視する論証

　すでに説明したとおり，税務の問題を含め世の中に生起する事柄は，100％の確実性をもって発生するわけではなく，例外を伴います。したがって，Pという前提からQが導かれるか否かは蓋然性でしかなく，よって，**議論においては，その蓋然性（発生可能性）の程度も議論の対象にされなければなりません。**

　しかし，例えば，ある条文の解釈において，Aという解釈を採った場合に弊害が発生する可能性があるというだけで，Aという解釈は取り得ないといった主張や判断がなされることが税務訴訟において少なくありません。確かに，当該議論において，その弊害の発生可能性が高ければ，条文の解釈上，そのような弊害が起きることを前提とした取扱いを「原則」とし，弊害が発生しない場合に，別途「例外」としての取扱いをすることが妥当であるといえるでしょう（図表27のケース１）。

　しかし，逆に，弊害の発生可能性が低ければ，そのような弊害がないことを

前提とした取扱いを「原則」とし，実際に弊害が発生した場合には，別途「例外」としての取扱いをすべきです（図表27のケース２）。

つまり，発生の可能性の程度を考慮した上で，「原則」・「例外」を明確にした議論がなされなければならないということです。

それにもかかわらず，弊害の発生可能性の程度を考慮に入れず，弊害が発生する可能性があるということだけをもって，すべての事案に対して弊害があることを前提とする取扱いをすることは不当です。

●●●●図表27　弊害の発生可能性が高いか低いかによって原則的な取扱いが変わる

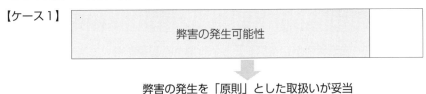

また，そもそも，民事訴訟法及び刑事訴訟法では，（例えば，事実認定において）一定レベル以上の蓋然性が要求されています。**そのような場合には，当然に，蓋然性の程度が考慮され，要求されている蓋然性の程度を満たす必要があります。**しかし，実際には，蓋然性の程度が無視された判断がなされている場合が少なくありません。

例えば，刑事事件の場合には，「疑わしきは被告人の利益に」という標語どおり，「合理的な疑いを超える証明（beyond a reasonable doubt）」といった，高い蓋然性の証明が求められています。しかし，実際には，冤罪事件は少なくありません。合理的な疑いを超える証明のレベルに達していないにもかかわらず，犯罪事実を認定してしまったことがその原因です。

第1章 税務の問題に対していかに「考え」かつ「主張」するか？ 43

① 痴漢冤罪事件のケース

　以下は，元裁判官の秋山賢三氏が『裁判官はなぜ誤るのか』という本の中で紹介している痴漢冤罪事件における裁判所の判断について言及した部分ですが，裁判所は，被告人に障害があっても一定の不自然な姿勢をとれば，痴漢行為を行うことには**「可能性がないとはいえない」**として犯罪事実を認定しました。しかし，本来は，このような不自然な姿勢で痴漢行為をした蓋然性が**合理的な疑いを超える程度に存在**することが必要なはずです。これも本来満たすべき蓋然性を無視した議論の一例です。

　　「別のケースでは，被告人が，過去の交通事故による後遺症のために，右手の『回外（外に開く）機能』が45度しかなく，通常人の90度に対しては著しい制約があり，また右手の『背屈（手掌を後方にそらす）』機能が20度と，通常人の70度に対して制約されていて，被害者女性の証言するとおりには犯行を行うことが客観的に不可能であることが明らかになった。しかし，裁判所は，『前腕の回外に上記のような制約があるとしても，身体の右側を開くようにすれば，すなわち，身体の右側を，若干，後方に引くか身体の左側を，若干，前方に出して斜めに相対すれば，相対物に対して腕，手はより広く回外する結果となるものと考えられるので』，**『被告人が犯行を行うことは不可能ではない』として有罪を言い渡したのである**。右手に障害のある被告人が，そのような無理な姿勢をとってまで，あえて痴漢行為を働くような状況，あるいは被告人側の動機については何も立証されてはいない。[31]」（下線強調は筆者）

② 萬有製薬事件（東京地裁平成14年9月13日判決）

　税務訴訟における事実の評価においても，蓋然性の程度を無視した議論は少なくありません。33頁で言及した萬有製薬事件の第一審判決はその一例です。
　萬有製薬事件は，大学病院等の研究者の英文添削料の差額を負担したことが交際費等に該当するか否かが争点となった事案です。

---

[31]　秋山賢三『裁判官はなぜ誤るのか』142頁（岩波新書・2002年）

第1審である東京地裁では，課税庁の主張を認め交際費と認定しましたが，その東京地裁での判決にも，発生可能性の程度を無視した判断がなされています。以下，該当部分につき引用します。

「b また，原告は，本件英文添削に関し，大学の付属病院の研究者であれば，原告の製造する処方薬を使用しない教室に所属する研究者や，医師免許を有しない留学生であっても依頼を受けていたこと，原告に英文添削を依頼した研究者の多くが，研修医，大学院生，研究医等，大学又は付属病院の職員としての身分を有しない者であることから，本件英文添削は，接待等の目的を果たし得ないものであって，本件負担額の支出は，接待等を目的とするものに該当しない旨主張する。

しかしながら，本件英文添削を依頼した研究者が，病院等において医薬品の購入や処方を自ら決定する権限を有していなかったとしても，各医局の代表者に働きかけるなどの方法により，原告の製造，販売に係る医薬品の購入及び処方に影響を与えることが可能であり，本件英文添削を依頼した研究者が，直接医薬品を使用する立場になかったとしても，原告がこれらの研究者から英文添削の依頼を受けることにより，その研究者が所属する大学等の各医局の長等に良好な印象を与えることにより，原告の製造，販売に係る医薬品の取引関係の円滑な進行を図ることができる**ことは，前記(1)イのとおりであるところ，これらの事情に照らせば，本件英文添削が接待等の目的を果たし得ないとする原告の主張は，理由がないといわざるを得ない。」（下線強調は筆者）

上記引用部分の議論を条件文の形式で表すと，図表28のようになります。

●●●図表28 上記引用部分の議論の条件文

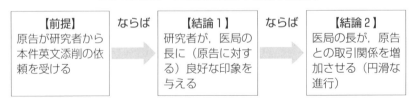

第1章　税務の問題に対していかに「考え」かつ「主張」するか？　45

しかし，「前提」から「結論1」への「ならば」と「結論1」から「結論2」への「ならば」について，どの程度の発生可能性（蓋然性）があるのでしょうか？　このような推認をするのであれば，その可能性の程度も検討されなくてはならないはずです。このように，萬有製薬事件の東京地裁判決は，蓋然性の程度を無視した判断であるといえます。

なお，控訴審である東京高裁平成15年9月9日判決では，「これら若手研究者の要望に沿うことが上記のような接待の目的と全く結びつかないとはいえない。しかし，それにしても，その結びつきはかなり間接的なものであるといわざるを得ない」として，蓋然性が低いことを認めています。

⑷　論点のすり替え（論点の歪曲）

「論点のすり替え」とは，例えば，相手の主張を故意に歪め（拡張・単純化），それを論駁することによって相手の主張を論駁し去ったかのようにふるまう論証のことをいいます。

この論点すり替えの好例として，筆者が訴訟代理人を務めた税務訴訟（東京地裁平成29年12月6日判決・TAINS：Z888-2148）における裁判所の判断が挙げられます。

当該訴訟において，ある選択権規定（複数の規定のうち，納税者に選択権を付与する規定のこと）には，確定申告で選択した場合に限り適用できるといういわゆる「当初申告要件[32]」が課されているか否かが問題となりました。

一般的に，選択権規定の場合には，当初申告要件が課されていることが多いのですが，当該選択権規定の条文を改めて読んでみたところ，「この項の適用を受けようとする旨の記載のある確定申告書を提出したときは，……適用する」としか規定されていません。そこで，納税者側は，当該選択権規定には「確定申告書に限る」旨の文言がなく，当初申告要件は課されていないと主張

32　「当初申告要件」とは，個別税法において「確定申告書にその適用を受ける旨及び特定支出の額の合計額の記載があり，かつ，特定支出に関する明細書や証明書類の添付がある場合に限り適用する」旨の定めがある「給与所得者の特定支出の控除の特例」など，当初申告時に選択した場合に限り適用が可能な措置のことをいいます。志場喜徳郎・前掲（注21）349頁

しました。

　そうしたところ，東京地裁は，「確定申告書に限る」旨の文言ではないことについては何ら触れることなく，「確定申告書とは，所得税法第2編第5章第2節第1款及び第2款の規定による申告書（当該申告書に係る期限後申告書を含む。）をいい（措置法2条1項10号，所得税法2条1項37号），これと別に定義されている更正の請求に係る更正請求書（措置法2条1項16号，国税通則法23条3項）が確定申告書に当たらないことは文理上明らかというべき」などとして，当初申告要件が課されているかのような判断をしました。

　つまり，東京地裁は，本来審理判断すべきは，「確定申告書『に限る』」旨の文言がないにもかかわらず当初申告要件が課されているといえるか否かであった[33]にもかかわらず，誰も争点とはしていなかった「確定申告書」の文理解釈に**論点をすり替えた**ということです。

(5)　論点先取り（循環論法）

　「**論点先取り**」とは，証明したい「結論」そのものを仮定する議論のことをいいます。

　例えば，Aという「結論」を導くために，Aを「前提」として用いる場合をいいます（図表29）。

●●●図表29　論点先取りの議論モデル

　このような説明をすると，「そんな議論をすれば，誰でもおかしいことに気づく」と思われるかもしれません。しかし，以下の例のように，一見したところ論点先取りであることがわからないような主張もあります。また，論点先取りの主張をしている本人自体がそのことに気づいていないこともあります。

33　当該規定において当初申告要件が課されていないことは，当初申告要件の定義から明らかです。

例

　日本国籍である被相続人Aは，生前，X国に所在する銀行において，配偶者Bとの共同名義で預金債権（以下「本件預金債権」といいます）を有していました。本件預金債権は，X国の法制度によれば，共同名義人が死亡する場合には，生存している方の共同名義人に当然に帰属することになり，被相続人の相続財産にはならないという性質のものでした。相続発生後，生存共有名義人以外の相続人が相続財産に該当するとして訴訟を提起したため，当該訴訟において，日本法上，本件預金債権がAの相続財産となるか否かが争点となりました。

　当該訴訟において，本件預金債権が相続財産になるとする原告側は，以下のように主張しました。

　「日本法上，一般に，預金債権は相続財産を構成することになる。これ以外の解釈，すなわち本件預金債権は相続財産を構成しないという解釈を採ると，日本法上存在しないX国の制度を用いることにより，本来であれば相続財産を構成するものを相続財産から分離されて特定の者のみが取得する財産の存在を認めることになってしまうのであって，日本の相続法秩序を害することになり，妥当ではない。」

　一見すると，「なるほど」と思われるような主張ですが，上記主張には**論点先取り**の不当な議論が含まれています。それは，「本件預金債権は相続財産を構成しないという解釈を採ると，日本法上存在しないX国の制度を用いることにより，本来であれば相続財産を構成するものを相続財産から分離されて特定の者のみが取得する財産の存在を認めることになってしまうのであって，日本の相続法秩序を害することにな」るという部分ですが，これは一種の背理法のような推論形式になっています。

　背理法とは，ある主張Aを証明するのに，Aでないこと（Aの否定）を仮定して，そこから矛盾を導くことによりAを否定した仮定が誤り，つまりAは真であると結論付ける証明法のことをいいます。

　これを念頭に上記主張を分析すると，上記主張は，まず①本件預金債権は相続財産を構成しないという解釈を仮定して（Aの否定），それが，②本来であれば相続財産を構成するはずであるにもかかわらず，③相続財産にならないことになってしまい，日本の相続税秩序に矛盾する（Aの否定が誤り），よって，

④本件預金は相続財産を構成すると解釈すべき（Aは真である），という論理構造になっています（図表30）。

上記論理構造は，④が導くべき「結論」であるにもかかわらず，④そのものを②において議論の「前提」として用いているのであり，正に，論点先取りの議論です。

なお，上記主張は，もともと日本の制度における銀行預金の話をしていたのにもかかわらず，途中からX国の制度における本件預金債権の議論にすり替わっており，⑷で説明した「論点すり替え」の類型にも該当します。

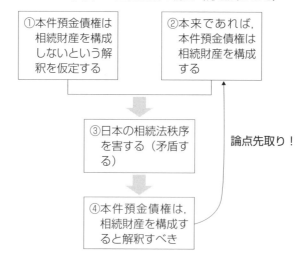

●●●●図表30　上記議論の構造（背理法もどき）

5　租税法における条文の解釈ルール

税務上の問題には条文解釈に関するものが少なくありません。そして，条文解釈によって導かれる内容が異なれば，問題となっている事案における結論も異なることになります。

そもそも，法律の条文は，社会一般に生起する事象に対して適用できるようにするため，包括的・抽象的な内容となる傾向にあります。租税法規の場合も

第1章　税務の問題に対していかに「考え」かつ「主張」するか？　49

同様に，「不確定概念」といわれる包括的で抽象的なものが多く含まれています。したがって，ある条文で定める要件等について，判例や学説による解釈がない場合には，自ら解釈する必要があります。また，課税庁が主張する解釈に対して，それが受け入れられないような場合には，当該解釈に対して反論しなければなりません。**そのためには，条文の解釈ルールや具体的な解釈方法を知っておく必要があります。**

　この点，条文解釈について言及している本はありますが，条文解釈の手法として，文理解釈及び拡大解釈や類推解釈等の目的論的解釈があることが説明され，それぞれの例が示されているにとどまり，どういった場合にどの解釈方法を採るべきなのかについては通常，説明がありません。

　例えば，吉田利宏著『新法令解釈・作成の常識』では，「解釈の方法や種類について見てきました。しかし，いま一つ『腹にたまらない』というか，『実際の解釈にすぐに役立ちそうにもない』との思いを抱いたことでしょう。（中略）これを条文の解釈に照らせば，ある種類の条文については『○○解釈をすべきである』とか，『○○解釈をしてはならない』という説明こそ，読者が求めているといえるでしょう。ただ，この種の解説をうまく行うことは至難の業です。その解釈をとるべきかはケースバイケースであり，適切な解釈を導くためにはこれまでの解釈の経験とその経験から得られたセンスがものをいうものだからです。」[34]として，「ケースバイケース」，「センス」といったものに左右され，ルール化することは「至難の業」であると説明されています。

　つまり，現状，条文解釈方法の選択に関する客観的なルールというものはなく，導きたい結論に合わせてチョイスされているのが実態ということかと思われます（図表31）。特に，民事事件においては，条文の文言よりも**「結論の妥当性」**が重視される傾向にあるので，導きたい結論に合わせて解釈方法が選択される傾向が強いといえるでしょう[35]。

34　吉田利宏『新法令解釈・作成の常識』42～43頁（日本評論社・2017年）
35　この点につき，前掲（注34）の『新法令解釈・作成の常識』44頁では，「解釈の方法について，法律の種類に応じた解釈の態度というものがあると言われます。たとえば，民法は私人間の紛争解決のための法であるため，ある程度，柔軟に解釈することができるとされています。むしろ，公平や正義を解釈で補う部分があるということができるでしょう。」と説明されています。

●●●●図表31　条文解釈手法の選択方法

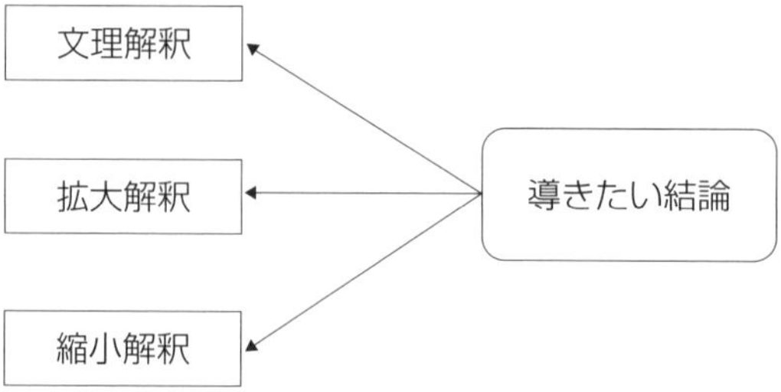

文理解釈

拡大解釈

縮小解釈

導きたい結論

　しかし，課税庁のみならず，納税者も**租税法規の主なユーザーであるにもか**かわらず，**自己に適用される条文がどのように解釈されるべきかが明らかでないという状態は，法治主義かつ民主主義の社会として健全ではありません。**また，**課税庁が独自の解釈によって課税処分をしようとした場合に，なんらの解釈ルールもなければ，防衛することもできません。**

　そこで，以下は，租税法規における条文解釈ルールにつき，学説や近時の最高裁判決を分析検討した上で，これらから条文解釈ルールを抽出し，試案として**「あるべき条文解釈ルール」**を定立したいと思います。

　加えて，課税庁や課税庁の主張を追認した下級審における条文解釈のパターンも抽出し，当該パターンの問題点について言及します。課税庁の主張に対する反論の一例として参考にしてください。

(1)　**文理解釈 vs. 目的論的解釈　〜いずれが優先するか？〜**

①　**文理解釈**

　「文理解釈」とは，法規の法文をその文字や文章の意味するところに即して解釈する方法をいいます。

　文理解釈の具体的な方法としては，以下の2つがあるとされています[36]（図表32）。

36　河村浩「要件事実論における法律の制度趣旨把握の方法論―租税特別措置法35条
　　1項の『居住の用に供している家屋』（譲渡所得に関する特別控除）の要件事実の分
　　析を題材として」伊藤滋夫・岩﨑政明編『租税訴訟における要件事実論の展開』49
　　〜50頁（青林書院・2016年）

ⓐ 国語辞典ルール

条文の文言の通常の意味を明らかにするための基準は，まずは，法律が基本的には一般国民を名宛人とするものであるから，文言の通常の意味を原則的に国語辞典（つまり，日常用語）の意味で解釈する，というルール。

ⓑ 法律用語辞典ルール

法律で特殊なルールを定めている場合，例えば，法律の中に定義規定を置いたり，法制上独特のルールに従ったりする場合（「その他」と「その他の」，「及び」と「並びに」，「場合」と「とき」の使い分け等）は，それに従い，法律用語辞典の意味で解釈する，というルール。

●●●図表32　文理解釈におけるルール

以上に加えて着目したいのが，立法する際の**法令表現のルール**です。というのも，立法担当者が一定のルールに基づき法令の文言を選んでいるのであれば，それに従った解釈をすべきと考えられるからです。そこで，文理解釈にあたって重要であると考えられる法令表現のルールを紹介します。

まず，法令の表現は，何よりもまずその立法内容を正確に表現したものでなりればならないとされています。したがって，立法担当者は，まず第一に，**表現の正確性**に最大限の注意を払う必要があるとされています[37]。

また，法令適用における混乱を避けるため，立法段階において，同一の法令においては，**同じ内容を表現するには同じ用語を使い，異なる内容を表現するには異なる用語を使うべき**とされています[38]。この点は，他の法令で使われて

37　田島信威編『法令の仕組みと作り方『立法技術入門講座』〈第2巻〉』74頁（ぎょうせい・1988年）

38　田島信威・前掲（注37）・76頁

いる用語を用いる場合も同様であって，もしそれと異なる内容を表現しようとするならば，別の用語を用いるべきであるし，同じ内容ならば同一の用語を使うべきであるとされています[39]。したがって，立法担当者の法令表現ルールを前提とすれば，法令中に同じ用語が使われている場合には，原則として，同じ内容に解釈されなければならないというルールが導かれます。

② 目的論的解釈

これに対し，「**目的論的解釈**」とは，制度趣旨や目的等を考慮して解釈する方法をいいます。目的論的解釈には，「拡大解釈[40]」，「縮小解釈[41]」，「反対解釈[42]」及び「類推解釈[43]」があります（図表33）。

●●○○ 図表33　目的論的解釈の種類

③ 文理解釈と目的論的解釈の優先関係に関する学説の考え方

学説上，文理解釈と目的論的解釈の優先関係について，租税法規は納税者の財産権に対する侵害法規であり，予測可能性や法的安定性の要請が強く働くため，その解釈は**原則として文理解釈によるべきであり，みだりに拡張解釈や類推解釈を行うことは許されない**とされています[44, 45]。

もっとも，文理解釈だけでは文言の意味を一義的に確定できないような場合（複数の解釈の可能性がある場合）には，文言の範囲内に趣旨目的等によって

39　田島信威　前掲（注37）・76頁
40　文言よりも，若干広げて解釈する方法のこと。
41　文言よりも，若干狭く解釈する方法のこと。
42　裏に隠されている意味を論理的に読み取る解釈方法のこと。
43　類似した事項について，一方だけに規定がある場合に，明文の規定がない他の事項についても同じ趣旨の規定がなされているものと考えて解釈する方法のこと。
44　金子宏・前掲（注16）116頁，増田英敏・前掲（注15）57頁等
45　谷口勢津夫『税法基本講義〔第5版〕』39頁（弘文堂・2016年）

解釈する必要があるとされています[46]。条文の文言が，当該条文によって達成しようとする趣旨目的に基づいて規定された以上，当該趣旨目的を文言の解釈の一環として考慮すべきことは当然です。よって，租税法規においても目的論的解釈が否定されるわけではありません。

　以上を整理すると，まずは文理解釈が適用され，それによっても確定できない場合には，次に目的論的解釈が適用される（文理解釈が目的論的解釈に優先的に適用される）ということになります（図表34参照）。

　以上のように，学説上は，文理解釈が目的論的解釈に優先的に適用されるという考え方が通説です。

●●●図表34　学説における条文解釈の順序

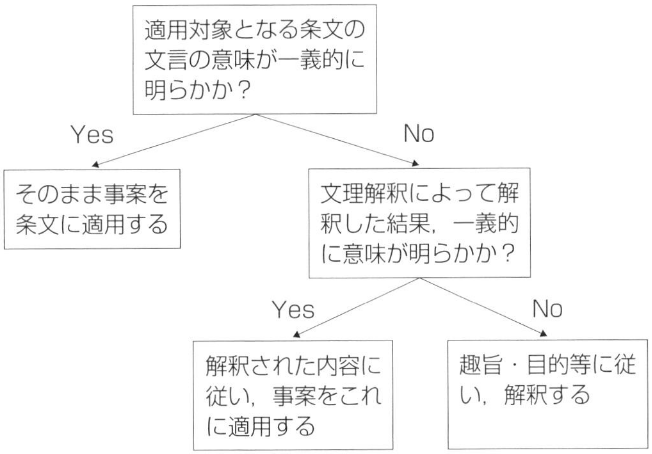

　もっとも，租税法律主義が支配する租税法規においては，その文理の拘束性が強いので，目的論的解釈をする際にも条文の文言から大きく乖離することは

46　金子教授は，「ただし，文理解釈によって規定の意味内容を明らかにすることが困難な場合に，規定の趣旨目的に照らしてその意味内容を明らかにしなければならないことは，いうまでもない」としている（前掲（注16）117頁）。また，谷口教授も，「もっとも，文理解釈の結果なお複数の解釈可能性が残る場合には，租税法律主義の下でも，租税法規の趣旨・目的すなわち租税立法者の価値判断を斟酌して，租税法規の意味内容を一義的に確定することが許されるし，むしろ，確定しなければならない」としている（前掲（注45）39頁及び40頁）。

できないものと考えられます[47]。

以上をまとめると，以下のようになります。

> **解釈ルール1**：文理解釈が目的論的解釈に優先して適用されなければならない。
>
> **解釈ルール2**：文理解釈には，国語辞典ルールと法律用語辞典ルールがある。
>
> **解釈ルール3**：法令中に同じ用語が使われている場合には，原則として，同じ内容に解釈されなければならない。
>
> **解釈ルール4**：目的論的解釈による場合も，条文の文言から大きく乖離してはならない。

そして，以下で詳しく検討するように，近時の最高裁判決においても学説と同様に，租税回避事案を除いて，文理解釈優先の考え方が顕著です。したがって，上記解釈ルールは，最高裁判決に裏付けられており，実用に耐えうると考えます。

④　**文理解釈と目的論的解釈の優先関係に関する最高裁判決の傾向**

前述のとおり，近時の最高裁判決においても，学説と同様，**文理解釈優先の考え方が顕著**です。

例えば，ホステス報酬源泉税事件（最高裁平成22年3月2日判決・判タ1323

47　「一般に法律の解釈の許容範囲は，法律の条文の文言（言葉）の中心的意味（核心部分）からの距離に反比例し，実質的な正当化の必要性に比例する。これを言い換えれば，言葉の本来的意味からの距離に比例して実質的正当化の必要性が求められるということになろう。これを法律解釈における富士山理論と命名する説もある。」，「このように見てくると，租税法規の解釈でいわれる特殊性は，他の法律における解釈との質的な違いによるものではなく，租税法律主義という憲法原理の趣旨に照らして，法律の文言の拘束性が強く，実質的解釈の余地は小さい（前記1⑴の富士山理論でいえば，言葉の本来的な中心的意味から解釈で延長していくことが可能な距離が他の法律と比較して短くなる）という質的な違いによるものであるといえよう」河村浩「要件事実論における法律の制度趣旨把握の方法論」『租税訴訟における要件事実論の展開』46頁，49頁（青林書院・2016年）

号77頁）や，武富士事件（最高裁平成23年2月18日判決・判タ1345号115頁）
の補足意見では，文理解釈を重視すべきことを明言しています。また，ホステ
ス報酬源泉税事件の当該判断は，その後の最高裁判決でも引用されています。
したがって，これらの最高裁判決は，前記の「解釈ルール1：文理解釈が目的
論的解釈に優先して適用されなければならない」を裏付ける**根拠**になります。

　一方で，文理から離れた解釈がなされている最高裁判決もあります。例えば，
消費税法30条7項の「保存」の解釈が争点となった最高裁平成16年12月16日判
決・判タ1175号135頁は，専ら目的論的解釈によって解釈しています。
　そこで，まずは，ホステス報酬源泉税事件を取り上げて，租税法規の条文解
釈においては文理解釈を重視すべき旨の判断がなされたことについて確認した
いと思います。
　また，専ら目的論的解釈によって解釈した最高裁平成16年12月16日判決（納
税者敗訴）及び最高裁平成26年12月12日判決・判タ1412号121頁（納税者勝訴）
について，その事案の特殊性と当該判決でなされた目的論的解釈の内容につい
ても検討していきます。

⒜　最高裁平成22年3月2日判決（ホステス報酬源泉税事件）

1）事案の概要

　本件は，パブクラブを経営する納税者が，ホステスに対して半月ごとに報酬
を支払っていましたが，その支払いの際に控除すべき源泉所得税の計算につい
て，所得税法施行令322条で定める控除額の規定（「5千円に当該支払金額の計
算期間の日数を乗じて計算した金額」）につき，「当該支払金額の計算期間の日
数」を**「半月間の全日数」**と理解して，5千円に当該日数を乗じて控除して計
算し，源泉所得税を納付していました。
　これに対し，課税庁は，「当該支払金額の計算期間の日数」は「半月間の全
日数」ではなく，**「ホステスの実際の出勤日数」**であるとして，差額に対し納
税の告知処分及び不納付加算税の賦課決定をしました。
　したがって，本件における争点は，所得税法施行令322条に定める**「当該支
払金額の計算期間の日数」**という文言の解釈ということになります。

56

【所得税法施行令322条】

法第204条第1項第6号に掲げる報酬又は料金	同一人に対し1回に支払われる金額	5千円に当該支払金額の計算期間の日数を乗じて計算した金額（当該報酬又は料金の支払者が当該報酬又は料金の支払を受ける者に対し法第28条第1項に規定する給与等の支払をする場合には，当該金額から当該期間に係る当該給与等の額を控除した金額）

2）判　示

「4　原審は，上記事実関係の下において，各ホステスの報酬に係る源泉所得税額を計算するに当たりペナルティの額を各ホステスの報酬の額から控除することはできないとした上で，次のとおり判断して，上告人らの請求をいずれも棄却すべきものとした。

ホステス等の個人事業者の場合，その所得の金額は，その年中の事業所得に係る総収入金額から必要経費を控除した金額（法27条2項）であるから，源泉徴収においても，『同一人に対し1回に支払われる金額』から可能な限り実際の必要経費に近似する額を控除することが，ホステス報酬に係る源泉徴収制度における基礎控除方式の趣旨に合致する。本件のように，報酬の算定要素となるのが実際の出勤日における勤務時間である場合には，当該出勤日についてのみ稼働に伴う必要経費が発生するととらえることが自然であって，これによるのが，非出勤日をも含めた本件各集計期間の全日について必要経費が発生すると仮定した場合よりも，実際の必要経費の額に近似することになる。

施行令322条の『当該支払金額の計算期間の日数』とは，『同一人に対し1回に支払われる金額』の計算要素となった期間の日数を指すものというべきである。そして，本件における契約関係を前提とした場合，各ホステスに係る施行令322条の『当該支払金額の計算期間の日数』とは，本件各集計期間の日数ではなく，実際の出勤日数であるということができる。

5　しかしながら，原審の上記判断は是認することができない。その理由は，次のとおりである。

⑴　一般に，「期間」とは，ある時点から他の時点までの時間的隔たりといった，時的連続性を持った概念であると解されているから，施行令

322条にいう「当該支払金額の計算期間」も，当該支払金額の計算の基礎となった期間の初日から末日までという時的連続性を持った概念であると解するのが自然であり，これと異なる解釈を採るべき根拠となる規定は見当たらない。

　原審は，上記4のとおり判示するが，租税法規はみだりに規定の文言を離れて解釈すべきものではなく，原審のような解釈を採ることは，上記のとおり，文言上困難であるのみならず，ホステス報酬に係る源泉徴収制度において基礎控除方式が採られた趣旨は，できる限り源泉所得税額に係る還付の手数を省くことにあったことが，立法担当者の説明等からうかがわれるところであり，この点からみても，原審のような解釈は採用し難い。

　そうすると，<u>**ホステス報酬の額が一定の期間ごとに計算されて支払われている場合においては，施行令322条にいう「当該支払金額の計算期間の日数」は，ホステスの実際の稼働日数ではなく，当該期間に含まれるすべての日数を指すものと解するのが相当である。**</u>」（下線は判決文，強調は筆者）

3）分析・検討

　最高裁は，原審である東京高裁が，ホステス報酬に係る源泉徴収制度における基礎控除方式[48]の趣旨によって解釈したことに対し，これを否定して，「**租税法規はみだりに規定の文言を離れて解釈すべきものではない**」旨を明確に判示した上で，文理解釈により，施行令322条にいう「当該支払金額の計算期間の日数」は，ホステスの実際の稼働日数ではなく，「**当該期間に含まれるすべての日数を指すもの**」と解するのが相当であると判断しました。

　ここで問題となっている「**期間**」について，おそらく，最高裁は**法律用語辞典ルール**に基づいて解釈しているものと思われます。というのも，法令用語としての「期間」の意味は，「一定の時間的へだたりの長さを表現するもので，時間の流れを継続したものとしてとらえる場合に使われる用語である」とされているからです[49]。

48　「基礎控除方式」とは，報酬額から一定の金額を控除した残額に対し税率を適用して源泉徴収する方式のことをいいます。

以上の最高裁の議論を分析すると、まず、条文解釈方法については原則として文理解釈によるべきことを前提に、「当該支払金額の計算期間の日数」との文言と「期間」とは、一般に、ある時点から他の時点までの時間的隔たりといった時的連続性をもった概念であることを「**前提等**」とし、文理解釈によるべきこと等を「**根拠**」として、「当該期間に含まれるすべての日数を指すもの」であると解釈すべきことを「**主張**」として導いたという構造になっていることがわかります（図表35参照）。

●●●図表35　最高裁判決の「当該支払金額の計算期間の日数」の解釈に関する議論構造モデル

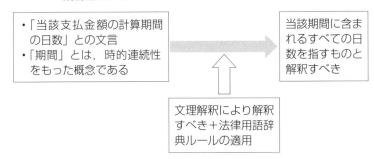

以上より、最高裁が「租税法規はみだりに規定の文言を離れて解釈すべきものではない」ことを前提として、法律用語辞典ルールにより文理解釈をしたことが確認できました。

そこで、次に、最高裁が「原審の上記判断は是認することができない」として排斥した東京高裁の制度趣旨に基づく解釈について分析・検討したいと思います。というのも、排斥された判断部分とその排斥理由を理解することで、本判決における最高裁の考え方をより明確に理解することができるからです。また、同じパターンの主張がなされた場合において反論する際のサンプルにもなります。

ということで、以下、東京高裁の議論を分析します。

東京高裁は、「源泉徴収においても、『同一人に対し1回に支払われる金額』

49　田島信威『最新法令用語の基礎知識【三訂版】』182頁（ぎょうせい・2005年）

第1章　税務の問題に対していかに「考え」かつ「主張」するか？　59

から可能な限り実際の必要経費に近似する額を控除することが，ホステス報酬
に係る源泉徴収制度における基礎控除方式の趣旨に合致する」として，ホステ
ス報酬等の源泉徴収制度の趣旨を「可能な限り実際の必要経費に近似する額を
控除すること」であると認定した上[50]で，当該趣旨により，「当該支払金額の
計算期間の日数」の解釈をしています。つまり，**文理解釈をすることなく，目
的論的解釈によって解釈している**ということになります。

　上記解釈を議論モデル図に沿って分析すると，東京高裁は，上記ホステス報
酬等の源泉徴収制度の趣旨を「**前提・事実等**」としています。そして，源泉徴
収においても，「同一人に対し1回に支払われる金額」から可能な限り実際の
必要経費に近似する額を控除することが，ホステス報酬に係る源泉徴収制度に
おける基礎控除方式の趣旨に合致することを「**根拠**」とし，当該「根拠」より，
出勤日についてのみ稼働に伴う必要経費が発生すると捉えることが自然である
ことをさらなる「**根拠**」として導き，最終的に，「当該支払金額の計算期間の
日数」という文言を「ホステスの実際の出勤日数」であると解釈すべきである
との「**主張**」を導いているという構造になっています（**図表36**）。

　つまり，ホステス報酬等の源泉徴収制度の趣旨が「納税者の最終的に納付す
べき所得税額と源泉徴収税額をなるべく近似させること」であることを前提と
して，**目的論的解釈**によって，「当該支払金額の計算期間の日数」という文言
を「ホステスの実際の出勤日数」であると解釈したということです。

50　この点，最高裁の判決からは必ずしも明らかではありませんが，本最高裁判決に
　関する最高裁調査官解説では「Ｙら（筆者注：課税庁のこと）は，ホステス報酬等
　の源泉徴収制度の目的を，所得税の還付手続を省きつつ，納税者の最終的に納付す
　べき所得税額と源泉徴収税額をなるべく近似させて，確定申告時に納付する税額を
　できるだけ減少させ確実な租税の徴収を図ることにあると理解した上で，源泉徴収
　の基礎控除額には経費的性格があることを強調する。」と説明しており，課税庁自身
　がこのような主張をしていたことがわかります。鎌野真敬『最高裁判所判例解説民
　事篇（平成22年度）』122頁（法曹会・2014年）

●●● 図表36　東京高裁判決の「当該支払金額の計算期間の日数」の解釈に関する議論モデル図

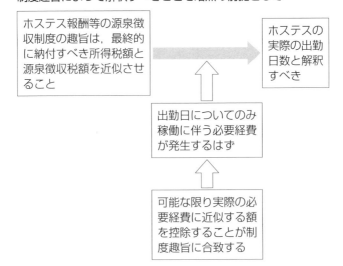

　当該東京高裁の議論に対し，最高裁は，制度趣旨による解釈を優先したことを否定したことは前述のとおりですが，それのみならず，課税庁が主張し東京高裁が認定したホステス報酬等の源泉徴収制度の趣旨（「前提・事実等」）自体が事実とは異なると指摘して，東京高裁の解釈が不当であると結論付けています（「ホステス報酬に係る源泉徴収制度において基礎控除方式が採られた趣旨は，**できる限り源泉所得税額に係る還付の手数を省くことにあったことが，立法担当者の説明等からうかがわれるところであり，**この点からみても，原審のような解釈は採用し難い」）。

　以上より，最高裁は，東京高裁の解釈に対し，①文理解釈ではなく制度趣旨による解釈を優先したこと（**採用した解釈方法**）を否定しただけでなく，②東京高裁が認定したホステス報酬等の源泉徴収制度の趣旨自体（**制度趣旨の認定**）も否定したということがわかります。この点については，21頁で述べたとおり，わが国では各規定の立法目的が明確に確認できる資料が十分に準備されておらず，制度趣旨の把握が難しいことの表れといえるでしょう。

第1章　税務の問題に対していかに「考え」かつ「主張」するか？　61

　なお，②の点について，議論の「前提」である制度趣旨が「偽」である以上，結論が「真」となることは保証されないということは，推論規則により導かれます。

　すでに述べたとおり，本最高裁判決は，以下の最高裁平成27年7月17日判決・判タ1418号86頁においても引用されており，後の最高裁判決において当該判断が支持されていることがわかります。

　　「(1)　憲法は，国民は法律の定めるところにより納税の義務を負うことを定め（30条），新たに租税を課し又は現行の租税を変更するには，法律又は法律の定める条件によることを必要としており（84条），それゆえ，課税要件及び租税の賦課徴収の手続は，法律で明確に定めることが必要である（最高裁昭和55年（行ツ）第15号同60年3月27日大法廷判決・民集39巻2号247頁参照）。**そして，このような租税法律主義の原則に照らすと，租税法規はみだりに規定の文言を離れて解釈すべきものではないというべきであり（最高裁昭和43年（行ツ）第90号同48年11月16日第二小法廷判決・民集27巻10号1333頁，最高裁平成19年（行ヒ）第105号同22年3月2日第三小法廷判決・民集64巻2号420頁参照）**，このことは，地方税法343条の規定の下における固定資産税の納税義務者の確定においても同様であり，一部の土地についてその納税義務者を特定し得ない特殊な事情があるためにその賦課徴収をすることができない場合が生じ得るとしても変わるものではない。」（下線強調は筆者）

　それでは，次に，専ら目的論的解釈により「保存」の文言を解釈した最高裁平成16年12月16日判決について分析・検討しましょう。

(b)　最高裁平成16年12月16日判決（消費税の仕入税額控除事件）

1）事案の概要

　本件の納税者が，消費税の課税義務者であるにもかかわらず消費税の確定申告をしていなかったことから，調査官が調査対象年度において納めるべき消費

62

税の税額を算出するため，帳簿書類等の提示を求めたところ，一部の費目に対する領収書を提示しただけでその他の帳簿書類等を提示することなく，それ以上税務調査に協力しませんでした。そこで，課税庁は，提示された領収書に係る消費税額だけを消費税法30条1項により控除される課税仕入れに係る消費税額として，その他の課税仕入れについては，同条7項の「事業者が当該課税期間の課税仕入れ等の税額の控除に係る帳簿又は請求書等を保存しない場合」に該当するとして税額控除を行わずに消費税額の決定処分等を行ったところ，納税者がそれを不服として当該処分等の取消を求めました。

つまり，本事案における争点は，消費税法30条7項の**「事業者が当該課税期間の課税仕入れ等の税額の控除に係る帳簿又は請求書等を保存しない場合」**の解釈ということになります。

2）判　示

「(2)　法が事業者に対して上記のとおり帳簿の備付け，記録及び保存を義務付けているのは，その帳簿が税務職員による検査の対象となり得ることを前提にしていることが明らかである。そして，事業者が国内において課税仕入れを行った場合には，課税仕入れに関する事項も法58条により帳簿に記録することが義務付けられているから，税務職員は，上記の帳簿を検査して上記事項が記録されているかどうかなどを調査することができる。

法30条7項は，法58条の場合と同様に，当該課税期間の課税仕入れ等の税額の控除に係る帳簿又は請求書等が税務職員による検査の対象となり得ることを前提にしているものであり，事業者が，国内において行った課税仕入れに関し，法30条8項1号所定の事項が記載されている帳簿を保存している場合又は同条9項1号所定の書類で同号所定の事項が記載されている請求書等を保存している場合において，税務職員がそのいずれかを検査することにより課税仕入れの事実を調査することが可能であるときに限り，同条1項を適用することができることを明らかにするものであると解される。同条10項の委任を受けて同条7項に規定する帳簿又は請求書等の保存に関する事項を定める消費税法施行令（平成7年政令第341号による改正前のもの。以下同じ。）50条1項は，法30条1項の規定の適用を受けようとする事業者が，同条7項に規定する帳簿又は請求書等を整理し，所定の

日から７年間，これを納税地又はその取引に係る事務所，事業所その他こ
れらに準ずるものの所在地に保存しなければならないことを定めているが，
これは，国税の更正，決定等の期間制限を定める国税通則法70条が，その
５項において，その更正又は決定に係る国税の法定申告期限等から７年を
経過する日まで更正，決定等をすることができると定めているところと符
合する。

法30条７項の規定の反面として，事業者が上記帳簿又は請求書等を保存
していない場合には同条１項が適用されないことになるが，このような法
的不利益が特に定められたのは，資産の譲渡等が連鎖的に行われる中で，
広く，かつ，薄く資産の譲渡等に課税するという消費税により適正な税収
を確保するには，上記帳簿又は請求書等という確実な資料を保存させるこ
とが必要不可欠であると判断されたためであると考えられる。

(3)　以上によれば，**事業者が，消費税法施行令50条１項の定めるとおり，
法30条７項に規定する帳簿又は請求書等を整理し，これらを所定の期間及
び場所において，法62条に基づく税務職員による検査に当たって適時にこ
れを提示することが可能なように態勢を整えて保存していなかった場合は，
法30条７項にいう「事業者が当該課税期間の課税仕入れ等の税額の控除に
係る帳簿又は請求書等を保存しない場合」に当たり，事業者が災害その他
やむを得ない事情により当該保存をすることができなかったことを証明し
ない限り（同項ただし書），同条１項の規定は，当該保存がない課税仕入
れに係る課税仕入れ等の税額については，適用されないものというべきで
ある。**」（下線は判決文，強調は筆者）

３）分析・検討

上記判示よりわかるとおり，最高裁は，「**保存**」を「**法30条７項に規定する
帳簿又は請求書等を整理し，これらを所定の期間及び場所において，法62条に
基づく税務職員による検査に当たって適時にこれを提示することが可能なよう
に態勢を整えて保存**」することと解釈したわけですが，当該解釈が導かれるま
での議論が非常に長く，ややわかりづらいので，以下，その議論の流れを追っ
てみましょう。

64

最高裁判決の議論の流れを追う

　「保存」に関する最終的な解釈が導かれるまでの主な論理の流れは，以下のとおりです。

- 消費税は，**申告納税方式**をとっている（A）。

- **申告納税方式**の場合は，申告が事実に基づいていることを税務署長等が帳簿書類を**検査して確認**する必要があり，消費税法58条においても**帳簿の保存が義務**付けられている（B）

- 帳簿の保存義務は，税務職員による**検査の対象**となることを前提としている（C）

- そして，消費税法30条7項も，法58条と同様に帳簿等が**検査の対象**となることを前提としている（D）

- したがって，消費税法30条7項は，**帳簿等を保存している場合**で，かつ，**税務職員が帳簿等を検査することにより課税仕入れの事実を調査すること**が可能であるときに限り，同条1項を適用することができることを明らかにするものである（E）

- よって，**事業者が，消費税法施行令50条1項の定めるとおり，法30条7項に規定する帳簿または請求書等を整理し，これらを所定の期間及び場所において，法62条に基づく税務職員による検査に当たって適時にこれを提示することが可能なように態勢を整えて保存していなかった場合**は，法30条7項にいう「事業者が当該課税期間の課税仕入れ等の税額の控除に係る帳簿又は請求書等を保存しない場合」に当たる（F）

　つまり，まず，A及びBによって，申告納税方式をとる消費税について，消費税法は納税者に帳簿の保存義務（58条）を課していることを確認しています。

　次に，B及びCより，帳簿の保存義務というものは，帳簿が税務職員による検査の対象となることを前提としているとして，消費税法30条7項も法58条と同様，税務職員による検査が前提とされていること（D）を導いています。

　そして，Dより消費税法30条7項の実質的な規定内容（＝趣旨）であるEを導き，最終的に，Eから，同項の「帳簿又は請求書等を保存しない場合」について，帳簿等を物理的に保存していない場合だけでなく，税務職員に対し適時に提示ができる態勢を整えていない場合も含まれるものと解釈している（Fを

導出）ということです。

　このように，**本判決は，「保存」という文言の解釈について何ら触れることなく，消費税法における帳簿保存義務の趣旨等から，同法30条7項の趣旨を導き，「保存」の解釈をしたということがわかります。**そして，当該解釈は，一般的な「保存」という言葉の意味よりも制限的に解釈し，税務職員に対し適時に提示ができる態勢を整えていない場合も「保存」の意味として取り込んだということもわかります。

滝井繁男裁判官の反対意見あり

　同じく消費税法30条7項の「保存」の解釈が争点となった最高裁平成16年12月20日判決・判タ1176号130頁（最高裁平成16年12月16日判決の4日後！）においても，最高裁平成16年12月16日判決の上記判断（「保存」の解釈につき「法62条に基づく税務職員による検査に当たって適時に提示することが可能なように態勢を整えて保存することを要する」）を引用しており，最高裁平成16年12月16日判決の解釈を踏襲しています。

　これに対し，当該判断には賛成することができないとする**滝井繁男裁判官の反対意見**があります。

　その反対意見は長いので，ここで引用することは割愛しますが，反対であるとする議論の流れは，以下のとおりです。

- 消費税法30条1項の仕入税額控除は，消費税制度の骨格をなすものであり，本質的な要素である。よって，消費税法30条7項の解釈においても，課税仕入れに係る税額も確実に控除されるという制度の理念に即して解釈されなりればならない。
- 多数意見の解釈によれば，帳簿等の提示を拒み続けたという理由で「保存」がないことと同視されることになる（その結果，後に，帳簿等の保存があったことを立証しても「保存」があったとは認められないことになる）。しかし，保存がないことを理由に仕入税額控除を認めないでなされた課税処分に対し，所定の帳簿等を保存していたことを主張・立証することを許さないとする法文上の根拠はない。
- また，消費税の課税処分における迅速かつ正確な消費税額の把握の必要性

を強調したとしても，「保存」に，**「現状維持のまま保管する」**という通常その言葉の持っている意味を超えて，税務調査における提示の求めに応じることまでを含めるだけの根拠はない。

つまり，滝井裁判官の上記反対意見は，多数意見は調査における検査の必要性を強調するが，**消費税の重要な制度である仕入税額控除の必要性も考慮されなければならないこと**，「保存」**という文言からあまりにも乖離しており，法**解釈として不当であるということをいっています（図表37）。

●●○図表37　最高裁における「保存」の解釈

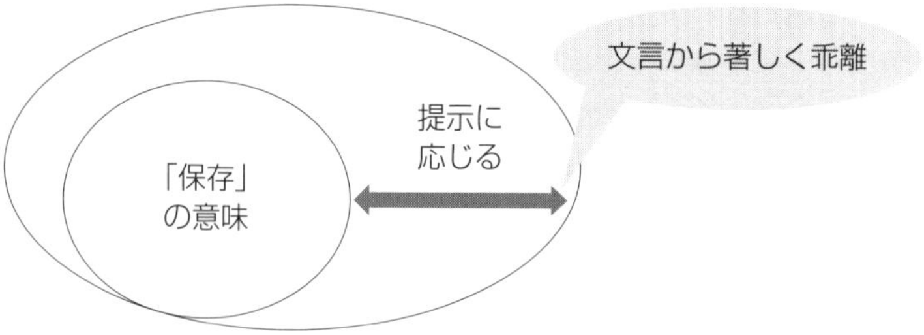

このように，多数意見の解釈は，文理解釈の観点からは問題があり，かつ，あまりに「調査の必要性」を強調した点で問題があることがわかります。

もっとも，最高裁平成16年12月16日判決及び最高裁平成16年12月20日判決の事案は，いずれも税務調査への協力を拒否したという事案のようであり，裁判官にとって，心情的かつ課税の公平の観点からも，仕入税額控除は認め難いという事情があったといえます。したがって，裁判官としても，条文解釈が文理から著しく乖離することになったとしても，仕入税額控除を否定する必要性があると判断したものと思われます。つまり，**結果の妥当性のために解釈ルールを犠牲にした**ということでしょう。

「保存」を文言どおりに解釈したとしても，課税の公平は確保し得る

以上のように，最高裁平成16年12月16日判決は，「保存」の解釈を調査の必要性より縮小解釈したわけですが，「保存」を一般的な意味である「客観的な状態の保管」であると解釈しても，帳簿等が保存されていることの**立証責任を納税者に実質的に負担させる**ことで，帳簿等の提示を拒み続けるような場合に

は，仕入税額控除を否定することができると思います。

　まず，消費税法30条7項の規定を素直に読めば，「帳簿又は請求書等を保存しない場合」が課税要件となっているといえます。そして，一般に課税要件事実の立証責任は課税庁側にありますが「ないこと」の証明は困難なため（「悪魔の証明」），公平性の論点から，立証責任を軽減すべきことになります。

　立証責任を軽減する方法として，課税庁が保存がないことを推認させる一定の立証をした場合に，納税者側が保存があることの反証をしない限り，当該推認を破ることができない（つまり，保存がないものと認定される）という方法（これを「**間接反証**[51]」といいます）が考えられます。

　具体的にいえば，調査官による度重なる提示要求に反して，納税者が帳簿等を提示しなかった場合には，経験則により[52]，消費税法30条8項所定の要件を満たす帳簿等の保存がないであろうことが一応推定できます。

　一方，納税者側が，その推認を打ち破り，「保存あり」であることを反証するためには，帳簿等を提示せざるを得ません（法定の記載内容が具備していることは，帳簿等を開示しないと立証できないため）。よって，納税者が提示しない場合には，「保存なし」との一応の推定を打ち破ることができず，その結果，「保存なし」と推認されることになります。

　このように，最高裁平成16年12月16日判決及び最高裁平成16年12月20日判決の事案のように，調査の協力が得られず，度々の要求にもかかわらず帳簿等提示がなされない場合には，「保存あり」であることの反証がなされないため「保存なし」の推定を打ち破ることができず，その結果として仕入税額控除の適用がされないということになり，課税の公平を確保することもできます。ま

51　「間接反証」とは，ある主要事実につき証明責任を負う当事者が，その主要事実を推認させるに足る間接事実の存在を証明した場合に，相手方が，当該間接事実と両立しうる別の事実を立証することによって，当該間接事実による主要事実の推認が疑わしい（あるいは誤りである）ことを明らかにし，主要事実につき裁判官が心証を形成するのを妨げるための証明活動をいいます。上田徹一郎『民事訴訟法第2版』372頁（法学書院・1999年）

52　消費税法上，検査を拒んだ場合には罰則規定があり，また，帳簿によって課税仕入れの確認ができない間は調査が終了しない等の不利益があるので，法定記載要件を満たす帳簿等の保存があれば，当該不利益を回避するため，通常，提示するはずという経験則が考えられます。

た，納税者が，事後に帳簿等の保存があったことを主張・立証することも可能であり，仕入税額控除の制度趣旨にも配慮されたものとなります。

●●●図表38 「保存なし」の事実認定についての立証（間接反証）

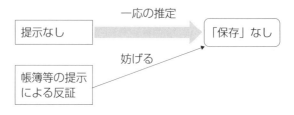

それでは，もう1つ，文言よりも制度の趣旨を重視した解釈をした最高裁判決（ただし，納税者勝訴判決）を見てみましょう。

(c) 最高裁平成26年12月12日判決・判タ1412号121頁
1）事案の概要

納税者が，相続税の申告において，相続財産である土地の評価に誤りがあるとして更正の請求をしたところ，課税庁は主張の一部を認めて減額更正処分をし，還付加算金を加算して過誤納金が還付されました。これに対し，納税者が減額更正を超える減額を求めて異議申立てをしたところ，納税者の主張に対しては理由がないと退けるとともに，相続財産である土地の評価に誤りがあり，正しい税額は減額更正による納付すべき税額よりも高い額であるとして，異議申立てを棄却する決定をしました。その後，課税庁は，この決定を受け，増額更正処分をしました。

当該増額更正処分を受け，納税者は本税部分についてのみ納付をしたところ，課税庁より，法定納期限から当該増額更正により新たに納付すべきものとされた税額（図表39）の完納の日までの期間に係る延滞税の納付を催告されたことから，当該延滞税の支払義務がないことの確認（課税処分の取消訴訟の類型ではありません）を求めて，提訴しました。

●●● 図表39　当初の税額・減額更正後の税額・増額更正後の税額の関係

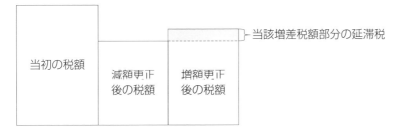

> 参考
>
> 【国税通則法60条1項2号・2項】
> 　納税者は，次の各号の一に該当するときは，延滞税を納付しなければならない。
> 　一　（省略）
> 　二　期限後申告書若しくは修正申告書を提出し，又は更正若しくは第25条（決定）の規定による決定を受けた場合において，第35条第2項（期限後申告等による納付）の規定により納付すべき国税があるとき
> 2　延滞税の額は，前号各号に規定する国税の法定納期限（括弧内省略）の翌日からその国税を完納する日までの期間の日数に応じ，その未納の税額に年14.6パーセントの割合を乗じて計算した額とする。ただし，納期限（括弧内省略）までの期間又は納期限の翌日から2月を経過するまでの期間については，その未納の税額に年7.3パーセントの割合を乗じて計算した額とする。
>
> 【国税通則法35条2項2号】
> 　二　更正通知書に記載された第28条第2項第3号イからハまで（更正により納付すべき金額）に掲げる金額（その更正により納付すべき税額が新たにあることとなった場合には，当該納付すべき税額）又は決定通知書に記載された納付すべき税額　その更正通知書又は決定通知書が発せられた日の翌日から起算して1月を経過する日

　なお，第1審の東京地裁（東京地裁平成24年12月18日判決・裁判所ウェブサイト）と第2審の東京高裁（東京高裁平成25年6月27日判決・裁判所ウェブサイト）は，いずれも納税者の主張を認めず，国税通則法60条1項2号に基づき

延滞税が発生すると判断しました。

2）判　示

「本件のように，国税の申告及び納付がされた後に減額更正がされると，減額された税額に係る部分の具体的な納税義務は遡及的に消滅するのであり，その後に増額更正がされた場合には，増額された税額に係る部分の具体的な納税義務が新たに確定することになるのであるから，新たに納税義務が確定した本件各増差本税額について，更正により納付すべき国税があるときに該当するものとして，法60条1項2号に基づき延滞税が発生するものというべきである。

4　しかしながら，原審の上記判断は是認することができない。その理由は，次のとおりである。

前記事実関係等によれば，本件各増額更正がされた時点において，本件各相続税については，本件各増差本税額に相当する部分につき法的効果としては新たに納税義務が発生するとともに未納付の状態となっているが，本件各増額更正後の相続税額は本件各申告に係る相続税額を下回るものであることからすれば，本件各増差本税額に相当する部分は，本件各申告に基づいて一旦は納付されていたものである。これにつき再び未納付の状態が作出されたのは，所轄税務署長が，本件各減額更正をして，その減額された税額に係る部分について納付を要しないものとし，かつ，当該部分を含め，本件各申告に係る税額と本件各減額更正に係る税額との差額を過納金として還付したことによるものである。このように，本件各相続税のうち本件各増差本税額に相当する部分については，それぞれ減額更正と過納金の還付という課税庁の処分等によって，納付を要しないものとされ，未納付の状態が作出されたのであるから，納税者としては，本件各増額更正がされる前においてこれにつき未納付の状態が発生し継続することを回避し得なかったものというべきである。

他方，所轄税務署長は，本件各更正請求に係る税務調査に基づき，本件相続土地の評価に誤りがあったことを理由に，上告人らの主張の一部を認めて本件各減額更正をしたにもかかわらず，本件各増額更正に当たっては，自らその処分の内容を覆し，再び本件各減額更正における本件相続土地の

評価に誤りがあったことを理由に，税額を増加させる判断の変更をしたものである。

　以上によれば，本件の場合において，仮に本件各相続税について法定納期限の翌日から延滞税が発生することになるとすれば，法定の期限内に本件各増差本税額に相当する部分を含めて申告及び納付をした上告人らは，当初の減額更正における土地の評価の誤りを理由として税額を増額させる判断の変更をした課税庁の行為によって，当初から正しい土地の評価に基づく減額更正がされた場合と比べて税負担が増加するという回避し得ない不利益を被ることになるが，このような帰結は，法60条1項等において延滞税の発生につき納税者の帰責事由が必要とされていないことや，課税庁は更正を繰り返し行うことができることを勘案しても，明らかに課税上の衡平に反するものといわざるを得ない。そして，延滞税は，納付の遅延に対する民事罰の性質を有し，期限内に申告及び納付をした者との間の負担の公平を図るとともに期限内の納付を促すことを目的とするものであるところ，上記の諸点に鑑みると，このような延滞税の趣旨及び目的に照らし，本件各相続税のうち本件各増差本税額に相当する部分について本件各増額更正によって改めて納付すべきものとされた本件各増差本税額の納期限までの期間に係る延滞税の発生は法において想定されていないものとみるのが相当である。

　<u>したがって，本件各相続税のうち本件各増差本税額に相当する部分は，本件各相続税の法定納期限の翌日から本件各増額更正に係る増差本税額の納期限までの期間については，法60条1項2号において延滞税の発生が予定されている延滞と評価すべき納付の不履行による未納付の国税に当たるものではないというべきであるから，上記の部分について本件各相続税の法定納期限の翌日から本件各増差本税額の納期限までの期間に係る延滞税は発生しないものと解するのが相当である</u>。」（下線は判決文，強調は筆者）

3）分析・検討

本件は，納税者が法定納期限までに相続税を納付していたにもかかわらず，

その後に課税庁による減額更正，還付及び増額更正があったがために「未納」の状態が作出されたものです（図表40）。この間，納税者側は，（異議申立てはしたものの）それ以外「未納」の作出には何ら関与していません。この点に**事案の特殊性**があります。

●●●図表40　本件に関する各処分の流れ

この点につき，原審は，**本件の特殊性は考慮せず**，条文をそのまま適用することによって，納税者には再更正部分に関する延滞税の納税義務があると判断しました。具体的には，以下のとおりです。

- まず，国税通則法24条に基づく減額更正により，一旦納税義務は遡及的に消滅するものと解される（国税通則法29条2項[53]の反対解釈）。その結果，減額更正分の納付税額は同法56条1項に基づき還付されることになる。
- しかし，その後の国税通則法26条に基づく再更正（増額更正）により，具体的納税義務が再度確定する。
- 国税通則法60条1項2号は，更正を受けた場合において，更正により納付すべき国税があるときは延滞税を納付しなければならない旨規定しており，本件はこれに該当する。
- そして，国税通則法60条2項は，延滞税の金額は，国税の法定納期限の翌日から完納する日までの期間の日数に応じ，未納税額の14.6％を乗じて計算する旨を定めている。

一方，最高裁は，**本件の特殊性を重視し**，原審のような判断によった場合には，結果があまりに不当であり課税の衡平を欠くとして，立法趣旨に基づき文理を限定して解釈しました。具体的なロジックの流れは，以下のとおりです。

---

[53] 国税通則法29条2項「既に確定した納付すべき税額を減少させる更正は，その更正により減少した税額に係る部分以外の部分の国税についての納付義務に影響を及ぼさない。」

- そもそも未納付の状態が作出されたのは、課税庁の判断によるものであり、納税者としては、当該未納付の状態を回避し得なかった。
- 一方、課税庁は、調査に基づき納税者の主張の一部を認めて減額更正をしたにもかかわらず、自らその処分内容を覆して増額処分をする判断をした。
- つまり、未納付状態を作出した帰責性は専ら課税庁側にある。
- 仮に延滞税が発生するとすれば、最初から正しい金額（つまり、その後の増額更正を考慮した金額）で減額更正をしていれば負担せずに済む延滞税を負担しなくてはならないことになり（図表41）、（自らの行為によっては）回避し得ない不利益を被り、課税上の衡平を欠く。
- 加えて、延滞税の趣旨は、「納付の遅延に対する民事罰の性質を有し、期限内に申告及び納付をした者との間の負担の公平を図るとともに期限内の納付を促すこと」であることから、本件のケースは法によって想定されていない。
- よって、本件の事案においては国税通則法60条1項2号における延滞と評価すべき未納付に当たるものはないというべき。

●●● 図表41　減額更正すべきであった税額

　つまり、最高裁の判断のエッセンスは、国税通則法60条で定める延滞税の趣旨からみて、本件のように**課税上の衡平**[54]を欠く特殊なケースは想定されていないので、文理にかかわらず適用から除外する、ということです。本件のようなケースは、ある意味、課税庁側による課税の濫用と評価すべきものであり、**納税者による租税回避の逆パターン**といえるでしょう。

　もっとも、先に検討した最高裁平成16年12月16日判決のように、条文の文言

を限定的に解釈したというわけではなく，本件の事案については国税通則法60条1項2号の適用はないと判断したにすぎず，趣旨目的に照らして限定解釈をしたとまではいえません。この点，本最高裁判決における千葉勝美裁判官の補足意見では，以下のように，上記多数意見よりも踏み込んで延滞税の趣旨・目的に照らし限定解釈すべきであると主張しています。

「本件の場合には，本件各増差本税額に相当する部分につき，税務署職員の指導にとどまらず，減額更正や過誤納の還付という課税庁の行為によって未納付状態が作出されたのである。このことは，延滞税を免除するべきかどうかではなく，そもそも延滞税を発生させるべき実質的な根拠が全く存在せず，延滞税を生じさせることは制度の趣旨に完全に背馳し，不正義となることは明らかなのである。このような場合にまで延滞税を発生させることは法が全く予想していないことであろう。

3 そうであれば，このような場合には，延滞税の納付を免除するのではなく，延滞税の発生自体を認めないとする法解釈を行うべきであろう。**この解釈は，法60条1項2号をいわば目的論的に限定解釈する面もあるが**，同号が当然に前提としていると思われる『納税者によって生じた延滞』と評価すべきでないことは明らかであるので，同号にいう『納付すべき国税があるとき』に当たらないとするものである。税法の解釈は，納税者側の信頼や衡平にかない課税実務の効率化や恣意の排除に資するため，本来一義的で明確であることが求められるところであるが，**本件は，延滞税の趣旨・目的に照らし，これを発生させることが適当でないことが明らかな例外的事案であり，これを否定する（限定）解釈を採ったとしても**，個別の事案毎の判断が必要となり徴税実務が不安定になるといったおそれはないというべきである。」（下線強調は筆者）

---

54 判決文中で「課税上の衡平」という用語が用いられていますが，「公平」ではなく「衡平」という漢字を使っています。法律用語辞典によると，**「衡平」**とは，「一般的な規範である法をそのまま適用することが妥当でないような場合，それを具体的な事案に即して修正する原理」（『法律学小辞典第5版』394頁（有斐閣・2016年））と説明されています。まさに，本件のような事案に適用されるべき原理であるといえます。

第1章　税務の問題に対していかに「考え」かつ「主張」するか？　75

　本最高裁判決からは，文言どおりに法を適用すると，法の趣旨目的からあまりに乖離した結果が生じるような場合に，課税上の衡平の観点から，法の趣旨目的によって条文の文言を限定的に解釈することもあり得るということがわかります。

⑤　最高裁判決における条文解釈のパターン

　以上で検討した最高裁判決等を振り返ってみると，租税法規の条文解釈においては，文理解釈が目的論的解釈に優先されるべきであると判断していることがわかります。

　ただし，租税回避事案のような場合には，結果の妥当性が優先され，目的論的解釈によって解釈される傾向があるともいえます。もっとも，本書では検討していませんが，最高裁平成23年2月18日判決・裁判所ウェブサイト（武富士事件）は租税回避事案ではありますが，文理解釈によって厳格に解釈されていますし，最高裁平成16年12月20日判決においても反対意見ではあるものの，文理解釈に基づく予測可能性に対しては配慮すべきであるとの姿勢がみられます。

　また，逆に，文理上内容が明らかな場合であっても，文理どおりに適用した場合には，納税者にとってあまりに不当な（酷な）結果が生じてしまうような事案の場合には，趣旨に基づき目的論的解釈（文言が限定的に解釈）されることもあり得ます。

　以上より，54頁でまとめた学説等に基づく条文解釈ルールに，近時の最高裁判決から抽出される条文解釈ルールを加えて，試案として定立すると，以下のようになります。

解釈ルール1：少なくとも租税回避事案でない場合には，文理解釈が目的
　　　　　　　論的解釈に優先して適用されなければならない
解釈ルール2：文理解釈には，国語辞典ルールと法律用語辞典ルールがあ
　　　　　　　る
解釈ルール3：法令中に同じ用語が使われている場合には，原則として，
　　　　　　　同じ内容に解釈されなければならない

> 解釈ルール４：目的論的解釈による場合も，条文の文言から大きく乖離してはならない
>
> 解釈ルール５：条文をそのまま適用すると結果が著しく不当となる場合には，目的論的解釈によって限定的に解釈することが許容される場合もある

(2) 文理解釈といえども，一筋縄ではいかない！

　以上の検討結果より，租税法規の条文解釈においては，目的論的解釈に先んじて文理解釈をすべきであるということがわかりました。

　もっとも文理解釈といっても，解釈の対象となる文言自体が曖昧であることが多いため，一筋縄ではいきません。したがって，同じ文言解釈であっても，判断者（多くの場合，裁判官）によって異なった解釈が導かれることがあります。

　この点につき，特約年金に対する相続税と所得税の二重課税が問題となった長崎年金二重課税事件（最高裁平成22年7月6日判決・判タ1324号78頁）を素材として検討してみましょう。

　本件は，被保険者の死亡により取得した年金受給権（相続税法3条1項1号の規定に基づき，相続によって取得したものとみなされ，相続税が課税される）に基づいて支給される年金が，所得税法9条1項15号で規定する**「相続，遺贈又は個人からの贈与により取得するもの」**に該当し，非課税所得となるか否かが争われた事案です。そこで，本件の争点は「相続，遺贈又は個人からの贈与により取得するもの」という**文言の解釈**ということになります。

　この点，控訴審である福岡高裁（福岡高裁平成19年10月25日判決・裁判所ウェブサイト）と上告審である最高裁では，解釈された内容が異なります。よって，両判決の議論を比較分析すれば，異なった解釈が導かれた原因を知ることができます。

　そこで，以下においては，福岡高裁と最高裁の両判決における条文解釈の内容を比較検討したいと思います。

第1章 税務の問題に対していかに「考え」かつ「主張」するか？ 77

① 福岡高裁における解釈：「相続税法3条1項の規定により相続したもの
とみなされる財産」

まずは，福岡高裁判決です。福岡高裁判決は，課税庁の主張をそのまま認め，
非課税規定である所得税法9条1項15号の「相続，遺贈又は個人からの贈与に
より取得するもの」の解釈に関し，以下のように判示しました。

　「他方，所得税法9条1項15号は，相続，遺贈又は個人からの贈与によ
り取得するもの（相続税法（昭和25年法律第73号）の規定により相続，遺
贈又は個人からの贈与により取得したものとみなされるものを含む。）に
ついては，所得税を課さない旨を規定している。その趣旨は，相続，遺贈
又は個人からの贈与により財産を取得した場合には，相続税法の規定によ
り相続税又は贈与税が課されることになるので，二重課税が生じることを
排除するため，所得税を課さないこととしたものと解される。この規定に
おける相続により取得したものとみなされるものとは，**相続税法3条1項
の規定により相続したものとみなされる財産を意味することは明らかであ
る。**そして，その趣旨に照らすと，所得税法9条1項15号が，相続ないし
相続により取得したものとみなされる財産に基づいて，被相続人の死亡後
に相続人に実現する所得に対する課税を許さないとの趣旨を含むものと解
することはできない。」（下線強調は筆者）

② 最高裁における解釈：「財産の取得によりその者に帰属する所得」

これに対し，最高裁は，「相続，遺贈又は個人からの贈与により取得するも
の」とは，「相続等により取得し又は取得したものとみなされる**財産そのもの**」
を指すのではなく，「財産の取得によりその者に帰属する**所得**」を指すものと
解釈しました。

以下，該当部分の判示を引用します。

　「所得税法9条1項は，その柱書きにおいて『次に掲げる所得について
は，所得税を課さない。』と規定し，その15号において『相続，遺贈又は
個人からの贈与により取得するもの（相続税法の規定により相続，遺贈又

は個人からの贈与により取得したものとみなされるものを含む。)』を掲げている。同項柱書きの規定によれば，同号にいう『**相続，遺贈又は個人からの贈与により取得するもの**』とは，相続等により取得し又は取得したものとみなされる財産そのものを指すのではなく，当該財産の取得によりその者に帰属する所得を指すものと解される。そして，当該財産の取得によりその者に帰属する所得とは，当該財産の取得の時における価額に相当する経済的価値にほかならず，これは相続税又は贈与税の課税対象となるものであるから，同号の趣旨は，相続税又は贈与税の課税対象となる経済的価値に対しては所得税を課さないこととして，同一の経済的価値に対する相続税又は贈与税と所得税との二重課税を排除したものであると解される。」（下線強調は筆者）

③　両者の解釈内容の違いは？

つまり，福岡高裁と最高裁の解釈の違いは，「相続，遺贈又は個人からの贈与により取得するもの」のうちの「**もの**」という文言を，「**財産**」と読むか，もしくは「**所得**」と読むかの違いといえます（図表42参照）。

「もの」という文言は漠然としているので，この文言だけからは，意味を一義的に確定することはできず，いずれの解釈もあり得るといえます。

そして，福岡高裁の場合は，所得税法9条1項15号の趣旨につき，「**財産**」が同じものについては，二重課税回避の観点から所得税を課さないと解釈し，相続により取得した年金受給権と相続後に発生した個々の年金請求権（年金受

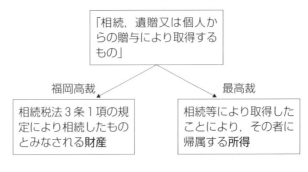

●●●●図表42　福岡高裁と最高裁との解釈内容の違い

給権に基づいて発生する支分権)とは**法的に異なり**,**別個の財産**であるとして,非課税所得には該当しないと判断しました。

これに対し,最高裁は,所得税法9条1項15号の趣旨につき,「所得」つまり**「経済的利益」**が同じものについては,二重課税回避の観点から所得税を課さないものと解釈し,年金受給権の取得時の時価(年金総額を現在価値に引き直した金額の合計額)と年金の支給額のうち現在価値に相当する部分は,**経済的利益として同一**であるとして,非課税所得に該当すると判断しました(図表43参照)。

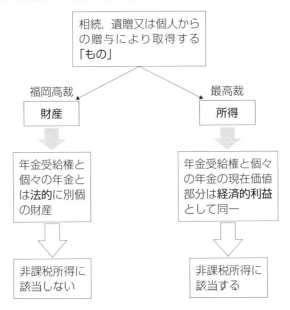

●●●図表43　福岡高裁と最高裁の文理解釈による結論の違い

④　福岡高裁と最高裁で解釈内容に差が生じた原因は何か？

次に,福岡高裁と最高裁とで解釈内容に差が生じた原因につき検討してみましょう。

参考

【所得税法 9 条 1 項】

次に掲げる所得については，所得税を課さない。

（1 から14は省略）

15 相続，遺贈又は個人からの贈与により取得するもの（相続税法（昭和25年法律第73号）の規定により相続，遺贈又は個人からの贈与により取得したものとみなされるものを含む。）

参考

【相続税法 3 条 1 項】

次の各号のいずれかに該当する場合においては，当該各号に掲げる者が，当該各号に掲げる財産を相続又は遺贈により取得したものとみなす。この場合において，その者が相続人（相続を放棄した者及び相続権を失つた者を含まない。第15条，第16条，第19条の 2 第 1 項，第19条の 3 第 1 項，第19条の 4 第 1 項及び第63条の場合並びに「第15条第 2 項に規定する相続人の数」という場合を除き，以下同じ。）であるときは当該財産を相続により取得したものとみなし，その者が相続人以外の者であるときは当該財産を遺贈により取得したものとみなす。

一 被相続人の死亡により相続人その他の者が生命保険契約（保険業法（平成 7 年法律第105号）第 2 条第 3 項（定義）に規定する生命保険会社と締結した保険契約（これに類する共済に係る契約を含む。以下同じ。）その他の政令で定める契約をいう。以下同じ。）の保険金（共済金を含む。以下同じ。）又は損害保険契約（同条第 4 項に規定する損害保険会社と締結した保険契約その他の政令で定める契約をいう。以下同じ。）の保険金（偶然な事故に基因する死亡に伴い支払われるものに限る。）を取得した場合においては，当該保険金受取人（共済金受取人を含む。以下同じ。）について，当該保険金（次号に掲げる給与及び第 5 号又は第 6 号に掲げる権利に該当するものを除く。）のうち被相続人が負担した保険料（共済掛金を含む。以下同じ。）の金額の当該契約に係る保険料で被相続人の死亡の時までに払い込まれたものの全額に対する割合に相当する部分

⑤　**福岡高裁と最高裁では，解釈の対象とする文言の範囲（対象）が異なる**

　福岡高裁は，上記の引用部分の判示からもわかるように，所得税法9条1項15号の規定だけを対象として解釈していることがわかります。

　一方，最高裁は，所得税法9条1項15号の文言のみならず，同項の柱書きに規定されている**「次に掲げる所得については，所得税を課さない」**という文言も併せて解釈しています。このように，両者の解釈の差は，解釈の対象とする文言の範囲に起因しているといえます。

　そして，所得税法9条1項15号は，1項における一部分の規定なので柱書きとともに解釈した最高裁の方がより妥当であるといえます。また，そもそも，所得税における課税物件（課税対象とされる物・行為・事実のこと）は，個人の**「所得」**[55]ですから，課税物件から除外する旨を定める所得税法9条1項15号の読み方としても，各号に規定する原因等によって発生する「所得」であると解する方が自然でしょう。

　⑥　**文理解釈における留意点**

　このように，文理解釈といっても一義的には確定できず，一筋縄ではいかないことがあります。そのような場合には，争点となっている文言だけに着目するのではなく，最高裁判決が行った解釈のように，周辺にヒントとなる文言が見つかる可能性がありますので，幅広に検討してみるべきでしょう。

　また，課税庁の主張や裁判所の判断において，文理解釈によって解釈が導かれている場合，国語辞典や法律用語辞典等を調べて，より適切である他の意味がないかどうか調べてみるべきでしょう。

(3)　「例外規定の厳格解釈」って何だ??

　課税減免規定の解釈の場面においては，課税庁側から**「例外規定の厳格解釈」**を理由として課税減免規定の該当性を狭く解釈すべきというような主張がなされることが，少なからずあります。

　この**「例外規定の厳格解釈」**とは，非課税要件のような課税減免規定は，課

55　金子宏・前掲（注16）170頁，185頁

82

税要件規定に対する例外を定めるものである以上，その解釈はより一層厳格に
なされるべきであるという解釈態度のことをいうようです。

　このような解釈態度は，裁判例にもみられます。

　例えば，仙台高裁昭和50年1月22日判決・訟月21巻4号837頁は，以下のよ
うに判示して，課税減免規定が課税要件規定に対する例外であることを1つの
理由として（なお，本裁判例では，租税負担公平等の理念に対する阻害要因で
あることも実質的な理由にしていますが，この点については，「第3章　課税
の公平とは一体何だ？」にて検討します），「租税法規の解釈適用における前記
の狭義性，厳格性の要請は，非課税要件規定の解釈適用において一層強調され
てしかるべきだからである」と判示しています。

　　「しかし，被控訴人主張のような意味における合目的解釈ないし法規の
　趣旨を尊重した解釈に基づいて法律の規定を適用するときは，いわゆる類
　推ないし拡張解釈に等しく，結果的に法律の規定の本来の規制内容を緩和
　して適用することとなるのであるが，かようなことは地方税法四八九条の
　ような非課税要件規定においては避けられるべきものである。

　　けだし，租税の賦課徴収と国民における財産権の保障との関係が法理論
　的に後者が原則的であるのに対し，前者が例外的なものとして理解される
　べきであるという形式的な観点（例外の内容を原則との比較においてより
　広義に，より緩和して解すると，やがては原則と例外との区別を失わせる
　という不当な結果を招くことになる。）のみならず，財産権の保障，租税
　負担の公平等をその実質的内容とする租税法律主義の原則からいつても，
　租税法規ことに課税要件規定は狭義に厳格になされなければならないこと
　は異論のないところであろうが，<u>**租税法規における非課税要件規定は，課
　税要件規定を原則的規定とすると，これに対する例外的規定としての地位
　にあるものと理解され，**</u>実質的にも非課税要件規定は，それが課税要件規
　定とは異なる何らかの財政，経済政策的配慮から定立されるものであるが
　故に，課税要件規定が実現維持しようとする租税負担の公平等の理念に対
　して何らかの意味におけるいわゆる阻害的な影響を及ぼすものであること
　からして，租税法規の解釈適用における前記の狭義性，厳格性の要請は，

第1章　税務の問題に対していかに「考え」かつ「主張」するか？　83

非課税要件規定の解釈適用において一層強調されてしかるべきだからである。」（下線強調は筆者）

　このように，「例外規定の厳格解釈」を持ち出して課税要件規定を縮小解釈する例は，仙台高裁昭和50年1月22日判決に限らず，課税減免規定の解釈が争点となった裁判例においてよく見かけます。

　そこでの議論のパターンは，**まず，「例外規定の厳格解釈」を宣言することによって，条文の文言を限定的に解釈することを正当化して**，その後，制度趣旨等を根拠に，減免要件等を狭く解し，減免要件該当性がグレーな事案の課税減免の効果を否定する旨の主張を導くという流れになっています。

　では，「例外規定の限定解釈」の法的根拠はどこにあるのでしょうか？　上記判示の中では，「例外の内容を原則との比較においてより広義に，より緩和して解すると，やがては原則と例外との区別を失わせるという不当な結果を招くことになる」と触れているので，例外を広く認めると原則がなし崩しになるから，というのがその理由であろうと思われます。

　しかし，より広義に，より緩和して解することを阻止することが目的であれば，**「租税法規の解釈にあたっては，原則として文理解釈によって厳格に解釈すべし」という解釈ルール**で足りるはずです。課税減免規定に関してのみ，課税要件規定よりも制限的に解釈すべき特段の理由はないはずです。

　また，これが，仮に文言よりも狭く解すべきという意味であるとすれば，それは縮小解釈になり（図表44），予測可能性・法的安定性を阻害することになります。この点につき，谷口勢津夫教授も以下のとおり，縮小解釈を要請するのであれば許されないとしています[56]。

課税減免規定については，ときに，これを例外規定ないし特例と捉えた上で解釈の厳格性を狭義性と同視し，**解釈の狭義性の要請を殊更に強調するかのような見解**（例えば最高裁昭和53年7月18日判決・訟月24巻12号2696頁参照）もみられる。このような見解は，それが縮小解釈を要請するのであれば，問題で

56　谷口勢津夫・前掲（注45）42頁及び43頁

ある。課税減免規定の縮小解釈は，通常の課税要件規定（課税根拠規定・積極的課税要件規定）の拡張解釈と同じく，納税義務の創設あるいは拡大を帰結することになるからである。そもそも，解釈の厳格性と狭義性とは，論理的には別次元の問題である。厳格な解釈の要請によれば，租税法規については，納税者の有利・不利にかかわらず，文理解釈によって明らかにされる通常の意味（これは広義または狭義でありうる）を拡張したり縮小したりすることは許されない。

●●●●図表44　例外規定の厳格解釈の実質とは？

　この点，76頁以降で検討した長崎年金二重課税事件も課税減免規定である非課税所得該当性が争点となった事案ですが，**最高裁**は「**例外規定における厳格解釈**」というような解釈態度に言及することなく，**文理解釈によって解釈して**いたのは先に見たとおりです。仙台高裁昭和50年1月22日判決の場合のように，現在よりも納税者の権利保護が軽視されていた昭和50年代における判断はいざ知らず，近時の最高裁においては，「例外規定における厳格解釈」というような法令上の根拠のない解釈態度を避けているのではないかと推測します。

(4)　**条文解釈においては「保護法益の調和」が必要！**

　裁判例において課税庁の主張をそのまま追認した裁判所の解釈を読んだ際，一応筋は通っているように思われるけれども，「何かがおかしい」と感じることがあります。

　そういう場合には，当該主張が拠って立つ**保護法益**に着目してみましょう。「何かがおかしい」と感じるのは，保護法益が偏っていることが原因であることが少なくありません。

　そもそも，条文の解釈においては，対立する**保護法益間の調和**がとれている

ことが必要です。というのも，法律というものは複数の保護法益が調和するように作られているはずだからです。

　そこで，すでに61頁以降で取り上げた消費税仕入税額控除事件（最高裁平成16年12月16日判決，最高裁平成16年12月20日判決）について，課税庁の解釈（多数意見）とそれとは異なる反対意見の解釈の両方につき，保護法益間の調和という点に焦点を当て，みてみましょう。

　これらの最高裁判決は，消費税の税務調査において帳簿等が提示されない場合に，消費税法30条7項に規定する「保存」という文言をいかに解釈するかが争点となった事案でした。

　そして，課税庁及び最高裁判決の多数意見は，調査において課税仕入れの事実を調査することによって，消費税における**「適正な税収を確保すること」**という保護法益を重視しています。また，「法62条に基づく税務職員による検査に当たって適時に提示することが可能なように」との時的制限も設けていることから，**「税務職員における迅速な検査の利益」**も重視していることもわかります。

　しかし，一方で，「保存」という文言が規定されていることによる納税者側の**「予測可能性」**や，課税仕入れに係る税額が確実に控除されるべきという**「仕入税額控除制度の趣旨」**に対する保護法益には全く触れていません（つまり，配慮されていません）。

　このように，当該解釈は，課税における利益だけを重視するものであり，**保護法益の調和の取れていない解釈**であるということがわかります（図表45）。

　前に見たとおり，本件は，調査官の度重なる求めにもかかわらず帳簿等を提示しないという特殊な事案であったことが裁判所の判断に影響しているものと思われますが，上記解釈は，保護法益の調和の観点から見ても，妥当性を欠く判断であることがわかります。

　一方，反対意見においては，「保存」という文言に対する予測可能性と仕入税額控除制度の趣旨を重視していますが，帳簿等が提示されない場合には消費税法68条で定める罰則によって対応可能であるとして，適正な税収確保等への

●●●図表45　課税庁及び多数意見における保護法益間の調和

配慮もされているといえます。ただ全体として，予測可能性等への配慮の方を優先しているという印象を受けます（図表46）。

●●●図表46　反対意見における保護法益とその調和

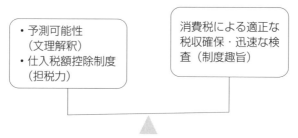

　ここでは一例しか取り上げませんでしたが，第2章において最高裁判決を含む裁判例等を検討する際に，保護法益間の調和という観点も適宜取り上げますので，条文解釈ルールという観点からも参考にしてください。

第2章

課税庁特有の思考パターンを理解し，これに反論する！

　複数の税務判例を分析していると，**税務上の紛争には一定のパターンがある**ことが見えてきます。例えば，事案の特殊性にかかわらず，通達を形式的・画一的に適用するケースや，最高裁で納税者に有利な判断が出されたにもかかわらず，それを狭く解して適用を否定するケース等があります（これらの紛争パターンについては，本章において各パターンに該当する裁判例等を挙げて検討します）。

　そして，このような紛争が生じるのは，課税庁側には納税者側とは異なる特有の**思考パターン**が原因であることが少なくありません。

　そこで，まず，税務判例においてよく見かける紛争の類型と課税庁の思考パターンについて，それぞれ列挙します。

　紛争の類型を大別すると，**否認の主張を裏付ける理由が不充分であるという類型**と，**否認の主張を裏付ける理由が不充分とまではいえないものの不当と思われる類型**の2つに分けられます（図表47）。

　前者の理由不備の紛争類型の場合には，不服申立手続等によって**課税処分が取り消される**ことになります。この場合，課税処分後の異議決定または裁決によって，理由が補足されたとしても治癒されることはありません（最高裁昭和47年3月31日判決，最高裁昭和47年12月5日判決）。

　もっとも，実際には，理由不備を理由として課税処分が取り消された事例は多くありませんが，例えば，大阪高裁平成25年1月18日判決・税資263号順号12130では理由付記が不充分であるとして課税処分が取り消されています。したがって，理由が不充分である場合の紛争類型に対しては，仮にこのまま課税

●●●■図表47　紛争の原因と課税庁の思考パターンの類型

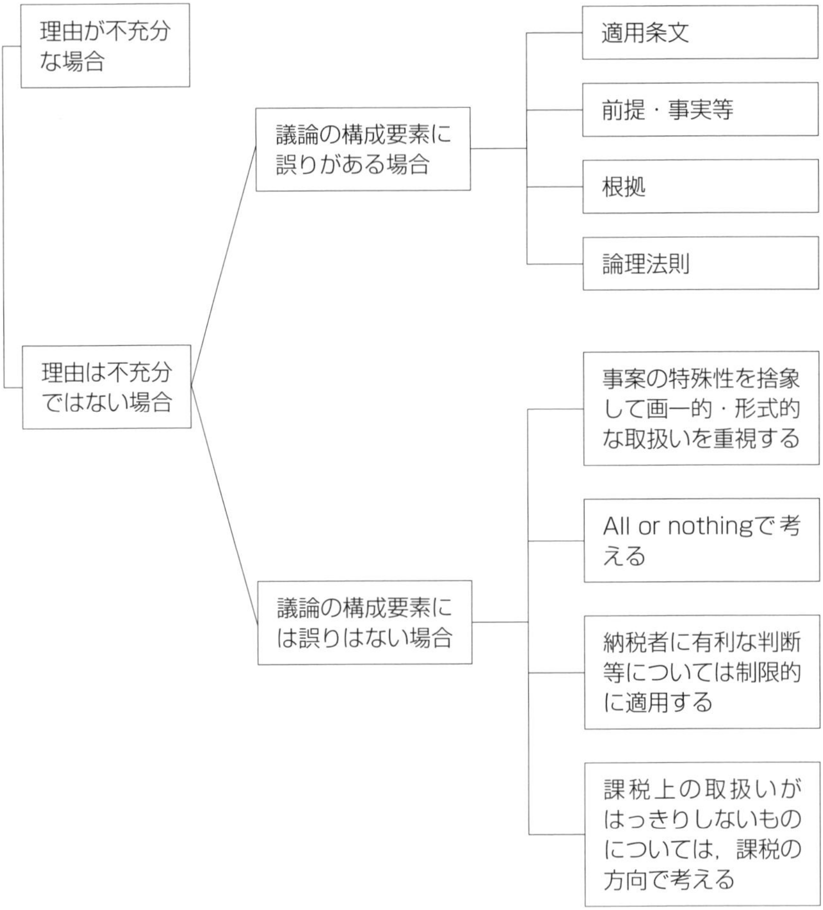

理由が不充分な場合		
	議論の構成要素に誤りがある場合	適用条文
		前提・事実等
		根拠
		論理法則
理由は不充分ではない場合	議論の構成要素には誤りはない場合	事案の特殊性を捨象して画一的・形式的な取扱いを重視する
		All or nothingで考える
		納税者に有利な判断等については制限的に適用する
		課税上の取扱いがはっきりしないものについては，課税の方向で考える

処分をしたとしても取り消される可能性があることを根拠に，**理由を明らかにせよと迫る**ことが考えられます。

　なお，平成23年度税制改正により，青色申告だけではなく白色申告の場合も理由付記が必要になりましたので，当該紛争パターンが増加するものと思われます。

一方，後者の理由が不当である場合の紛争類型については，さらに，①議論の構成要素（適用条文，事実・前提等，根拠，論理法則）のいずれかに誤りがある場合，②議論の構成要素には誤りはないものの，内容が不当である場合に分けられます。

①の例としては，38頁以降で説明した金銭債務の評価に関する最高裁昭和49年判決（論理の誤り）が挙げられます。また，55頁以降で分析したホステス報酬源泉税事件の東京高裁判決のように，目的論的解釈をしているにもかかわらず，前提となる趣旨が誤っているケースも①の例に該当します。①の類型の場合，証拠や論理法則によって，構成要素が誤っていることを明らかにすることが可能ですから，証拠等によって反論するということになるでしょう。

一方，②の場合には，概ね以下のような**思考パターン（思考の癖）**が原因となっているように思われます。

- 事案の特殊性を捨象して，通達等による画一的・形式的な取扱いを重視する
- All or nothingで考える
- 納税者に有利な最高裁判決等の判断に対しては制限的に適用すべきと考える
- 課税上の取扱いがはっきりしないものについては，課税の方向で考える

そして，このような思考パターンは，真・偽の問題ではなく何を重視するかの価値観も関係する問題ですので，証拠や論理法則だけで片がつくようなものではありません。したがって，反論するには工夫が必要です。

以下，課税庁の思考パターンについて，その概要を説明します。

【思考パターン１】事案の特殊性を捨象して，通達等による画一的・形式的な取扱いを重視する

課税庁が巨大な組織である以上，事案の特殊性を捨象して，通達等による画一的・形式的な取扱いを重視する思考パターンに陥ることは避けがたいことかもしれません。一方，納税者としては，個別の事情が十分に考慮された上で担税力に見合った課税がなされるべきであると考えますから，紛争になるわけで

す。

このような形式的・画一的な取扱いを正当化する理由付けとして，以下のものがあります。

① 事案の具体的事実に着目すると異なった取扱いが必要との帰結になるため，あくまで**従来的・典型的な事案または性質に着目**して議論を展開して，正当化する場合があります（図表48）。

●●●● 図表48　議論の視点を従来的・典型的な事案等に限る

② 納税者の主張する特殊性は「**本質的ではない**」として，他に本質的であるとするものを持ち出し，問題となっている事案に対しても通達等を形式的・画一的に適用することを正当化することがあります。

③ 「**大量・回帰的**」な課税事務（必ず「大量・回帰的」という形容詞が付きます）においては，個々の特殊性に着目して判断することは**租税債務の迅速な確定という面で支障をきたす**等の理由で正当化することもあります。

【思考パターン2】All or nothingで考える

特に，手続要件に関する条文解釈において，列挙されている項目等の一部を欠いた場合の効果が明確でないにもかかわらず，1つでも当該項目等を欠く場合には，すべての効果を否定するという思考パターンがあります。

この思考パターンを正当化する理由付けとして，以下があります。

① 条文上の文言または制度趣旨によっては，すべての効果を否定すべき説得的な理由が導かれないため，「**当然である**」といった理由が用いられます。

② 極端なケースを挙げて，このような場合に生じると思われる弊害を強調

し，当該弊害を防止すべきことを理由とします（図表49）。

③　「課税の公平」もマジックワード的に用いられることがあります。

●●● 図表49　極端なケースにおける弊害防止が根拠

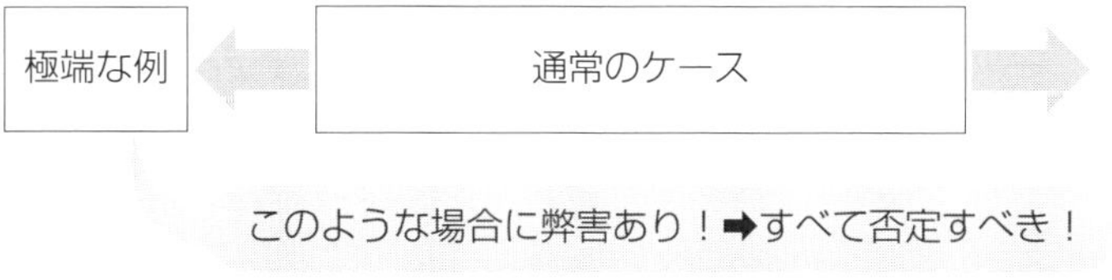

| 極端な例 | ← | 通常のケース | → |

このような場合に弊害あり！➡すべて否定すべき！

【思考パターン３】最高裁における納税者に有利な判断に対して限定的に適用する

近時の最高裁判決では，通達等に基づく解釈を否定して厳格な条文解釈により納税者に有利な判断がなされることがあります。当該判決と同じ争点が問題となった場合，課税実務上，当該判決における判断を否定はしないものの，実際の適用場面では，ことさらに**事案の違い等を強調して限定的に適用**する傾向にあります。

一方，納税者としては，納税者側に有利な判断を広目に適用したいと考えますから，そこで紛争になるわけです。

この点，確かに，裁判における判決というものは具体的な事案に対する解決を目的としていますので，事案が異なればその判決において示された判断が適用されない場合もありますし（このような場合は，「判決の射程が及ばない」といいます），その判断等が適用される場合であっても，結論が異なる場合があることも当然です。

しかし，その「事案の違い」は，問題となっている事案を「**形式的・表面的**」にみるか「**実質的・本質的**」にみるかによって結論は変わってきます（図表50）。また，「**具体的**」にみるか「**抽象的**」に捉えるかによっても異なってきます。裁判例上，課税庁側が最高裁における納税者に有利な判断の適用を否定する場合には，違う点をことさらに強調しています。

●●●図表50　事案の違いをどの視点で捉えるか？

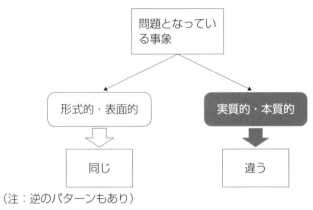

（注：逆のパターンもあり）

【思考パターン４】課税上の取扱いがはっきりしないものについては課税の方向で考える

　例えば，通達はすべての場合について論理的・網羅的に定められているわけではなく，また，通達の逐条解説等で説明されている解説も言葉足らずなことも少なくないため，実務上，当該通達の適用をめぐって紛争となる場合があります。例えば，法人税基本通達９－２－46（出向先法人が支出する給与負担金に係る役員給与の取扱い）については，ここで定める２要件のいずれにも該当する場合には，給与負担金を出向先法人における役員給与として扱う旨が定められています。しかし，２要件のうち少なくとも１要件が欠けた場合の効果について特段の定めはありませんし，解説にも説明がありません。

　このような場合，まず課税となる方向で考えるのが課税庁側の思考パターンです（上記の場合においては，損金不算入とする）。課税する側としては，ある意味自然な思考パターンといえます。

　以上見たように，課税庁には一定の思考パターンとそれを支える理由付けがあります。

　そこで，事例を通してイメージを持ってもらうため，以下では，紛争のパターンごとにその例となる裁判例を取り上げ，上記思考パターンが実際の裁判

例における主張または判断としてどのように現れているかを見ていきます。そして，当該主張のどこに問題点があって(**問題点の抽出**)，これに対し納税者側としていかに反論すべきか(**反論の構成**)について，実際に検討していきましょう(図表51)。

●●● 図表51　課税庁の思考パターンに対する対応

1　事案の特殊性を考慮することなく，通達等を画一的・形式的に適用することで紛争となるケース

　前述したとおり，通達は法規ではなく行政庁における解釈の指針にすぎません。そして，法令解釈通達は，課税の現場における条文の解釈を統一するためのものですが，その通達が規定された当時の一般的なケースを想定して規定されているにすぎません。

　したがって，社会環境や経済環境，技術革新等によって，世の中で生起する事象が多様化し(図表52)，通達が規定された当初には想定していなかったような事案が発生することがあります。そして，そのような場合には，当初想定していた前提が異なるため，既存の通達の解釈には当てはまらないことになります。

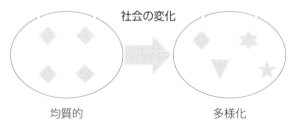

●●● 図表52　社会の変化による事象の多様化

しかし，課税実務上は，そのような場合であっても，**事案の特殊性を考慮することなく，形式的・画一的に通達を当てはめて課税**することが少なくないため，紛争の原因となっています。

このような紛争及び思考パターンの例として，競馬の当たり馬券の払戻金が一時所得ではなく雑所得に該当するか否かが争点となった最高裁平成27年3月10日判決・判タ1416号73頁（以下「最高裁平成27年判決」といいます）があります。

以下，最高裁平成27年判決について，検察側（課税庁側）の主張を分析し，その問題点を抽出した上で，その判断につき反論を試みましょう。その後，検察側の主張を排斥した最高裁の判断を確認しましょう。

(1)　事案の概要

本件は，納税者が，馬券を自動的に購入できるソフトを使用して，インターネットを介して長期間にわたり多数回かつ頻繁に網羅的な購入をして当たり馬券の払戻金を得ることにより多額の利益を上げていましたが，その所得につき確定申告書を期限までに提出しなかったことを理由として，所得税法違反に問われた事案（刑事事件）です。

検察官は，当たり馬券の払戻金が一時所得に該当し，一時所得であれば直接的な費用しか控除されないと主張して，被告人（納税者）の3年分の総所得金額を約14億6,000万円，所得税額を約5億7,000万円として起訴しました。

しかし，この事案は，一般的な馬券購入とは異なり，過去のデータを基に独自の条件設定をして馬券を購入しており，また，金額や回数が極めて多額，多数で，かつ，反復継続的に行われていたケースですから，明らかに趣味でやる競馬とは，規模も方法も異なります。そこで，このような特殊な場合であっても，通達が定めるように一時所得に該当するか否かが1つの争点となりました。

参考

【所得税基本通達34-1（本件事件当時）】

（一時所得の例示）

34-1　次に掲げるようなものに係る所得は，一時所得に該当する。

　(2)　競馬の馬券の払戻金，競輪の車券の払戻金等

第2章　課税庁特有の思考パターンを理解し，これに反論する！　95

　なお，「所得税基本通達が定められた当時は，インターネットを通じて馬券
を購入するシステムは存在せず，窓口購入によっては本件のように開催されて
いるほぼ全てのレースの馬券を一定の条件に従って網羅的かつ大量に購入する
ということは不可能であったことから，このような購入方法については想定さ
れていなかったと考えられる」と解説されています[57]。

(2)　争　　点

　本件における争点は，本件のような態様の競馬の当たり馬券の払戻金が，一
時所得に該当するか，それとも雑所得に該当するか，ですが，所得税法上，営
利を目的とする継続的行為から生じた所得は雑所得に区分されるため，本件に
おける実質的な争点は，**「営利を目的とする継続的行為から生じた所得」**とい
う文言の解釈（条文解釈）と，当該文言への該当性（事実の評価・適用）とい
うことになります。

　なお，雑所得であるとした場合に外れ馬券の購入代金が必要経費に該当する
か否かも本件における主な争点ではありましたが，この点については割愛しま
す。

(3)　検察側の主張

　（原審である大阪高裁平成26年5月9日判決・判タ1411号245頁より検察官主
張に関する記述を抜粋）

　　　「所論は，一時所得の沿革からすると，『営利を目的とする継続的行為か
　　ら生じた所得以外の一時の所得』の要件は，以前から課税対象であった継
　　続的，恒常的な所得と，新たに課税対象となった一時所得を峻別するため
　　の要件であり，所得の基礎となる行為に所得発生の継続性，恒常性が認め
　　られない一時的，偶発的な所得をいうと主張する。そして，『営利を目的
　　とする継続的行為』とは量的な概念ではなく質的な概念と見るべきである
　　から（東京高裁昭和46年12月17日判決・判例タイムズ276号365頁），**所得**
　　の基礎となる行為の回数や頻度等にとらわれず，その行為の本質にさかの

57　判タ1410号380頁

ぼって判断すべきであると主張する。」（下線，強調は筆者）

（最高裁平成27年判決の検察官主張に関する記述を抜粋）

　「検察官は，営利を目的とする継続的行為から生じた所得であるか否かは，所得や行為の本来の性質を本質的な考慮要素として判断すべきであり，当たり馬券の払戻金が本来は一時的，偶発的な所得であるという性質を有することや，馬券の購入行為が本来は社会通念上一定の所得をもたらすものとはいえない賭博の性質を有することからすると，購入の態様に関する事情にかかわらず，当たり馬券の払戻金は一時所得である。また，**購入の態様に関する事情を考慮して判断しなければならないとすると課税事務に困難が生じる旨主張する。**」（下線，強調は筆者）

　以上より，検察側の主張を支える思考パターンは，本件の特殊性である多額・多数の馬券購入態様を考慮に入れず，所得税基本通達34−1の設定当時想定されていたであろうと思われる馬券購入という「本来的な性質」（＝一般的な事案や態様）のみに着目して決すべきであるとする，**画一的・形式的な取扱いを重視した思考パターン**（前掲図表47参照）であることがわかります。

⑷　検察側の主張に対する検討

　上記検察官の主張は，まず，「営利を目的とする継続的行為」につき，**量的な概念**ではなく**質的な概念**とみるべきであると解釈し，質的な概念であることを根拠に，**「行為の回数や頻度等」**ではなく，**「所得や行為の本来の性質」**を本質的な考慮要素として判断すべきであると導いています。

　「質的な概念」という解釈が唐突に持ち出されてきた印象がありますが，回数・金額等の**「量的」**に特殊性のある本件において，**「量的」**基準によって判断されるとすると，「営利を目的とする継続的行為」に該当してしまうことになります。したがって，**「量的」**ではなく，**「質的」**（それも本来の性質）に着目して判断すべきであると主張する必要があったわけです。

　つまり，本件における馬券購入行為が「営利を目的とする継続的行為」に該当しないというためには，「本来の性質」上，馬券購入行為は賭博であって，

行為の回数等にかかわらず一般的な娯楽による馬券購入と同じであるという必要があり，そのためには，「営利を目的とする継続的行為」とは量的概念ではなく質的概念であるという必要があったということです（導きたい結論から，**逆算により主張を構成している。図表53参照**）。

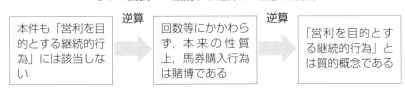

●●●図表53　結論から逆算して主張を構成

それでは，このような検察庁の議論は，果たして妥当なものなのでしょうか？

① **まず，検察側の議論を議論モデル図に沿って整理しましょう**

検察側は，「**営利を目的とする継続的行為から生じた所得**」の判断基準について，「**所得や行為の本来の性質を本質的な考慮要素として判断すべき**」であると主張しています。このように判断すべきことの理由として，「営利を目的とする継続的行為」は量的な概念ではなく質的な概念であることを挙げており，そのように解する根拠として東京高裁昭和46年12月17日判決を挙げています。

また，購入の態様に関する事情を考慮して判断しなければならないとすると課税事務に困難が生じるとも主張しており，自己の主張を正当化する根拠としています。

当該検察官の主張は，所得税法34条1項に規定する「営利を目的とする継続的行為」という文言があることを「**前提・事実**」とし，東京高裁昭和46年12月17日判決を裏付けとして，「営利を目的とする継続的行為」とは量的な概念ではなく質的な概念であることを「**根拠**」とし，加えて，画一的な課税事務の便宜等も「**根拠**」として，「営利を目的とする継続的行為から生じた所得」か否かは，「所得や行為の本来の性質を本質的な考慮要素として判断すべき」という「**主張**」を導いていると分析できます（図表54参照）。

●●●図表54　検察側の主張の議論モデル図（「営利を目的とする継続的行為から生じた所得」の判断基準）

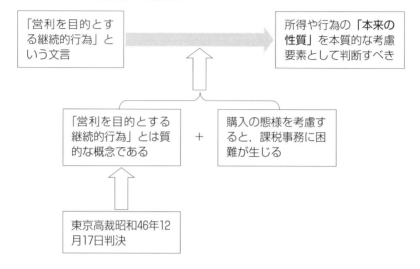

　では，当該主張に対して，どの点に着目して問題点を抽出し，いかにしてこれに反論すべきでしょうか？

②　まず条文解釈ルールの面から検討してみましょう

　前述のように，本件の実質的な争点は，「営利を目的とする継続的行為から生じた所得」という文言の解釈ですから，まずは，検察側の解釈が租税法に関する条文解釈ルールに沿うものであるか否かを検討すべきでしょう。

　検察側の解釈には，「営利を目的とする継続的行為から生じた所得」という文言の**文理解釈**が全くなされておらず，租税法規の解釈にあっては原則として文理解釈によるべしという解釈ルールに反しており，まず，この点に問題があります（**問題点1**）。

　そして，「**継続**」という言葉は，「ある状態・行為などが前から引き続いて行われること[58]」を意味するため（国語辞典ルール），**行為の回数や頻度等は「継続的行為」という文言から導かれる**ことになります。したがって，「行為の回数や頻度等」を本質的な考慮要素から除外すべしとの検察官の主張には，文理

解釈上，無理があります（**反論1**）。

また，検察側の解釈は，所得税法上10種類の所得区分が置かれていることの**制度趣旨**によっても支えられていません。つまり，目的論的解釈にもなっていないということです（**問題点2**）。

そもそも，所得税法上10種類の所得区分が置かれている趣旨は，所得はその性質や発生の態様によって担税力が異なるという前提に立って，公平負担の観点から，各種の所得について，それぞれの担税力の相違に応じた計算方法を定め，また，それぞれの態様に応じた課税方法を定めるためである[59]とされています。

そして，「一時所得」とは，利子所得ないし譲渡所得以外の所得のうち，営利を目的とする継続的行為から生じた所得以外の一時の所得で，労務その他の役務または資産の譲渡の対価としての性質を有しないものをいい（所得税法34条1項），「雑所得」とは，利子所得ないし一時所得のいずれにも該当しない所得（所得税法35条1項）のことですから，いずれも**類型的な所得（利子所得ないし譲渡所得）以外の所得**であるはずです。

そうであれば，一時所得及び雑所得は，**そもそも類型的に判断される性質の所得ではないため，担税力の観点に立って行為の性質のみならず所得の発生態様等に応じて判断せざるを得ない**はずです。したがって，検察側が主張するような，専ら「本来的な性質」（＝典型的な態様）によって判断するという解釈は，一時所得及び雑所得の性質及び所得区分が置かれている制度趣旨にそぐわないといえます（**反論2**）。

③ 保護法益の調和の観点からも検討してみましょう

検察側の主張は，図表55からわかるように，**「画一的な課税処理の便宜」**という保護法益も根拠としています。

しかし，一方で，**「予測可能性」**（文理解釈を優先すべき解釈ルールから導かれる）及び**「担税力に即した課税」**（所得区分の制度趣旨から導かれる）に関しては何ら配慮されていません。このように，検察側の主張は，画一的な課税

58　金田一晴彦他編『学研現代新国語辞典改訂第4版』426頁（学習研究社・2008年）

59　金子宏・前掲（注16）208頁

処理という行政側の法益に偏っており、保護法益の調和の観点から問題があるといえます（**問題点3**）。

そして、予測可能性や担税力に即した課税は、それぞれ租税法律主義及び租税公平主義といった憲法によって要請されている保護法益ですから、課税事務の便宜よりも本来優先されるべきものです（**反論3**）。

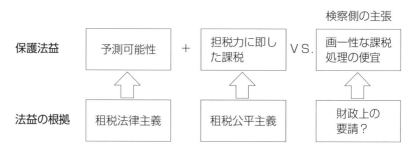

●●●図表55　検察側の解釈は保護法益の調和を欠く

④　議論の妥当性という点からもみてみましょう

検察側の議論は、前掲図表54からわかるとおり、東京高裁昭和46年12月17日判決（以下「東京高裁昭和46年判決」といいます）を裏付けとして、「営利を目的とする継続的行為」とは量的な概念ではなく質的な概念であることを根拠としています。

ここでいう「質的概念」、「量的概念」が正確には何を意味しているのかがわかりませんが、検察側の主張は「質的概念」から「その行為の本質にさかのぼって判断すべきである」ことを導いているので、**「質的概念」＝「行為の本質」**ということを意味しているものと思われます。

そこで、東京高裁昭和46年判決が「営利を目的とする継続的行為」を「行為の本質」によって判断すべきとの根拠になり得るかを確認する必要があります（**問題点4**）。

東京高裁昭和46年判決は、中元、歳暮、祝儀、餞別及び香典等が雑所得に該当するか一時所得に該当するかが争点の１つとなった事案ですが、確かに、東京高裁昭和46年判決は「検討するに、右の継続的行為とは、量的な概念ではなくて、質的な概念であり」と判示しています。

第2章　課税庁特有の思考パターンを理解し，これに反論する！　101

　しかし，実際の事案の当てはめにおいては，検察側の主張する質的概念とは
意味合いを異にしています。

　　「これらの諸供与は，なる程，**唯だ個別的・表面的にのみこれをみれば，
　一過的または一回限りの様相を呈するのであるが，よく全体的・実質的に
　これをみれば，**その趣旨および内容よりして，被告人の地位や職務を離れ
　ては全くあり得ないものであることが理解され，巷間個人間において社交
　儀礼的になされる細やかな中元，歳暮，祝儀および香奠の類いとは自ら異
　質のものであることが明らかであるばかりでなく，右のような諸供与は，
　これを各業者と被告人との年間における金品授受の関係として全体的に考
　察すれば，名目はそれが中元，歳暮，祝儀，餞別または香奠であつても，
　決して唯だ一過性または一回限りのものではなくて，炯眼な業者らが敏感
　にそれぞれの機会を捉えては，**被告人の愛顧や恩寵を得るために，営々と
　反覆継続してなした供与の一環ないしは一駒にほかならない**ものというこ
　とができるからである。」（下線強調は筆者）

　上記当てはめにおいては，**個別的・表面的**にのみ見るのではなく，**全体的・
実質的**に見て継続的行為であるか否かを判断しており，**「行為の回数」**を個別
的・表面的に捉えず，実質的，全体的に捉えることを**「質的概念」**という言葉
で表現しているということになります（**図表56参照**）。
　したがって，「質的概念」とは，検察側が考えているような「行為の本質」
ではないことは明らかです。逆に，東京高裁昭和46年判決で意味するところの
「質的概念」を前提とすれば，馬券の購入行為全体を通じて「継続的行為」か
否かを判断することになり，かえって，一時所得該当性を否定する結果となり
ます（**反論4**）。
　このように，東京高裁昭和46年判決が「営利を目的とする継続的行為」を
「行為の本質」によって判断すべきとの根拠にはならないことがわかります。
　したがって，検察側の議論は，それを支える根拠を欠きますから，結論とな
るべき「主張」を導くことはできないということになります（つまり，議論の
妥当性を欠くということです）。

●●●● 図表56　東京高裁昭和46年判決のいう継続性の判断

全体から見て継続性を判断

⑤　当たり馬券の払戻金や馬券購入行為の「**本来の性質**」とは何か？

さらに，検察側の議論に着目すると，「営利を目的とする継続的行為から生じた所得」の判断基準につき「所得や行為の本来の性質を本質的な考慮要素として判断すべき」であるとの解釈を前提として（当該議論はこれを支える根拠がなく不当であることは，前述のとおりです），当たり馬券の払戻金の「**本来の性質**」は一時的・偶発的であり，馬券の購入行為も「**本来は**」社会通念上，一定の所得をもたらすものとはいえない賭博の性質を有することから，購入の態様に関する事情にかかわらず，（一律に）一時所得であると主張しています。

しかし，本当に，当たり馬券の払戻金の「本来の性質」は一時的・偶発的であり，馬券の購入行為も「本来は」社会通念上一定の所得をもたらすものとはいえない賭博の性質を有するといえるのでしょうか（**問題点5**）？

検察側が「**本来の性質**」というのは，本事案のようにインターネットを介して馬券が購入されるようになる以前の性質をいうにすぎません。また，本件の事案のように過去10年間の大量のデータをソフトウェアを用いて分析し，それに基づき馬券を購入した結果，継続的に利益を得たという事実からは，一定のリスクをコントロールする方法を採れば，馬券購入行為からも経常的に利益を得ることを裏付けるものです。したがって，当たり馬券の払戻金の「**本来的な性質**」が一時的・偶発的ということではありません。つまり，検察側のいう当たり馬券の払戻金や馬券購入行為の性質は，「**本来の性質**」ではなく，「**従来の性質**」であるにすぎません（**反論5**，図表57）。

●●● 図表57　検察官が主張する性質は「本来の性質」ではなく「従来の性質」

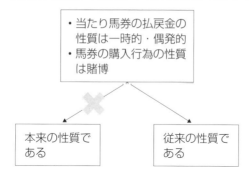

　以上見たとおり，検察側の主張は，「いかなる態様であっても，画一的処理の観点から，当たり馬券は一時所得とすべき」という**結論先にありき**であって，法的根拠や議論の妥当性が伴ってはいないということがわかります。

(5) 最高裁における判断を基に上記の問題点と反論を検証してみる

　以上のように，検察側の主張には，「問題点1」ないし「問題点5」があることがわかりました。そして，筆者はこれらの問題点に対して，「反論1」ないし「反論5」を定立しました（図表58）。

　それでは，最高裁は，検察側の主張のいかなる点を問題視して，いかなる理由で検察側の主張を排斥したのでしょうか。最高裁の判断を確認しつつ，上記問題点の抽出と反論について検証してみましょう。

　当たり馬券の払戻金が雑所得と一時所得のいずれに該当するかに関する最高裁の判断は，以下のとおりです。

　　「2　本件払戻金の所得区分について
　　　所得税法34条1項は，一時所得について，『一時所得とは，利子所得，配当所得，不動産所得，事業所得，給与所得，退職所得，山林所得及び譲渡所得以外の所得のうち，営利を目的とする継続的行為から生じた所得以外の一時の所得で労務その他の役務又は資産の譲渡の対価としての性質を有しないものをいう。』と規定している。そして，同法35条1項は，雑所

●●●図表58　検察側の主張の問題点とそれに対する反論

問題点	反論
1．条文の文言に対する文理解釈が全くなされていない	1．文理解釈を優先すべき解釈ルールに反する
2．所得区分の制度趣旨によって支えられていない	2．制度趣旨からは，所得の発生態様等に応じて判断せざるを得ない
3．「画一的な課税処理の便宜」の保護法益に偏っている	3．予測可能性や担税力に基づく課税の法益の方が優先する
4．東京高裁昭和46年判決が検察の主張の根拠となるか？	4．東京高裁昭和46年判決は検察側が主張するような「行為の本質」を意味していない
5．当たり馬券の払戻金の本来の性質は一時的・偶発的か？	5．検察側の主張する性質は，「本来の性質」ではなく「従来の性質」である

得について，『雑所得とは，利子所得，配当所得，不動産所得，事業所得，給与所得，退職所得，山林所得，譲渡所得及び一時所得のいずれにも該当しない所得をいう。』と規定している。

　したがって，所得税法上，営利を目的とする継続的行為から生じた所得は，一時所得ではなく雑所得に区分されるところ，営利を目的とする継続的行為から生じた所得であるか否かは，文理に照らし，行為の期間，回数，頻度その他の態様，利益発生の規模，期間その他の状況等の事情を総合考慮して判断するのが相当である。

　これに対し，検察官は，営利を目的とする継続的行為から生じた所得で

あるか否かは，所得や行為の本来の性質を本質的な考慮要素として判断すべきであり，当たり馬券の払戻金が本来は一時的，偶発的な所得であるという性質を有することや，馬券の購入行為が本来は社会通念上一定の所得をもたらすものとはいえない賭博の性質を有することからすると，購入の態様に関する事情にかかわらず，当たり馬券の払戻金は一時所得である，また，購入の態様に関する事情を考慮して判断しなければならないとすると課税事務に困難が生じる旨主張する。しかしながら，所得税法の沿革を見ても，およそ営利を目的とする継続的行為から生じた所得に関し，所得や行為の本来の性質を本質的な考慮要素として判断すべきであるという解釈がされていたとは認められない上，いずれの所得区分に該当するかを判断するに当たっては，所得の種類に応じた課税を定めている所得税法の趣旨，目的に照らし，所得及びそれを生じた行為の具体的な態様も考察すべきであるから，当たり馬券の払戻金の本来的な性質が一時的，偶発的な所得であるとの一事から営利を目的とする継続的行為から生じた所得には当たらないと解釈すべきではない。また，画一的な課税事務の便宜等をもって一時所得に当たるか雑所得に当たるかを決するのは相当でない。よって，検察官の主張は採用できない。

　以上によれば，被告人が馬券を自動的に購入するソフトを使用して独自の条件設定と計算式に基づいてインターネットを介して長期間にわたり多数回かつ頻繁に個々の馬券の的中に着目しない網羅的な購入をして当たり馬券の払戻金を得ることにより多額の利益を恒常的に上げ，一連の馬券の購入が一体の経済活動の実態を有するといえるなどの本件事実関係の下では，払戻金は営利を目的とする継続的行為から生じた所得として所得税法上の一時所得ではなく雑所得に当たるとした原判断は正当である。」（下線は判決文，強調は筆者）

①　まず，解釈ルールについて見てみましょう

　最高裁は，「営利を目的とする継続的行為から生じた所得」の解釈に関し，「しかしながら，所得税法の沿革を見ても，およそ営利を目的とする継続的行為から生じた所得に関し，所得や行為の本来の性質を本質的な考慮要素として

判断すべきであるという解釈がされていたとは認められない上、いずれの所得区分に該当するかを判断するに当たっては、<u>所得の種類に応じた課税を定めている所得税法の趣旨、目的に照らし、所得及びそれを生じた行為の具体的な態様も考察すべきである</u>」（下線は筆者）として、「所得や行為の本来の性質を本質的な考慮要素として判断すべきである」とした検察側の主張を排斥しています。つまり、検察側の解釈には、**所得税法の沿革や所得区分の趣旨目的を根拠とする裏付けがない**と批判しているということです。

そして、最高裁自身は、文理解釈及び所得区分の趣旨目的に照らし、「営利を目的とする継続的行為から生じた所得」であるか否かは、「行為の期間、回数、頻度その他の態様、利益発生の規模、期間その他の状況等の事情を総合考慮して判断すべきである」と解釈し、**文理及び趣旨目的による解釈ルールを採用している**ことがわかります（図表59参照）。

●●● 図表59　最高裁の判断の議論モデル図（「営利を目的とする継続的行為から生じた所得」の解釈）

このように、最高裁の判断においても、文理解釈及び所得区分の趣旨目的等に基づかない検察側の解釈には問題ありとしていることがわかります。この最高裁の判断は、(4)で指摘した**問題点１**、**問題点２**及び**問題点４**と同じ問題意識であるといえます。

② 次に、保護法益の観点から見てみましょう

検察側が自己の主張の裏付けとした「画一的な課税事務の便宜等」との保護

法益について，最高裁は，「画一的な課税事務の便宜等をもって一時所得に当たるかを決するのは相当でない」と判示しています。

おそらく，画一的な課税事務の便宜等といった保護法益のみを重視することは適切ではなく，担税力に即した課税等の他の保護法益についても考慮する必要があるということと思われます。この最高裁の判断は，**問題点3**と同じ問題意識であるといえます。

③ **最後に，議論の妥当性について検討しましょう**

検察側が自己の主張の根拠とする東京高裁昭和46年判決について，最高裁判決では何らの言及もありません。

しかし，控訴審である大阪高裁の判決では，「なお，所論指摘の高裁判決は，中元，歳暮，昇進祝等の所得に関し，これらの供与行為を全体的実質的にみて，その趣旨内容のほか反復継続して行われた供与の一環であるから雑所得に当たるとの判断を導いたものであり，本来は一回的な所得も反復経常性が認められれば雑所得になることを肯定している点で，当審の上記判断に沿うものと解し得る。結局，所論は採用できない」と判示しています。

つまり，東京高裁昭和46年判決の判断は，**検察側の主張を裏付けるものではなく**，かえって，営利を目的とする継続的行為（雑所得）であることを裏付ける根拠になっているといっています。

この大阪高裁の判断は，**問題点4**と同じ問題意識であるといえます。

以上より，⑷において条文解釈ルールに従って検討した結果抽出された問題点は，大阪高裁及び最高裁における判断と符合していることがわかります（本書で定立した条文解釈ルールが，実際に「使える」ルールであることがわかっていただけたでしょうか？）。

⑹ 本紛争類型に対する反論のポイント

事案の特殊性を考慮することなく，通達等を画一的・形式的に適用することで紛争となるケースの例として，最高裁平成27年判決を検討してきました。

このような紛争類型は，事案の特殊性を捨象して，通達等による画一的・形

式的な取扱いを重視するという思考パターンを基礎としています。しかし，通達における解釈は，一般的・典型的な取引や行為等を前提とした場合の解釈にすぎず，特殊な事案に対しては，必ずしもそのまま妥当するわけではないことは，すでに説明したとおりです。

それにもかかわらず，特殊な事案においても，通達等による画一的・形式的な取扱いが妥当すると主張するためには，**事案の特殊性は問題にならないとして課税要件に当てはめるか**（当てはめが争点の場合），**一般的・典型的なケースを前提として解釈すべきであることを正当化するような論証をせざるを得ない**（条文解釈が争点の場合）ことになります。 この点，最高裁平成27年判決は，条文解釈が争点となった事案でしたが，検察側は，「所得や行為の本来の性質を本質的な考慮要素として判断すべき」と主張して，一般的・典型的な事案（本来の性質）を前提として解釈すべきと主張しました。

しかし，最高裁平成27年判決の検察側の主張のように，一般的・典型的な事案を前提として解釈すべきとの論証は，**結論先にありきの議論のため条文解釈**としてうまく導けない場合が多いと考えられます。

したがって，まずは，**文理解釈や目的論的解釈等の解釈ルールに従っているかをチェックする**というのが問題点を抽出するためのアプローチとなるでしょう。

また，このような紛争類型においては，「課税事務の便宜」といった画一的・形式的取扱いを正当化するような保護法益が持ち出される傾向がありますので，**他の保護法益に対する配慮があるか否か**（例えば，担税力に基づく課税）についても検討すべきでしょう。

まとめ　通達等による画一的・形式的な取扱いを重視すべきとの思考パターンにおける問題点抽出のアプローチ

---

① 　課税庁側の条文解釈に関する論証が，文理解釈や目的論的解釈等の解釈ルールに従っているか否かをチェックする。
② 　「課税事務の便宜」というような画一的・形式的取扱いを正当化する保護法益以外に，他の保護法益に対する配慮があるか否かを検討する。

2 納税者に有利な最高裁の判断を制限的に 解釈・適用することで紛争となるケース

　最高裁において新たな法令解釈等がなされた場合，納税者側としては，当該新たな解釈を前提として要件該当性を判断することになります。

　しかし，その場合であっても最高裁における事案と実際に問題となっている**事案との差異を強調**したり，当該解釈に当てはまらないように**事実を選択・評価**したりすれば，当該解釈に該当しないと結論付けることができます。

　そして，実際，課税庁側が，最高裁における事案との差異を強調したり，事実の評価によって判断基準等への該当性を否定することで，紛争に発展することが少なくありません。当該紛争の基礎となっているのが，**最高裁における納税者に有利な判断に対しては制限的に適用すべきと考えるという思考パターン**であることは容易に想像がつきます。

　1で検討した最高裁平成27年3月10日判決後の事案で，当たり馬券の払戻金が一時所得か雑所得かが争われたものとして，東京地裁平成27年5月14日判決・裁判所ウェブサイトがあります。東京地裁では，課税庁の主張を認めて請求を棄却しましたが，控訴審である東京高裁平成28年4月21日判決・裁判所ウェブサイトでは納税者の主張を認めて認容しました。さらに，上告審である最高裁平成29年12月15日判決・裁判所ウェブサイトにおいても，納税者の主張を認めました。

　そこで，最高裁平成27年3月10日判決で定立された判断基準に基づいて判断した結果，雑所得には該当しないとした東京地裁平成27年5月14日判決を分析・検討して（課税庁は，最高裁平成27年3月10日判決において定立された判断基準ではなく，当該最高裁判決における検察側の判断基準を根拠として一時所得であると主張したので，ここでは，課税庁の主張ではなく，東京地裁の判決を検討します），当該判断の問題点を抽出し，これに反論したいと思います。

　また，東京地裁における当てはめを否定した東京高裁及び最高裁の判断が，いかなる点に着目したのかについても見ていきます。

(1) 事案の概要

　本件は，納税者が平成17年から平成22年分の所得税の申告において当たり馬券の払戻金は雑所得に当たるとして確定申告をしたところ，所轄税務署より一時所得に該当するとして課税処分がなされた事案です。

　なお，納税者は自宅のパソコン等を用いてインターネットで馬券を購入し，平成17年から平成22年までの6年間にわたり，中央競馬のレースで1節当たり数百万円から数千万円，1年当たり合計3億円から21億円程度となる多数の馬券を購入し続けていました。そして，その結果，上記各年における回収率（すべての有効馬券の購入代金の合計額に対する当たり馬券の合計額の比率）がいずれも100％を超えており，各年において以下の利益を得ていました。

平成17年	約1,800万円
平成18年	約5,800万円
平成19年	約1億2,000万円
平成20年	約1億円
平成21年	約2億円
平成22年	約5,500万円

(2) 争　点

　1 で検討した最高裁平成27年3月10日判決で提示された一時所得と雑所得の区分の判断基準に対する該当性（つまり，事実の評価及び当てはめ）が，本件における争点となります。

　念のため，再度，最高裁平成27年3月10日判決の判断基準を以下に引用します。

【判断基準】
　営利を目的とする継続的行為から生じた所得」であるか否かは，文理に照らし，行為の期間，回数，頻度その他の態様，利益発生の規模，期間その他の状況等の事情を総合考慮して判断するのが相当である。

第2章　課税庁特有の思考パターンを理解し，これに反論する！　111

(3)　東京地裁の判断

上記争点に関する東京地裁の判示は，以下のとおりです。

「ア　上記(1)の所得税法34条1項及び35条1項の規定からすると，所得税法上，利子所得，配当所得，不動産所得，事業所得，給与所得，退職所得，山林所得及び譲渡所得以外の所得のうち，営利を目的とする継続的行為から生じた所得であるか否かは，当該行為ないし所得の性質を踏まえた上で，行為の期間，回数，頻度その他の態様，利益発生の規模，期間その他の状況等の事情を総合考慮して判断するのが相当である（別件最高裁判決参照）。

（中略）

ウ　そこで検討するに，前提事実(3)によれば，原告は，自身の判断に基づいて，A－PAT（IPAT方式）により，各節に開催される中央競馬のレースについて，数年間にわたり，各節当たり数百万円から数千万円の馬券を継続的に購入していたところ，その購入代金は，平成17年の後半からは各節当たり数千万円となることがほとんどで，多いときには1億円を超えており，平成17年には総額3億4541万1500円，平成18年には総額6億4613万7500円，平成19年には総額21億7355万8800円，平成20年には総額15億6142万8800円，平成21年には総額14億9462万0600円，平成22年には総額10億4808万6000円，これらの総額として72億6924万3200円となっており（ただし，いずれの金額も返還金に係る馬券の購入代金を含む。），払戻金の金額も，平成17年には総額3億6416万0850円，平成18年には総額7億0504万3500円，平成19年には総額22億9545万5000円，平成20年には総額16億6688万5980円，平成21年には総額17億0254万2850円，平成22年には総額11億0373万6500円，これらの総額として78億3782万4680円となっており（ただし，いずれの金額も返還金を含む。），節によって利益が出る場合と損失となる場合があるものの，年単位でみると，平成17年には総額1874万9350円，平成18年には総額5890万6000円，平成19年には総額1億2189万6200円，平成20年には総額1億0545万7180円，平成21年には総額2億0792万2250円，

平成22年には総額5565万0500円，これらの総額として5億6858万1480円の利益を得ていた。

エ　上記ウのような原告による馬券の購入代金及び払戻金の各金額並びに得ていた利益の状況に加え，原告は，別紙4「原告の主張」の第1の2のとおり，独自のノウハウに基づいて着順を予測して馬券を購入していたと主張し，これに沿う陳述をする（甲4）。

　しかしながら，上記ウのとおり，原告が，数年間にわたって各節に継続して，相当多額の中央競馬の馬券を購入していたことは確かであるが，**原告は具体的な馬券の購入を裏付ける資料を保存していないため（前提事実(3)エ），実際にどの馬券を購入したのか，どのような数，種類の馬券を購入していたのか，競馬場やレースについて機械的，網羅的に馬券を購入していたのか不明であり，原告が陳述（甲4）するような方法で馬券を購入していたのかについては，客観的な証拠がなく，これを認めることができない。**

　また，原告の主張によれば，原告は，コンピュータソフトを使用して自動的に馬券を購入していたというわけではなく，原告の陳述（甲4）によれば，騎手の能力を評価して四半期に1回程度改訂するという騎手評価一覧（甲4の4頁，資料1）や中央競馬の競馬場毎に作成したコース別レースシミュレーション（甲4の5頁，資料3）は作成していたようであるが，中央競馬の各競馬場で行われるレースをテレビ（録画を含む。）で見たり，競馬新聞，競馬雑誌を購入したりして競走馬に関する情報を集めた上（甲4の1頁以下），集めた情報に基づき，中央競馬に登録された競走馬について『2,400mくらいのレースならかなりの能力がありGI級』『芝コースは苦手だが，ダートコースの短距離戦が得意でオープンクラスまで行ける能力がある』『芝の短距離戦に適性が高く重賞を勝てる能力があるが，外側にほかの馬がいると走る気をなくす悪癖がある』など（ママ）いった内容の絶対評価を行って（甲4の2頁以下），レース毎に，①馬の能力，②騎手（技術），③コース適性，④枠順（ゲート番号），⑤馬場状態への適性，⑥レース展開，⑦補正，⑧その日の馬のコンディションという考慮要素に基づいて各競走馬を評価した後（甲4の4頁以下），上記のコース別レー

スシミュレーションによって補正をし（甲4の5頁以下），レースの結果を予想して，予想の確度に応じた馬券の購入パターンにより，馬券の種類に応じて購入条件となる倍率を決めた購入基準に基づき，どのように馬券を購入するのかを個別に判断していたというのであり（甲4の6頁以下），**規模の点を別にすれば，このような馬券購入態様は，一般的な競馬愛好家による馬券購入の態様と質的に大きな差があるものとは認められない。**

　オ　そして，**競馬は公営賭博であり，馬券の的中による払戻金の発生は，本来的に偶然性を排除することができない上，払戻金の総額が馬券の発売金額の約75％になるものとされていること（前提事実(2)エ(ウ)）に鑑みても，そもそも競馬における馬券購入は営利を目的とする行為とはなり難い性質のものである**ところ，これを踏まえて検討するに，まず，原告が数年間にわたって各節に継続して相当多額の馬券を購入し，結果的に多額の利益を得ていたことは確かであるが（前記ウ），上記のような競馬における馬券購入の性質からすると，それらのみをもって直ちに，本件競馬所得が営利を目的とする継続的行為から生じた所得に該当するものと認めることはできない。また，原告による馬券の購入は，原告の陳述によっても，レースの結果を予想して，予想の確度に応じて馬券の購入金額を決め，どのように馬券を購入するのかを個別に判断していたというものであって，**その馬券購入の態様は，一般的な競馬愛好家による馬券購入の態様と質的に大きな差があるものとは認められず**，結局のところ，レース毎に個別の予想を行って馬券を購入していたというものであって，自動的，機械的に馬券を購入していたとまではいえないし，馬券の購入履歴や収支に関する資料が何ら保存されていないため，原告が網羅的に馬券を購入していたのかどうかを含めて原告の馬券購入の態様は客観的には明らかでないことからすると（前記エ），原告による一連の馬券の購入が一体の経済活動の実態を有するというべきほどのものとまでは認められない。

　そうすると，本件競馬所得は，結局のところ，個別の馬券が的中したことによる偶発的な利益が集積したにすぎないものであって，営利を目的とする継続的行為から生じた所得に該当するということはできない。」（下線強調は筆者）

(4) 分析・検討

　最高裁平成27年3月10日判決で定立された「営利を目的とする継続的行為」該当性の判断基準における判断指標を整理しましょう。

　当該判断基準は，**「行為」**については「期間」，「回数」，「頻度」及び「その他の態様」，**「結果（利益）」**については，「規模」，「期間」及び「その他の状況等」によって，「営利を目的とする継続的行為」に該当するか否かを判断するというものでした（図表60）。

●●●図表60　「営利を目的とする継続的行為」の判断基準の判断指標

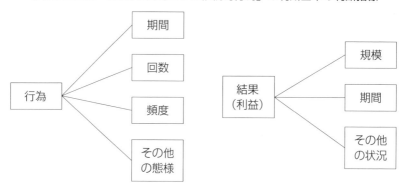

　これについて，東京地裁の上記判決を読むと，「営利を目的とする継続的行為から生じた所得であるか否かは，当該行為ないし所得の性質を踏まえた上で，行為の期間，回数，頻度その他の態様，利益発生の規模，期間その他の状況等の事情を総合考慮して判断するのが相当である（別件最高裁判決参照）。」と判示しており，一見，最高裁平成27年3月10日判決の判断基準を引用しているように思われます。しかし，よく見ると，**「当該行為ないし所得の性質を踏まえた上で」**という最高裁平成27年3月10日判決にはなかった要件が付加されており，こっそりと最高裁平成27年3月10日判決において検察側が主張していた判断要素が挿入されています（「所得や行為の本来の性質を本質的な考慮要素として判断すべき」と主張していました）。後に見るように，これが本件における当てはめに大きく影響しています。

では，東京地裁の当該判断基準への当てはめについて，具体的に見ていきましょう。

判決文ではいろいろな事実を挙げて検討してはいますが，つまるところ，東京地裁の判断は，(a)確かに，納税者は数年間（6年間）にわたり，継続して相当多数の馬券を購入しており（**行為の期間・回数**），また，当該6年間の各年において多額の利益を得ていた（**利益の期間・規模**），しかし，(b)具体的な馬券の購入を裏付ける資料がなく，「機械的・網羅的に」馬券を購入していたとの事実は認められない（**その他の行為態様**），(c)納税者の馬券の購入態様は，コンピュータソフトを使用して自動的に馬券を購入していたわけではなく，レースごとに「個別」の予想をし，当該判断に基づき「個別に」判断したというものであり，規模の点を別にすれば，このような馬券購入態様は一般的な競馬愛好家による馬券購入の態様と質的に大きな差はない（**その他の行為態様**），(d)馬券の的中は本来的に偶然性を排除できない上，払戻金の総額が馬券の発売金額の約75%であり，競馬における馬券購入は営利を目的にする行為とはなり難い（**行為の性質**），(e)よって，本件競馬所得は，**個別の馬券が的中したことによる偶発的な利益が集積したもの**であり，営利を目的とする継続的行為から生じた所得ではない，というものです（**図表61**）。

●●● 図表61　東京地裁の判断基準に対する当てはめの構造

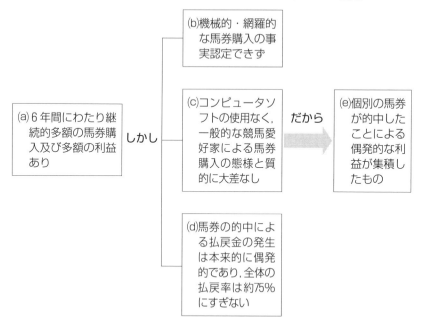

　なお，判断指標ごとの営利性・継続性への該当性を分析すると，図表62のとおりとなります。

　図表62をみれば一目瞭然ですが，東京地裁は，納税者が6年間にわたって継続して相当多額の馬券を購入していた事実（行為の期間，頻度）及び6年間にわたって毎年多額の利益を得ていた事実（利益発生の規模，期間）は認めつつ，**これらを「営利を目的とする継続的行為」該当性を認める方向には評価せず**，「その他の行為態様」や「行為の性質」（東京地裁で追加した判断指標）といった判断指標を重視して，本件の当たり馬券による所得は，「営利を目的とする継続的行為」から生じた所得ではないと結論付けているということがわかります。

　このように，**当該判断が行為態様等の一部の指標に偏ったものである**ということは明らかですが，具体的にどの点を攻めるべきでしょうか。

第2章 課税庁特有の思考パターンを理解し，これに反論する！ 117

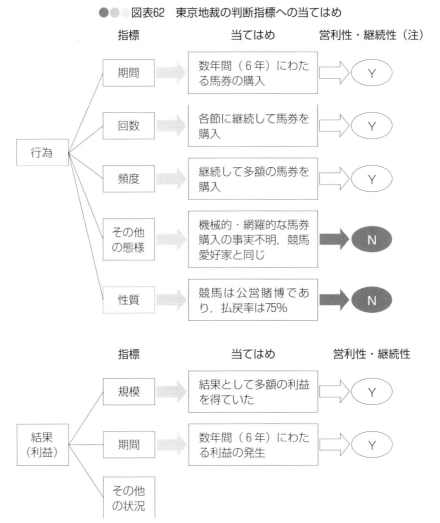

●●● 図表62 東京地裁の判断指標への当てはめ

（注）「Y」は営利性・継続性を肯定する方向に作用，「N」は否定する方向に作用することを意味します。

① まず，東京地裁が示した判断基準に着目しましょう

先に指摘したとおり，東京地裁は，判断基準の中で「**行為ないし所得の性質を踏まえた上で**」という文言を付け加えています。そして，当該指標への当て

はめの場面で，競馬は公営賭博であり払戻率は75％であることや，馬券の的中はそもそも偶発的であることなどを持ち出しています。

しかし，最高裁平成27年3月10日判決で定立した判断基準は，要は，**個々の事案における事情を総合考慮して判断する**ということであり，行為や所得の一般的性質を踏まえて判断するということではなかったはずです。このことは，最高裁平成27年3月10日判決において，検察側の主張する「所得や行為の本来の性質を本質的な考慮要素として判断すべき」との主張を排斥していることから明らかです。そして，「**行為や所得の性質**」といった一般的な事情を考慮するという考え方と，個々の事情によって判断するという考え方とは対照的であり，**本質的に相容れない**はずのものです（図表63）。

●●●図表63　東京地裁が示した判断基準は相互に相容れない

それにもかかわらず，東京地裁が，「行為や所得の性質を踏まえた上で」継続性・営利性を判断するという規範を定立したということは，検察側の主張への**先祖返り**といえるでしょう。

そして，最高裁平成27年3月10日判決が定立した判断基準に「行為ないし所得の性質を踏まえた上で」という内容を付加した結果，具体的な当てはめの場面で，全体の払戻率が75％であり，馬券が的中するか否かは本来的に偶然によるところが大きいことといった事情を持ち出すことになり，毎年多額の利益を得ていたという事実を「偶発的な利益の集積」であると評価するという結果を導くという流れになっています[60]。

なお，当然のことではありますが，東京高裁判決及び最高裁判決では「行為ないし所得の性質を踏まえた上で」という文言は判断基準に含まれていません。

② 次に，前掲図表61の(e)の事実の評価に着目しましょう

次に，着目したい点は，(e)の事実の評価です。

納税者が6年間にわたり，継続して相当多数の馬券を購入しており，多額の

利益を得ていたこと自体は証拠上否定できません。そこで，東京地裁は，6年間にわたり各年多額の利益が出ていたとしても，それは**偶然が度重なって得られた結果であると評価して**，**営利性を否定した**わけです。

通常，裁判所が，要件該当性を否定したい場合には，「事実を認めるに足りる証拠なし」として，当事者が主張する事実の存在を否定するか，当該事実自体は認めざるを得ない場合には，当該事実について要件該当性を否定する方向に評価するという手法を用います。(e)の場合は，後者の手法になります。

そこで，(e)の事実の評価，つまり，**毎年多額の利益を得ていたという事実(a)に対し，全体の払戻率が75％であり，馬券が的中するか否かは本来的に偶然によるところが大きいこと(d)及び本件では機械的・網羅的に馬券を購入していたか否かの馬券購入態様が不明であること(b)等をもって，本件における利益の発生も「偶発的な利益の集積」であると評価することが妥当であるか否か**が問題となります。

そこで，まずは結果が偶然に左右されるケースにおいて，偶然が度重なることによって予想した結果が発生する確率がどれほどあるかを考えてみましょう。

非常に簡単な例として，サイコロを投げて出目を当てるというゲームが考えられます。特定の目が出ることを予想してそれが的中する確率は，1回につき6分の1です。そうすると，5回投げて5回とも偶然によって的中する確率は6の5乗分の1（約0.013％）という非常に低い確率になります。つまり，偶然によって5回とも出目を的中させることのできる確率は，1万回に1回しかないということになります。投げる回数が10回になれば，もっと確率が低くなります。そうである以上，**10回または20回といった多数回にわたりすべてが的**

60　つまり，導きたい結果に合わせて判断基準を変容させたということです。このような手法は，税務判例において少なからず見受けられます。例えば，麻酔医の所得区分が事業所得か給与所得かが争点となった東京地裁平成24年9月21日判決・税資262号順号12043では，最高裁昭和56年4月24日判決が定立した給与所得と事業所得の区別に関する判断基準を引用しつつ，「自己の計算と危険において独立して営まれ」という規範の内容を，「すなわち経済的活動の内容やその成果によって変動しうる収益や費用が誰に帰属するか，あるいは費用が収益を上回る場合などのリスクを誰が負担するかという点」と言い換え，実際の当てはめの場面において，収益が成果によって変動していないことや，費用が収益を上回るリスクを負担していないことをもって，「自己の計算と危険」によっていないと判断しています。

中した場合，偶然によって的中したと考えるのは，あまりに確率論的な経験則に反することになります。普通は，**サイコロに仕掛けがある**と考えるのではないでしょうか（もしくは，その人に予知能力があると考える人もいるかもしれません！）。

競馬の場合はサイコロを投げて出目を当てるゲームよりももっと複雑であり，かつ，本件においては6年間にわたり毎年多額の利益を得ていたのですから，偶然によってこのような結果が発生する確率は著しく低いことになります。したがって，東京地裁のように，偶然が度重なって多額の利益が発生したと評価することは経験則上無理があり，**何らかの作為（ノウハウ等による偶然性のコントロール）の結果**と考える方が自然な評価ではないでしょうか（図表64）。

このように，東京地裁のした(e)の評価は，**経験則に反し，不自然かつ無理のある評価**といえるでしょう。

●●●**図表64　6年間にわたる多額の利益を得た結果の評価**

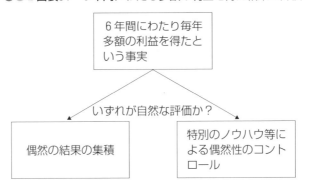

③　さらに，前掲図表61の(c)についても反論してみましょう

東京地裁は，本件では，最高裁平成27年3月10日判決の事案のようにコンピュータソフトを使用して**「機械的・網羅的な購入」**をしていた事実は認定できず，馬券の購入を**「個別に判断」**していたにすぎない等として，**「一般的な競馬愛好家による馬券購入態様と質的に大差ない」**と評価しています（図表65）。

●●● 図表65　東京地裁の購入態様に対する評価

このような評価は妥当でしょうか？

例えば、予知能力がある人が、その特別の能力を生かして馬券を購入し、かつ、実際に経常的に利益を得ているものの、データ分析やコンピュータソフトは使用していない（使用する必要がない）というケースがあったとします（やや極端ではありますが、思考実験として）。

このケースにおいては、特別な道具や手法は用いておらず、**個別の判断**によって馬券を購入しているわけですが、予知能力によって偶発性をコントロールすることができるので（予知能力が高ければ、機械的・網羅的な購入によるよりも払戻率が高くなることもある）、継続的に利益を得ることができます。

しかし、東京地裁の上記判断を前提とすれば、どれだけ的中率や払戻率が高くとも、コンピュータソフト等を用いて機械的・網羅的に購入していないことを理由に、一般の競馬愛好家と同じ行為態様と評価され（その前に、「原告は、予知能力があると主張するものの、客観的資料なく認めることはできない」として排斥されそうですが）、継続的な営利を目的としていないということになりそうです。しかし、このような評価はどう考えてもおかしいでしょう。

そもそも、最高裁平成27年3月10日判決がコンピュータソフトを使用して機械的・網羅的な購入をしていたことを積極的な事実として、「営利を目的とする継続的行為」であると認定したことの本質は、当たり馬券の発生の偶発的要素を可能な限り減殺していたという点にあります（図表66）。

つまり、「コンピュータソフトを使用して**機械的・網羅的に購入していたこと**」自体ではなく、「ノウハウやスキルによって**偶発性をコントロールしていたこと**」が最高裁における判断の「肝」なわけです。

●●○○図表66　最高裁平成27年3月10日判決における事実の評価

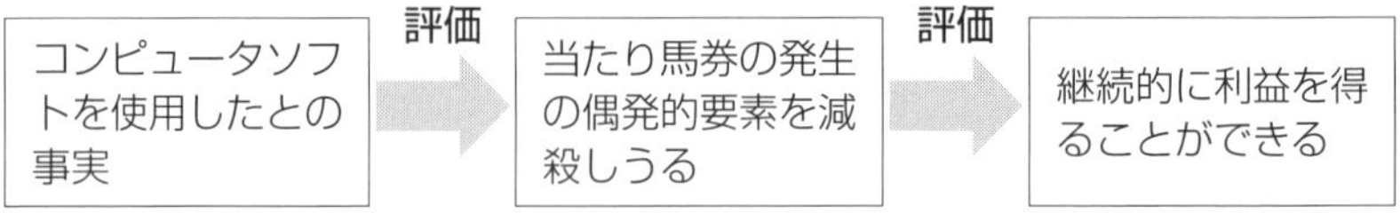

| コンピュータソフトを使用したとの事実 | 評価 → | 当たり馬券の発生の偶発的要素を減殺しうる | 評価 → | 継続的に利益を得ることができる |

　このように，東京地裁における理由(c)は，**最高裁平成27年3月10日判決における判断基準の本質をとらえず，最高裁平成27年3月10日判決の事案との違いをことさらに取り上げて評価するものであり**，不当な評価であるといえるでしょう。

　東京地裁の評価が不当であることは，以下のとおり，本件の上告審である最高裁平成29年12月15日判決・裁判所ウェブサイトが，コンピュータソフト使用による機械的・網羅的な購入に言及することなく，本件の納税者が，偶然性の影響を減殺するための工夫をしていたこと及び回収率が相対として100%を超えるように馬券を選別して購入していたと推定できることをもって，継続性・営利性を認めていることからも裏付けられます。

　　「これを本件についてみると，**被上告人は，予想の確度の高低と予想が的中した際の配当率の大小の組合わせにより定めた購入パターンに従って馬券を購入することとし，偶然性の影響を減殺するために，年間を通じてほぼ全てのレースで馬券を購入することを目標として，年間を通じての収入で利益が得られるように工夫しながら**，6年間にわたり，1節当たり数百万円から数千万円，1年当たり合計3億円から21億円程度となる多数の馬券を購入し続けたというのである。このような被上告人の馬券購入の期間，回数，頻度その他の態様に照らせば，被上告人の上記の一連の行為は，継続的行為といえるものである。

　　そして，被上告人は，上記6年間のいずれの年についても年間を通じての収支で利益を得ていた上，その金額も，少ない年で約1800万円，多い年では約2億円に及んでいたというのであるから，上記のような馬券購入の態様に加え，このような利益発生の規模，期間その他の状況等に鑑みると，**被上告人は回収率が相対として100%を超えるように馬券を選別して購入**

第2章　課税庁特有の思考パターンを理解し，これに反論する！　123

し続けてきたといえるのであって，そのような被上告人の上記の一連の行
為は，客観的に見て営利を目的とするものであったということができる。」
（下線強調は筆者）

④　東京地裁の当てはめにおける問題点の抽出

　以上をまとめると，東京地裁における判断基準の定立及び当てはめから，以
下のような問題点を抽出することができます。

- そもそも，最高裁平成27年3月10日判決で定立された判断基準に，独自に，
当該判断基準とは相容れない「行為や所得の性質」といった判断指標を付
加することで，一般的な事情を持ち込んで事実を評価できるようにした点
- 納税者が6年間にわたり各年多額の利益を出していた事実に対し，それは
偶然が度重なって得られた結果であるといった，経験則に反する不自然か
つ無理のある評価をした点
- 最高裁平成27年3月10日判決の事案との非本質的な違いをことさらに強調
して，本件の購入態様を「一般的な競馬愛好家による馬券購入態様と質的
に大差ない」と評価した点

(5)　東京高裁の当てはめと東京地裁の当てはめとを比較する

　これに対し，本件の行為が「営利を目的とする継続的行為」であると判断し
た東京高裁は，どのような事実を重視し，いかなる評価をしたのでしょうか。
　東京高裁の判断を見た上で，東京地裁の判断と比較してみましょう。
　まず，東京高裁の当てはめ部分の判示を，以下に引用します。

　　「(4)　前記前提事実のとおり，中央競馬における馬券の的中による払戻
　金は，勝馬投票法の種類ごとに，勝馬投票の的中者に対し，重勝式勝馬投
　票法において加算金がある場合（いわゆるキャリーオーバー）を除いて，
　その競走についての馬券の売得金の総額よりも少ない金額の払戻対象総額
　を，当該勝馬に対する各馬券（的中馬券）に按分して交付するものである
　（この点は，平成17年ないし平成22年当時の競馬法の下においても，同様
　である。）。したがって，勝馬投票法の種類ごとの各馬若しくは枠番号又は

これらの組合せのそれぞれの得票率（人気）が当該馬等が勝馬になる確率に等しいと仮定すると，各馬券の購入代金に対する払戻金の期待値の比率（以下『期待回収率』という。）は，その競走についての馬券の売得金の総額に対する払戻対象総額の比率（以下『払戻率』という。）と等しくなり，その値は100％より小さい値となる。例えば，あるレースの単勝式勝馬投票法の払戻率が80％であり，同投票法によるある馬の得票率が20％であったとすると，その馬の馬券の購入代金に対する当該馬券が的中した時の払戻金の比率（いわゆるオッズ）は400％（4倍。100×0.8÷0.2）となるが，当該馬が勝馬となる確率を得票率と同じ20％と仮定すると，当該馬券の期待回収率は80％（400×0.2）となり払戻率と等しくなる。

　しかしながら，実際のレースにおいては，ある馬等の得票率とその馬等が勝馬になる真の確率とが乖離するために，期待回収率が100％を超える馬券が存在し得るものと解される。例えば，上記の例で，当該馬が勝馬となる真の確率が30％であったとすると，当該馬券のオッズは400％（4倍）のままであるが，期待回収率は120％（400×0.3）となり100％を超えることになる。そして，仮に，十分に多数のレースにおいて，期待回収率が100％を超える馬券を選別することができ，これを購入し続けることができれば，現実の回収率も100％を超える値に収束し，恒常的に利益を得ることができるようになる可能性が高まるものと解される。

　これに対し，全く無作為に又は期待回収率が100％を超える馬券を十分に選別できないままに馬券を購入し続けたとしても，現実の回収率が収束する値は100％に満たない払戻率に近い値にとどまり，恒常的に利益を得ることはできないものと解される。

　⑸　これを本件についてみると，前記⑵のとおり，控訴人は，平成17年から平成22年までの6年間にわたり，多数の中央競馬のレースにおいて，各レースごとに単一又は複数の種類の馬券を購入し続けていたにもかかわらず，上記各年における回収率はいずれも100％を超え，多額の利益を得ていたことが認められるのであり，**この事実は，控訴人において，期待回収率が100％を超える馬券を有効に選別し得る何らかのノウハウを有していたことを推認させるものである。**そして，このような観点からすれば，

第2章　課税庁特有の思考パターンを理解し，これに反論する！　125

控訴人が具体的な馬券の購入を裏付ける資料を保存していないため，具体的な購入馬券を特定することはできないものの，馬券の購入方法に関する前記⑶のとおりの方法により，その有するノウハウを駆使し，十分に多数のレースにおいて期待回収率が100％を超える馬券の選別に成功したことにより，上記のとおり多額の利益を恒常的に得ることができたものと認められる。

　以上を要するに，**控訴人は，期待回収率が100％を超える馬券を有効に選別し得る独自のノウハウに基づいて長期間にわたり多数回かつ頻繁に当該選別に係る馬券の網羅的な購入をして100％を超える回収率を実現することにより多額の利益を恒常的に上げていたものであり，このような一連の馬券の購入は一体の経済活動の実態を有するということができる**。なお，別件最高裁判決に係る別件当事者による馬券の購入状況等は，原判決23頁6行目から26頁1行目までに記載のとおり（ただし，原判決23頁12行目の『原告』を『別件当事者』に改める。）と認められるが，これによれば，別件当事者が馬券を自動的に購入するソフトを使用する際に用いた独自の条件設定と計算式も，期待回収率が100％を超える馬券を有効に選別し得る独自のノウハウといい得るものであり，控訴人と別件当事者の馬券の購入方法に本質的な違いはないものと認められる。」（下線強調は筆者）

　つまり，東京高裁は，馬券の全体の回収率が75％程度であるにもかかわらず，①本件においては6年間にわたり各年の回収率が100％を超え，多額の利益を恒常的に得ていたという事実を重視し，②全く無作為に，または選別できないままに馬券を購入し続けたとしても，恒常的に利益を得ることはできないとの経験則を根拠とし，③**これらの事実より，納税者には回収率が100％を超える馬券を有効に選別するノウハウがあることを推認し**，①及び③の事実から，独自のノウハウに基づいて長期間にわたり多数回かつ頻繁に当該選別に係る馬券の網羅的な購入をして100％を超える回収率を実現することにより多額の利益を恒常的に上げていた，と評価したといえます（**図表67参照**）。

　また，本件と最高裁平成27年3月10日判決の事案との類似性について，馬券を自動的に購入するソフトを使用する際に用いた独自の条件設定と計算式も，

期待回収率が100％を超える馬券を有効に選別し得る独自のノウハウであるという点で，本件の行為態様と本質において違いはないと判断しています。

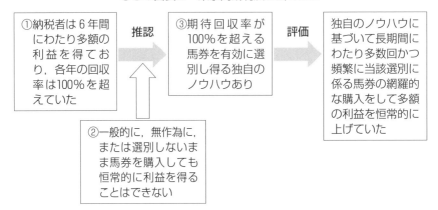

●●●図表67　東京高裁判決の当てはめ

① 東京地裁と東京高裁の当てはめの差は何に起因するのでしょうか？

以上のように，東京地裁と東京高裁とは，同じ事実を前提としてはいるものの，異なる評価をし，異なる結論を導いていることがわかりますが，この差は何に起因するのでしょうか。

一般に，最高裁において従前の課税実務と異なる判断がなされた場合に，(a)**最高裁の定立した判断基準に基づいて，個別具体的に判断するのか**，もしくは，(b)**最高裁が認めた事案とほぼ同じような事案の場合に限り認めるのか**，の２つの態度があり得ます。本件に関していえば，東京高裁の考え方は(a)であり，東京地裁の考え方は(b)であるといえます。

課税庁も，通常，(b)の考え方をとっています（91頁の思考パターン３）。課税する側としては，従前の課税慣行よりも課税を軽減するような判断に対して，狭く解したいという心理が働くということでしょう。

馬券の払戻金が雑所得に該当するか否かについても，課税庁が，最高裁平成27年３月10日判決が認めた事案とほぼ同じような事案に限り認めるという考え方をとっていることは，最高裁平成27年３月10日判決後に改正された所得税基本通達34－1の内容をみてもわかります。

第2章　課税庁特有の思考パターンを理解し，これに反論する！　127

　改正後の所得税基本通達34－1は，以下のとおりです（下線部分が改正された箇所です）。

参考

【所得税基本通達34－1】

次に掲げるようなものに係る所得は，一時所得に該当する。

(2)　競馬の馬券の払戻金，競輪の車券の払戻金等（営利を目的とする継続的行為から生じたものを除く。）

(注)　1　馬券を自動的に購入するソフトウエアを使用して独自の条件設定と計算式に基づいてインターネットを介して長期間にわたり多数回かつ頻繁に個々の馬券の的中に着目しない網羅的な購入をして当たり馬券の払戻金を得ることにより多額の利益を恒常的に上げ，一連の馬券の購入が一体の経済活動の実態を有することが客観的に明らかである場合の競馬の馬券の払戻金に係る所得は，営利を目的とする継続的行為から生じた所得として雑所得に該当する。

　　　2　上記（注）1以外の場合の競馬の馬券の払戻金に係る所得は，一時所得に該当することに留意する[61]。

　上記（注）1の内容は，最高裁平成27年3月10日判決の事案に対する当てはめ部分とほぼ同じです（105頁に引用した最高裁判決の下線部分と見比べてみてください）。

　しかし，最高裁は特定のケースにおける事実の当てはめとして，ソフトウェ

61　なお，本件の上告審である最高裁平成29年12月15日判決を受け，所得税基本通達34－1をさらに，以下のように改正する案が出されています。

　　「馬券を自動的に購入するソフトウエアを使用して定めた独自の条件設定と計算式に基づき，又は予想の確度の高低と予想が的中した際の配当率の大小の組合せにより定めた購入パターンに従って，偶然性の影響を減殺するために，年間を通じてほぼ全てのレースで馬券を購入するなど，年間を通じての収支で利益が得られるように工夫しながら多数の馬券を購入し続けることにより，年間を通じての収支で多額の利益を上げ，これらの事実により，回収率が馬券の当該購入行為の期間総体として100％を超えるように馬券を購入し続けてきたことが客観的に明らかな場合の競馬の馬券の払戻金に係る所得は，営利を目的とする継続的行為から生じた所得として雑所得に該当する。」

アを使用した購入等の事実に着目して評価しただけであり，当該事実に妥当する場合に限り雑所得となると判断したわけではありません。それにもかかわらず，上記通達では，あたかも判断基準であるかのように取り扱い，最高裁における事実関係と同じ場合のみ雑所得に該当するとしています。

以上より，課税庁は，納税者に有利な判断をした最高裁判決については，適用範囲を非常に狭く解し，最高裁が認めた事案と酷似する場合に限り認めるという考え方をとっていることが裏付けられます。

このように，東京地裁と東京高裁の当てはめに差がある原因は，最高裁平成27年3月10日判決の判断を狭く解するか否かに起因しているものと考えられます。このことを念頭に置いて，当てはめの違いを見ていきましょう。

(a) 6年間にわたり多額の利益を得ていた事実の評価について

まず，本件において納税者が6年間にわたり多額の利益を得ていた事実に関し，東京地裁では単なる偶然の結果であると評価しています。一方，東京高裁では，全くの無作為に，または十分に選別できないまま馬券を購入したとしても，利益を恒常的に得ることは無理であると評価しています（図表68）。

●●● 図表68　6年間にわたり多額の利益を得ていた事実に対する東京地裁と東京高裁の評価の違い

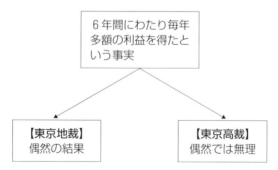

このように，東京高裁では，(4)において問題点として抽出したように，6年間にわたり毎年多額の利益を得た事実に対して，偶然の結果であるとした東京地裁の評価を否定したといえるでしょう。

(b) 馬券購入の行為態様に関する認定及び評価について

東京地裁においては，具体的な馬券の購入を裏付ける資料がないため，競馬場やレースについて機械的，網羅的に馬券を購入していたのか不明であると判断しています。また，納税者の陳述を前提としても，個別の判断による馬券の購入は，一般的な競馬愛好家と質的に同じであると評価しています（図表69）。

一方，東京高裁では，具体的な馬券の購入を裏付ける資料がないにしても，6年間にわたり回収率が100%を超え，毎年多額の利益を恒常的に得たという事実から，回収率が100%を超える馬券を有効に選別するノウハウがあったとの事実を推認しています。そして，当該事実に対して，最高裁平成27年3月10日判決における馬券購入方法と本質的な違いはないと評価しています（図表69）。

●●●●図表69　馬券の購入態様に関する東京地裁と東京高裁の事実の認定及び評価の違い

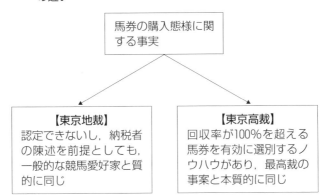

このように，東京高裁では，(4)において問題点として抽出したように，コンピュータソフトを使用することなく，個別に判断して馬券を購入していた事実に対して，一般的な競馬愛好家による馬券購入の態様と質的に同じであるとした東京地裁の評価を否定したといえるでしょう。

(c) 最高裁平成27年3月10日判決の事案との比較について

東京地裁では，データを統計的に処理しそれをコンピュータソフトに設定し

●●●●図表70　最高裁平成27年判決の事案との類似性に関する東京地裁と東京高裁の評価の違い

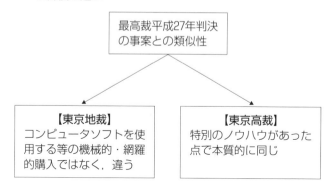

て機械的・網羅的に馬券を購入していた点を重視し，最高裁平成27年3月10日判決とは馬券購入の行為態様が質的に異なると評価しています。

　一方，東京高裁は，コンピュータソフトに設定した独自の条件設定と計算式が，期待回収率が100％を超える馬券を有効に選別しうる独自のノウハウである点を重視し，その点で本件は最高裁平成27年3月10日判決と本質的に同じであると評価しています。

　このように，東京高裁では，(4)において問題点として抽出したとおり，最高裁平成27年3月10日判決の事案との非本質的な違いをことさらに強調して，本件の購入態様を「一般的な競馬愛好家による馬券購入態様と質的に大差ない」と評価した東京地裁の評価を否定したものといえるでしょう。

　以上を総括すると，東京地裁では最高裁平成27年3月10日判決の事案との行為態様の違いに着目して雑所得該当性を否定していますが，東京高裁では長年にわたり多額の利益を得ていたという行為の結果に着目し，それを肯定しています。そもそも，**所得税法が担税力の違いに応じて所得区分を設けた趣旨から考えれば，行為態様よりも担税力を表す行為結果に着目すべきであり，制度趣旨の観点からみても東京高裁の判断の方が妥当である**といえます。

第2章　課税庁特有の思考パターンを理解し，これに反論する！　131

⑥　本紛争類型における問題点抽出と反論のポイント

①　事実の「評価」に無理がないか？

　議論において，導きたい結論にとってマイナスとなる事実は過小に評価し，プラスとなる事実は過大に評価するという操作は，しばしばなされます。

　しかし，その過小評価または過大評価に無理があることは少なくありません。本件であれば，6年間も多額の利益を得ていた事実を偶然の結果であると過小評価したことがこれに当たります。

　したがって，その評価部分に着目し，経験則に反しないか，不自然ではないか，または他の評価ができないかについて検討すべきでしょう。

②　事案の異同を理由としている場合に，その異同の内容は本質的なものか？

　2つのものが同じまたは違うことを根拠として結論を導くような議論の型があります。このような議論において，同じと評価したいときには両者の同じ点を見つける必要があり，違うと評価したいときには違う点を見つける必要があります。

　この点，一般に，個別・具体的な観点に着目すれば差異が強調され，包括的・抽象的な観点に着目すれば類似点が協調されることになります（図表71参照）。例えば，2つのリンゴがあり，1つは赤色，もう1つは青色であったとします。2つのリンゴの色に着目すれば「違うもの」ということになりますが，2つとも「リンゴ」という種類に属する点に着目すれば「同じもの」ということになります。

　そこで，どのような点に着目して異同を論じるかが問題となりますが，比較することによって導こうとしていることは，「Aから導かれる結論をBにも妥当させるか否か」ということなので，導こうとする結論との関係で本質的なものである必要があります。

●●● 図表71　抽象化するか具体化するかで「同じ」か「違う」かが変わる

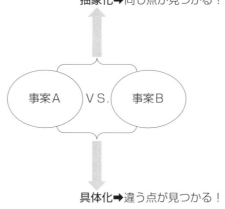

3　実質的・本質的に同じものを違うと評価することにより紛争となるケース

　131頁でも言及したように，一般に2つのものの異なる面のみをことさらに強調することにより「違う」と主張する手法があります。そして，このような手法によって課税処分がなされるケースも決して少なくありません。

　2で見た東京地裁平成27年5月14日判決は，最高裁平成27年3月10日判決の事案との差異をことさらに強調して，「営利を目的とする継続的行為」に該当しないと判断したものであり，この紛争類型にも該当します。

　また，77頁で検討した長崎年金二重課税事件における福岡高裁の判断も，本件受給権と本件年金が法的に同じか否かが争点となった事案ですから，本紛争類型に該当します。

　この福岡高裁判決と，その上告審である最高裁判決との条文解釈の違いについては，すでにみたとおりです。しかし，ここでは，上記紛争類型における問題点の抽出とこれに対する反論のトレーニングとして，福岡高裁の判断に対し，条文解釈の是非とは異なった観点から批判的に検討してみたいと思います。つまり，「相続により取得したものとみなされるもの」を「財産」と解した上で，

第2章　課税庁特有の思考パターンを理解し，これに反論する！　133

本件年金受給権と本件年金が法的に異なるとした判断に対して，どの点に問題があり，いかに反論すべきか，検討してみましょう。

(1)　福岡高裁の判断

「(2)　本件年金受給権及び本件年金について

引用に係る原判決（補正後のもの）第2の1(1)の事実によれば，本件年金受給権は，Aを契約者及び被保険者とし，被控訴人を保険金受取人とする生命保険契約（本件保険契約）に基づくものであり，その保険料は保険事故が発生するまでAが払い込んだものであって，年金の形で受け取る権利であるが，Aの相続財産と実質を同じくし，Aの死亡を基因として生じたものであるから，相続税法3条1項1号に規定する『保険金』に該当すると解される。そうすると，被控訴人は，Aの死亡により，本件年金受給権を取得したのであるから，その取得は相続税の課税対象となる。

前記事実によれば，被控訴人は，将来の特約年金（年金）の総額に代えて一時金を受け取るのではなく，年金により支払を受けることを選択し，特約年金の最初の支払として本件年金を受け取ったものである。**本件年金は，10年間，保険事故発生日の応当日に本件年金受給権に基づいて発生する支分権に基づいて，被控訴人が受け取った最初の現金というべきものである。そうすると，本件年金は，本件年金受給権とは法的に異なるものであり，Aの死亡後に支分権に基づいて発生したものであるから，相続税法3条1項1号に規定する『保険金』に該当せず，所得税法9条1項15号所定の非課税所得に該当しないと解される。**したがって，本件年金に係る所得は所得税の対象となるものというべきである。」（下線強調は筆者）

(2)　分析・検討

以上の判示からわかるとおり，福岡高裁は，①相続税法3条1項1号に規定する「保険金」は本件年金受給権（**基本権**）であるが，本件年金（実際に受領した金銭）は，本件年金受給権に基づいて発生する**支分権**から発生したものであり，法的には異なることを理由に，支分権に基づいて発生した本件年金は，所得税法9条1項15号には該当しないと判断しています（**図表72参照**）。

●●●● 図表72　福岡高裁の判断の本質部分

| 本件年金受給権
【基本権】 | | 本件年金
【支分権】 |

　両者は，実質的には同じものですが，未だ具体的に請求できない権利の総体である年金受給権については，法律上「**基本権**」という名前がつけられ，一方，年金受給権から発生するものの，具体的に請求できることとなった年金については「**支分権**」という名前がつけられています。そして，福岡高裁は，**法律上，呼ばれる名前が違うという点に着目して，法的には異なると判断している**わけです。

　そもそも，支分権たる具体的請求権は，抽象的な権利である本件年金受給権から発生したものですので，相続発生後に生じた運用益部分を除き，法的な観点から見ても実質的には同じものです。したがって，**この点に福岡高裁の判断の問題点がある**といえます。

　したがって，当該問題点に対して反論するためには，**両者が同じ権利であることを主張できればよい**ことになります。

　① では，同じ権利であることをいかに主張するか？
　この点，第一審である長崎地裁平成18年11月7日判決・裁判所ウェブサイトの判断に対して，課税庁側は，控訴審において，以下のように批判しています。
　まず，長崎地裁が，「相続税法3条1項によって相続財産とみなされて相続税を課税された財産につき，<u>これと実質的，経済的にみれば同一のものと評価される所得</u>について，その所得が法的にはみなし相続財産とは異なる権利ないし利益と評価できるときでも，その所得に所得税を課税することは，所得税法9条1項15号によって許されないものと解するのが相当である。」（下線強調は筆者）と判断したことに対し，課税庁は，「租税法は，侵害規範であり，法的安定性の要請が強く働くから，その解釈は原則として文理解釈によるべきであり，みだりに拡張解釈や類推解釈を行うことは許されないというべきである。原判決が，本件年金は，法的には本件年金受給権とは異なるが，実質的・経済

的に見れば同一のものと評価される財産であるから所得税を課税することは許されないと判示していることは，同号の規定の適用範囲をその文理を明らかに逸脱ないし拡大して解釈するものというほかはない。」としています。

よって，東京地裁が用いたような，「**実質的・経済的に見れば同一の権利**」というような反論の仕方では，同じようにして論破されてしまうことになります。

よって，「実質的・経済的に見れば同一の権利」ではなく，「**法的観点から見ても同一の権利**」であることを論証する必要があります（図表73）。

●●● 図表73　福岡高裁の判断に対して論証すべき内容

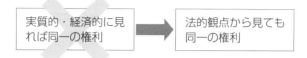

② 何に着目すれば「法的観点から見ても同一の権利」であると論証できるか？

まず，基本権たる年金受給権と支分権としての受給権との関係について考えてみます。基本権たる年金受給権は抽象的権利であって，年金支払日が到来しないうちは，いくら権利があるといっても，保険会社に対して年金受給権を根拠として請求することはできません。一方，支分権としての受給権は，年金支払日の到来により発生し，この権利を根拠として保険会社に請求することができます。つまり，**支分権たる受給権は，年金支払日の到来によって基本権たる年金受給権の一部が請求可能な権利となったものであるという関係にあります**（図表74参照）。

したがって，両者の違いは，**請求可能となる時期が到来しているか否か，つまり，抽象的な権利が具体的な権利に転化した**だけです。

もっとも，時間の経過という点で両者は異なるわけですから，支分権たる受給権のうち，時間の経過によって発生した権利部分は，基本権たる年金受給権とは異なる権利になります。

●●● 図表74　年金受給権と受給権との差は時期の到来の有無

このように，年金受給権と具体的な年金との差は時期の到来の有無にすぎないことを，要件事実（法的効果を発生させるための要件）の点から明確にしてみます。

本件年金受給権は，夫が被保険者兼保険料負担者であった年金払特約付き生命保険契約に基づいて，夫の死亡により発生したものですから，本件年金受給権の発生に関する要件事実は，以下のようになります。

【本件年金受給権の発生に関する要件事実】
① 夫が被保険者兼保険料負担者である年金払特約付き生命保険契約の締結
② 夫の死亡

これに対し，本件年金に関する要件事実は以下のとおりです。

【本件年金に関する要件事実】
① 夫が被保険者兼保険料負担者である年金払特約付き生命保険契約の締結
② 夫の死亡
③ 年金支払日の到来

以上より明らかなとおり，本件年金受給権と本件年金とは，**要件事実上，③年金支払日の到来の点しか違いがありません**（図表75）。

このように，同じ契約（①）と同じ事実（②）によって発生した権利である以上，両者は法的にも同じ財産であるといえます。もっとも，すでに述べたとおり，③年金支払日の到来による法的効果の違い（具体的に請求できるか否かを除く）は，年金の運用による利益部分であり，この部分については，本件年金受給権とは別の権利であるということになります。

●●● 図表75　本件年金受給権の要件事実と本件年金の要件事実の差

　支分権と基本権の関係を，別の例で確認してみましょう。
　基本権たる年金受給権と支分権たる受給権との関係と同様の例として，分割返済される利付貸付債権があります。分割返済される貸付債権は，弁済期が到来するまで債務者に対して具体的に請求できませんが，弁済期の到来によって貸付債権の一部が具体的に請求可能となります。
　弁済期限が到来した部分の貸付債権は，弁済期限が未到来であった時点での貸付債権の一部が実際に請求できる債権になっただけであり，弁済期限が未到来であった時点での貸付債権と同じ債権であることは明らかです（貸付債権を分割しただけ）。もっとも，利息債権は時間の経過とともに発生した権利であり，貸付債権とは別の債権になります。
　なお，貸付債権の場合は，請求可能となった債権の元本部分は**支分権**とは呼ばれず，利息債権のみ**支分権**と呼ばれます。

　以上のように，基本権たる年金受給権と支分権たる受給権の差は，単に年金支払日が到来しているか否かの違いにすぎず，両者は法的にも同じであるといえます。したがって，「基本権」，「支分権」という違いは，**単なる呼び名の違い**にすぎず（例えば，カットする前のケーキを「ホール」と呼び，カットされたケーキを「ピース」と呼ぶことと同じ），財産としての同一性という点において，本質的な違いではありません。

(3) **本紛争類型における問題点抽出と反論のポイント**

　本紛争類型における問題点抽出のポイントは，「同じ・違う」と主張する内容が本質的に「同じ・違う」といえるのかに着目するということにつきます。したがって，問題点の抽出自体は，通常，容易であるといえるでしょう。
　難しいのは，いかに**反論**するかです。

「実質的・経済的に見れば同一」というような反論の仕方では，「租税法は，侵害規範であり，法的安定性の要請が強く働くから，その解釈は原則として文理解釈によるべきであり，みだりに拡張解釈や類推解釈を行うことは許されない。実質的・経済的に見れば同一であることを理由とする解釈は，文理を明らかに逸脱ないし拡大して解釈するものである」などと反論されてしまいます。

しかし，一般に，**物事には複数の側面があります**から，同じ面もあれば，異なった面もあるはずです。したがって，いろいろな視点（抽象的 vs. 具体的，経済的 vs. 法的，個別的 vs. 一般的，過去 vs. 現在など），から異同をリストアップしていけば，課税庁の主張する内容とは異なる点を見つけられる可能性はあります。

4　条文上，要件・効果が必ずしも明確でない場合に，過剰に納税者に不利益な解釈をすることで紛争となるケース

租税法規には，要件・効果が必ずしも明確でない規定があります。例えば，手続規定である帳簿記載事項の一部に不備があった場合に，その効果のすべてが否定されるか否かが明らかでないものがあります。

このような場合，課税庁側は，形式的・画一的な取扱いを重視して，100％要件充足の場合以外は効果を認めないとする解釈（All or nothingな思考パターン）をする傾向にあり，そのため，紛争になることが少なくありません。

ここで取り上げる東京地裁平成24年10月9日判決・裁判所ウェブサイトは，法人税法34条1項2号に定める事前確定届出給与について，年2回支給する旨の事前確定届出書を提出したものの，業績悪化により2回目を減額して支給した事案ですが，職務執行期間を1つの単位として判定すべきことを理由に，届出どおりに行った1回目の支給も，事前確定届出給与に該当しないとして，損金算入が否定されました。

しかし，1回目は届出どおりに支給しているわけですし，恣意的に役員報酬の額を増減する意図がないような場合にまで，すべて損金不算入とすることは，やりすぎ（過剰）であるという印象があります。

第2章　課税庁特有の思考パターンを理解し，これに反論する！　139

　そこで，このような過剰な主張がなされた場合に，その主張の問題点をいかに抽出し，これに対していかに反論するかにつき，東京地裁平成24年10月9日判決を素材として検討しましょう。なお，ここでは，課税庁自身の主張ではなく，それを追認した裁判所の判断を検討対象にします。

(1) 事案の概要

　法人である納税者が，本事業年度（平成20年10月1日から平成21年9月30日）の役員A（代表取締役）とD（取締役）の賞与に関し，以下の内容で事前確定届出書を提出し，冬季賞与（以下「本件冬季賞与」といいます）については届出どおりに支給したところ，平成21年7月6日に開催された臨時株主総会において，事業年度の厳しい経済状況による業績の悪化を理由として，夏季賞与（以下「本件夏季賞与」といいます）の額を，Aにつき250万円，Dにつき100万円にそれぞれ減額することを決議し，それぞれ支給しました。しかし，納税者は，本件夏季賞与の減額について，法人税法施行令69条3項の変更届出期限までに事前確定届出給与に関する変更届出をしませんでした。

　その後，納税者が本事業年度の法人税の計算において，本件冬季賞与は損金に算入されるとして確定申告をしたところ，所轄の課税庁より本件冬季賞与は事前確定届出給与に該当しないとして更正処分を受けたため争いとなりました。

【事前確定届出の内容】
- Aについて
  平成20年12月11日　　　500万円（冬季賞与）
  平成21年7月10日　　　500万円（夏季賞与）
- Dについて
  平成20年12月11日　　　200万円（冬季賞与）
  平成21年7月10日　　　200万円（夏季賞与）

---

(2) 争　　点

　本件における争点は，本件冬季賞与が，法人税法34条1項2号の事前確定届出給与に該当するか否かです。

140

つまり，複数回支給する届出をしたケースにおいて，事前の届出どおりに支給しなかった回がある場合の，届出どおりに支給した回の役員給与が，事前確定届出給与に該当するか否かということが争点になります。

> 参考
>
> 【法人税法34条1項】（平成22年度税制改正前のもの）
>   内国法人がその役員に対して支給する給与（退職給与及び第54条第1項（新株予約権を対価とする費用の帰属事業年度の特例等）のうち次に掲げる給与のいずれにも該当しないものの額は，その内国法人の各事業年度の所得の金額の計算上，損金の額に算入しない。
>   二　その役員の職務につき所定の時期に確定額を支給する旨の定めに基づいて支給する給与（定期同額給与及び利益連動給与（利益に関する指標を基礎として算定される給与をいう。次号において同じ。）を除くものとし，定期給与を支給しない役員に対して支給する給与（同族会社に該当しない内国法人が支給するものに限る。）以外の給与にあっては政令で定める内容に関する届出をしている場合における当該給与に限る。）

(3)　裁判所の判断

「⑴　法人税法34条1項2号の事前確定届出給与について

法人税法は，内国法人に対して課する各事業年度の所得に対する法人税の課税標準は各事業年度の所得の金額とする（21条）とし，内国法人の各事業年度の所得の金額は当該事業年度の益金の額から当該事業年度の損金の額を控除した金額とする（22条1項）とするところ，内国法人の各事業年度の所得の金額の計算上，当該事業年度の損金の額に算入すべき金額は，別段の定めがあるものを除き，当該事業年度の収益に係る売上原価，完成工事原価その他これらに準ずる原価の額（1号），そのほか，当該事業年度の販売費，一般管理費その他の費用（償却費以外の費用で当該事業年度の終了の日までに債務の確定しないものを除く。）の額（2号），当該事業年度の損失の額で資本等取引以外の取引に係るもの（3号）とする（同条3項）とし，これらの額は一般に公正妥当と認められる会計処理の基準に

従って計算されるものとする（同条 4 項）とする。

役員給与は，企業会計上は費用とされるが，法人税法上は，上記別段の定めである34条 1 項の規定により，内国法人がその役員に対して支給する給与のうち定期同額給与（ 1 号），事前確定届出給与（ 2 号）又は利益連動給与（ 3 号）のいずれにも該当しないものの額は，その内国法人の各事業年度の所得の金額の計算上，損金の額に算入しないとされるところ，**このように，役員給与のうち定期同額給与等のいずれにも該当しないものの額は損金の額に算入しないこととされたのは，法人と役員との関係に鑑みると，役員給与の額を無制限に損金の額に算入することとすれば，その支給額をほしいままに決定し，法人の所得の金額を殊更に少なくすることにより，法人税の課税を回避するなどの弊害が生ずるおそれがあり，課税の公平を害することとなるためであると解される**。そして，法人税法34条 1 項 2 号の事前確定届出給与とは，内国法人がその役員に対してその役員の職務につき所定の時期に確定額を支給する旨の定めに基づいて支給する給与（定期同額給与及び利益連動給与を除く。）であり，定期給与を支給しない役員に対して支給する給与以外の給与にあっては政令で定めるところにより納税地の所轄税務署長にその定めの内容に関する届出をしている場合における当該給与に限られるところ，**事前確定届出給与の額について損金の額に算入することとされたのは，事前確定届出給与が，支給時期及び支給額が株主総会等により事前に確定的に定められ，その事前の定めに基づいて支給する給与（定期同額給与及び利益連動給与を除くものとし，定期給与を支給しない役員に対して支給する給与以外の給与であるものとする。以下同じ。）であり，政令で定めるところにより納税地の所轄税務署長に事前の定めの内容に関する届出がされたものであることからすれば，その支給については上記のような役員給与の支給の恣意性が排除されており，その額を損金の額に算入することとしても課税の公平を害することはないと判断されるためであると解される**。

(2) 事前確定届出給与該当性の要件（役員給与の支給が所轄税務署長に届出がなされた事前の定めのとおりにされたこと）について

ア　事前確定届出給与該当性の要件について

法人税法34条1項2号の規定によれば，内国法人がその役員に対して支給する給与が事前確定届出給与に該当し，その額がその内国法人の各事業年度の所得の金額の計算上，損金の額に算入されるためには，その役員給与がその役員の職務につき所定の時期に確定額を支給する旨の事前の定めに基づいて支給する給与であることと，政令で定めるところにより納税地の所轄税務署長にその事前の定めの内容に関する届出がなされていることを要するところ，**その規定の文言の合理的解釈として，役員給与がこれらの要件を満たすためには，当該役員給与の支給が実際に所轄税務署長に届出がされた事前の定めのとおりにされることを要するというべきである。**

（中略）

ウ　一の職務執行期間中に複数回にわたる支給がされた場合の「役員給与の支給が所轄税務署長に届出がされた事前の定めのとおりにされたこと」該当性について

　内国法人がその役員に対してその役員の職務につき所定の時期に確定額を支給する旨の事前の定めに基づいて支給する給与について一の職務執行期間中に複数回にわたる支給がされた場合に，当該役員給与の支給が所轄税務署長に届出がされた事前の定めのとおりにされたか否かは，**特別の事情がない限り，個々の支給ごとに判定すべきものではなく，当該職務執行期間の全期間を一個の単位として判定すべきものであって，当該職務執行期間に係る当初事業年度又は翌事業年度における全ての支給が事前の定めのとおりにされたものであるときに限り，当該役員給与の支給は事前の定めのとおりにされたこととなり，当該職務執行期間に係る当初事業年度又は翌事業年度における支給中に1回でも事前の定めのとおりにされたものではないものがあるときには，当該役員給与の支給は全体として事前の定めのとおりにされなかったこととなると解するのが相当である。**

　何故ならば，株式会社ほかの法人と役員との関係は委任に関する規定に従い（会社法330条等），取締役の報酬，賞与その他の役員給与は役員の職務執行の対価たる性質を有するものであるところ，取締役の報酬及び賞与については，いわゆるお手盛りの防止の観点から，定款にその額を定めていないときは株主総会の決議によって定める（同法361条1項）とされ，

取締役が株主総会の決議によって選任され（同法329条1項），その任期が原則として選任後2年以内に終了する事業年度のうち最終のものに関する定時株主総会の終結の時までとする（同法332条）とされることに合わせて，毎事業年度の終了後一定の時期に招集される定時株主総会の決議により，次の定時株主総会までの間の取締役の給与の支給時期及び支給額が定められるのが一般的であることによれば，内国法人がその役員に対してその役員の職務につき所定の時期に確定額を支給する旨の事前の定めに基づいて支給する給与は，特別の事情がない限り，当該役員給与に係る職務執行期間の全期間の当該役員の職務執行の対価として一体的に定められたものであると解することができるのであり，上記役員給与について一の職務執行期間中に複数回にわたる支給がされた場合であっても，直ちには，個々の支給ごとに当該職務執行期間を複数の期間に区分し，各期間の当該役員の職務執行の対価として個別的に定められたものであると解することはできないというべきである。そして，そのことを前提とすると，**内国法人がその役員に対してその役員の職務につき所定の時期に確定額を支給する旨の事前の定めに基づいて支給する給与について一の職務執行期間中に複数回にわたる支給がされた場合であっても，当該役員給与の支給が所轄税務署長に届出がされた事前の定めのとおりにされたか否かは，上記特別の事情がない限り，個々の支給ごとに判定すべきものではなく，当該職務執行期間の全期間を一個の単位として判定すべきものであるとするのが，事前の定めを定めた株主総会の決議の趣旨に客観的に適合し相当であるからである。また，役員給与の支給が所轄税務署長に届出がされた事前の定めのとおりにされたか否かは，当該職務執行期間の全期間を一個の単位として判定すべきものではなく，個々の支給ごとに判定すべきものであるとすれば，事前の定めに複数回にわたる支給を定めておき，その後，個々の支給を事前の定めのとおりにするか否かを選択して損金の額をほしいままに決定し，法人の所得の金額を殊更に少なくすることにより，法人税の課税を回避するなどの弊害が生ずるおそれがないということはできず，課税の公平を害することとなるのであって，上記(1)のとおり，事前確定届出給与の支給については役員給与の支給の恣意性が排除されており，その額を**

損金の額に算入することとしても課税の公平を害することはないことから，**事前確定届出給与の額が損金の額に算入することとされたという事前確定届出給与の趣旨が没却されることとなる。**」（下線強調は筆者）

(4)　分析・検討

　まず，事前確定届出どおりに支給されていない本件夏季賞与については，少なくとも法人税法施行令69条3項（本件当時。以下同じ）で要求されている変更届出要件を満たしておらず，かつ届出額どおりに支給していない以上，損金算入の効果が発生しないのは，やむを得ないことと思われます。

　しかし，当初の事前確定届出どおりに支給した本件冬季賞与について，何ら恣意的操作がないにもかかわらず損金算入を否定することは，All or nothingの過剰な対応であるという印象があります。そこで，東京地裁がいかなる理由により本件冬季賞与について事前確定届出給与該当性を否定したのかにつき，以下，具体的に議論を分析してみましょう。

①　本件冬季賞与につき事前確定届出給与該当性を否定した理由を分析する

　東京地裁は，事前確定届出給与該当性について，まず，役員給与の支給が実際に所轄税務署長に届出がされた**事前の定めのとおりにされることを要する**というべきであると解釈した上で，複数回支給がなされた場合の「事前の定めのとおりにされたこと」該当性については，**職務執行期間の全期間を一個の単位として判定すべきである**と解しています。そして，本件夏季賞与については事前の定めのとおりにされていないことから，**全体として**「事前の定めのとおりにされたこと」には該当せず，よって，本件冬季賞与も事前確定届出給与には該当しないという結論を導いています。

　上記議論のうち，事前確定届出給与該当性を届出された事前の定めのとおりにされることを要する旨の解釈については，とりあえず認めるとして，複数回支給がなされた場合の「**事前の定めのとおりにされたこと**」該当性について以下検討します。

　東京地裁は，「職務執行期間の全期間を一個の単位として判定すべき」と解

釈する理由として，以下の２つを挙げています。

【理由１】 株主総会で決議される役員給与は，対象となる**役員の職務執行期間の全期間の職務執行の対価として一体的に定められている**と解されるので，事前確定届出給与についても，一の職務執行期間中に複数回にわたる支給がされた場合であっても，当該役員給与の支給が所轄税務署長に届出がされた事前の定めのとおりにされたか否かは，特別の事情がない限り，個々の支給ごとに判定すべきものではなく，当該職務執行期間の全期間を一個の単位として判定すべきものであるとするのが，事前の定めを定めた**株主総会の決議の趣旨に客観的に適合し相当である**（図表76参照）。

●●● 図表76　理由１の議論モデル図

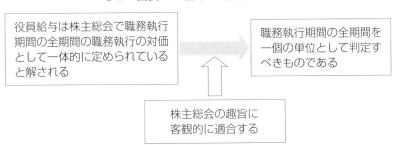

【理由２】 役員給与の支給が所轄税務署長に届出がされた事前の定めのとおりにされたか否かにつき，個々の支給ごとに判定すべきものであるとすれば，事前の定めに複数回にわたる支給を定めておき，その後，個々の支給を事前の定めのとおりにするか否かを選択して損金の額をほしいままに決定し，法人の所得の金額をことさらに少なくすることにより，**法人税の課税を回避するなどの弊害が生ずるおそれがないということはできず**，課税の公平を害することとなるとして，**特別の事情がない限り，個々の支給ごとに判定すべきものではなく，当該職務執行期間の全期間を一個の単位として判定すべきものである**（図表77参照）。

●●● 図表77　理由2の議論モデル図

　139頁でみたとおり、本件の争点は、複数回支給する届出をしたケースにおいて、事前の届出どおりに支給しなかった回がある場合の、届出どおりに支給した役員給与が事前確定届出給与に該当するかという、事前確定届出給与該当性の**条文解釈の問題**です。

　条文解釈のルールは、75頁等で説明したとおり、租税法律主義の観点から、まずは文理解釈をするというものでした。しかし、事前確定届出給与を規定する法人税法34条1項2号は、「その役員の職務につき所定の時期に確定額を支給する旨の定めに基づいて支給する給与」、「政令で定めるところにより納税地の所轄税務署長にその定めの内容に関する届出をしている場合」と規定するのみであり、事前の届出どおりに支給しなかった回がある場合の法的効果を示すような定めは見当たりません。

　また、変更届出を規定する法人税法施行令69条3項においても、直前届出の内容を変更する場合は、変更届出をせよと規定されているのみであって、一定の事由によって減額支給された場合の取扱いを明らかにはしていますが、それ以外の場合については何らの定めもなく、条文の文言だけでは判断することができません。

　そういう事情もあってか、上記の理由1及び理由2からわかるとおり、東京地裁においても文理解釈はなされていません。そして、株主総会の決議の趣旨（1）と課税上の弊害（2）を根拠に解釈がなされています（図表76、図表77）。

　このように、条文上に手掛かりがなく、目的論的解釈に由らざるを得ないような場合には、租税回避のおそれという点が強調されて、実際の弊害のおそれが少ない場合にも過度に課税の方向に解釈される傾向があります。

東京地裁の判断についても，そのような観点から問題点を抽出していきましょう。

② まず，理由1について検討しましょう

東京地裁は，理由1として，株主総会において，職務執行期間の全期間の役員の職務執行の対価として**支給総額が一体的に決定**されているであろうことを前提として，そこから「職務執行期間の全期間を一個の単位として判定すべき」ことを導いています（前掲図表76）。

しかし，理由1は，条文や趣旨との関連について何らの説明もないまま，突然，株主総会を持ち出しており唐突な印象があります。

また，仮に株主総会において，職務執行期間の全期間の役員の職務執行の対価として支給総額が一体的に決定されているとしても，それだけではなく，**各支給時期の支給金額についても同時に決定**されています。そして，それを受けて，事前確定給与の届出書には，職務執行の対価の総額ではなく，各支給時期の支給金額が記載されます。

当該事実を併せて解釈すれば，**「事前の定めのとおりにされたこと」＝「各支給時期の支給金額どおりになされたこと」**と解釈する方が**自然**です。それにもかかわらず，理由1は，**自己が導きたい結論に使えそうな事実**（株主総会において，職務執行期間の全期間の業務執行の対価の総額が決議されること）**のみことさらに取り出し，逆に，別の結論を導く他の事実は捨象**するものであって，結論先にありきの議論であることがわかります（**問題点**）（図表78）。

●●●図表78　理由1の議論の問題点（結論に合う事実だけを取り出して議論）

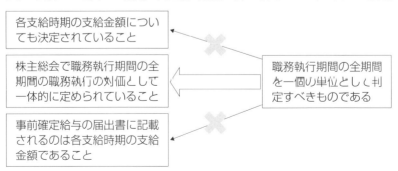

加えて，株主総会における事前確定届出給与の決議内容が，業績が予測どおりであることを前提とした決議であること，実際に一定の事由に該当する場合には法人税法施行令69条3項によって変更できる規定が置かれていること（つまり，事後に変更される可能性があることを前提としていること）をも前提事実とすれば，「事前の定めのとおりにされたこと」該当性は，**個々の支給ごとに判定すべきであると解釈する方がよほど説得的です（反論）**（図表79）。

●●●**図表79　他の事実を付加した場合の「事前の定めのとおりにされたこと」該当性に関する議論モデル図**

③　次に，**理由2について検討します**

　理由2は，複数回の支給において個々の支給日ごとに判定するとした場合，複数回にわたる支給のうちいずれを支給するかの選択をして，法人の所得金額をことさらに減額させることにより，**法人税の課税を回避する弊害が生じるおそれがあり，事前確定届出給与の趣旨を没却する**というものです。

　つまり，個々の支給ごとに判断するとした場合には，法人税課税の回避といった弊害が生じるおそれがあるため，それを阻止するような解釈をすべきであるということです。

　当該主張は，事前確定届出給与の趣旨を没却することを根拠としていますので，まず事前確定届出給与の趣旨について確認しておきましょう。東京地裁は，事前確定届出給与の趣旨について以下のように解しています。

第2章　課税庁特有の思考パターンを理解し，これに反論する！　149

　「事前確定届出給与の額について損金の額に算入することとされたのは，事前確定届出給与が，支給時期及び支給額が株主総会等により事前に確定的に定められ，その事前の定めに基づいて支給する給与（定期同額給与及び利益連動給与を除くものとし，定期給与を支給しない役員に対して支給する給与以外の給与であるものとする。以下同じ。）であり，政令で定めるところにより納税地の所轄税務署長に事前の定めの内容に関する届出がされたものであることからすれば，<u>その支給については上記のような役員給与の支給の恣意性</u>（筆者注：役員給与の額を無制限に損金の額に算入することとすれば，その支給額をほしいままに決定し，役員給与の所得の金額を無制限に損金の額に算入することにより，法人税の課税を回避するなどの弊害が生じるおそれがあり，課税の公平を害することとなること）<u>が排除されており，その額を損金の額に算入することとしても課税の公平を害することはないと判断されるためであると解される</u>」（下線強調は筆者）

　つまり，事前確定届出給与の制度の趣旨は「役員給与の支給の恣意性を排除すること」ということです（図表80）。

●●○図表80　事前確定届出給与制度の趣旨

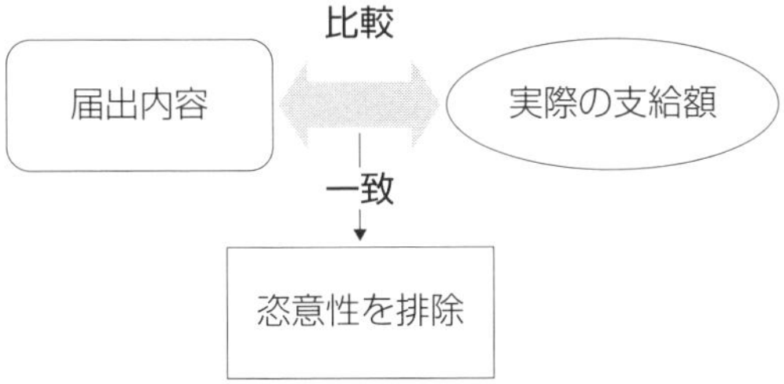

比較

届出内容　⟷　実際の支給額

一致

恣意性を排除

　では，理由2について，問題点を抽出してみましょう。

(a)　問題点——支給日ごとに判断するとした場合に弊害が発生する蓋然性が考慮されていない！

　理由2は，個々の支給日ごとに判定するとした場合，事前に複数回にわたる支給を定めておき，その後，個々の支給を事前の定めのとおりにするか否かを

選択して損金の額をほしいままに決定して、所得金額を恣意的に減額させること（＝**法人税の課税回避**）ができるおそれがあることを前提としています。

しかし、事前の届出どおりに支給されないことの原因には、法人税の課税回避を意図する場合だけでなく、本件のように業績悪化等による場合もあるわけです（図表81）。そして、法人税法施行令69条3項に定める変更事由は非常に限定的に解されているため、東京地裁のように全期間で判断すべきと解すると、租税回避の意図がない場合（つまり、やむを得ない場合）であっても**租税回避と同様に扱われる**といった弊害が生じることになります（図表82）。

●●●図表81　事前の定めどおりに支給されないことの原因

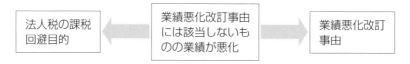

●●●図表82　租税回避の意図がない場合も租税回避と同様に扱われる

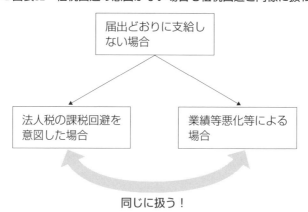

このように、東京地裁の解釈は、法人税の課税回避を意図したケースを防止するがために、それ以外の事由によって減額給付するケースを犠牲にするという考え方を前提にしているということができます。

しかし、東京地裁が想定するようなケース（支給日ごとに支給するか否かを選択して、所得金額をことさらに少なくする意図を有するケース）が発生する

第2章　課税庁特有の思考パターンを理解し，これに反論する！　151

「**おそれ**」が，一体どれほどあるのでしょうか？

このような意図を達成するためには，業績が明らかになった時点で損金算入する金額を調整しうるように設計する必要があるので，比較的少ない金額で多くの支給回数を設定し，支給総額も実際の業績予測を前提とする場合の支給総額よりも多めに設定しておく必要があります。したがって，2回や3回の支給回数では法人課税の回避目的を達成することは困難です（できなくはありませんが，効果的な設計とはいえないでしょう）。

例えば，株主総会決議時に予測している業績を前提とすれば，年に2回支給で総額800万円のところ，予測よりも業績が良い場合に備え，年5回で支給総額2,000万円の枠を設定して事前に届出をし，業績の状況に応じて800万円よりも高く支給することを企図するようなケース（**ケース1**）がこれに該当します。

ケース1においては，その支給時点の業績等に応じて，2回目，4回目は支給せず，1回目，3回目及び5回目を支給して全体で1,200万円を支給することで，株主総会決議における当初の想定よりも400万円相当の所得を圧縮することができることになります（図表83参照）。

●●○○図表83　東京地裁が想定していると思われるケース

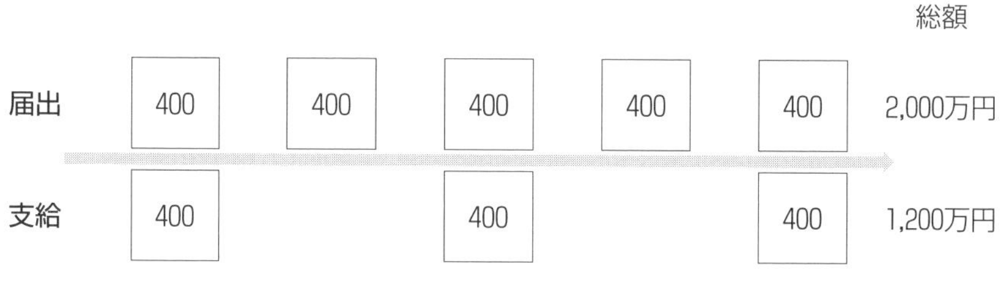

						総額
届出	400	400	400	400	400	2,000万円
支給	400		400		400	1,200万円

しかし，通常，賞与として支払われる役員給与は年に2回（冬季賞与と夏季賞与）であり，決算賞与も支給される場合があるとしてもせいぜい3回です。本裁判例の事案も2回でした。

また，東京地裁の判示においても，「事前の定めに複数回にわたる支給を定めておき，その後，個々の支給を事前の定めのとおりにするか否かを選択して損金の額をほしいままに決定し，法人の所得の金額をことさらに少なくすることにより，法人税の課税を回避するなどの弊害が生ずる**おそれがないというこ**

とはできず」（下線強調は筆者）として，発生の蓋然性が低いことを暗に認めるような表現をしています。

　このように，仮に，支給日ごとに判定すると解釈した場合には，東京地裁が想定するように租税回避に利用されることがあり得るとしても，その蓋然性は低いはずです。そして，蓋然性が低い，つまり，例外的な場合にすぎないのであれば，例外的な場合を「特別の事情」として特別に扱えば足りるはずです。

　以上からわかることは，理由2は**原則と例外を逆転させた議論**であるということです。

　また，東京地裁が解釈するように全体として判断するとしても，以下のケースにおける法人税課税の回避を阻止することはできません。

　先に挙げたケース1において，各支給日に個々に判断して支給を決定した結果，業績が良かったため，5回すべての支給日に届出どおりの支給をしたケースについて考えてみましょう（**図表84**）。この場合には，法人税課税回避の意図があり，その意図どおりに1,200万円（＝2,000万円－800万円）相当の所得を圧縮することで法人税の課税を回避できたわけです。しかし，すべての支給は，事前の届出どおりである以上，全体として判断するとしても，事前確定届出給与該当性は否定されません。

　つまり，事前確定届出給与該当性について全体として判断するとしても，このような租税回避のケースについては阻止し得ないということです。そして，このような租税回避の事案では事前確定届出給与該当性を認めることになりながら，本裁判例の事案のように，業績悪化によって2回中1回が届出どおりに支給されないことを理由としてすべての事前確定届出給与該当性を否定することになるのは，結論のバランスを欠きます。

●●○○図表84　5回ともすべて事前届出どおりの支給がなされたケース

総額

| 届出 | 400 | 400 | 400 | 400 | 400 | 2,000万円 |
| 支給 | 400 | 400 | 400 | 400 | 400 | 2,000万円 |

以上のように，理由 2 は，例外的なケースを引き合いに出して，その弊害をことさらに強調し，支給日ごとの判定を否定する議論であることがわかります。このタイプの議論は，「論点歪曲の詭弁」に該当します。

足立幸男著の『議論の論理　民主主義と議論』においては，以下のように，極端なコントラストを用いたり，ある一点のみを強調したりすることによって，論点の真の姿をゆがめる議論は，論点歪曲の一類型としての詭弁であると説明されています[62]。

　論点歪曲の第 3 は，極端なコントラストを用いたり，ある一点のみを強調することによって，論点の真の姿をゆがめるソフィストリーである。灰色は，黒の隣に置かれれば白っぽく，その反対に，白と並べられるとあたかも黒のように見える。それと同じように，あるもの，ある事柄は，極端な例と対比されたり，ある一面のみがことさら強調されると，そのものが実際そうである以上にそうであるかのように印象づけられたり，実際以下に印象づけられたりする。たとえば，「日本は次年度の軍事予算をどの程度増額すべきか」が論点となっている時，少なくとも前年度より 10％増額すべきであるという意見の持ち主は，帝国軍隊当時の日本や，アメリカ，ソ連などの超軍事大国の例をもち出すことによって，自説を実際以上に控え目で筋の通ったものであるかのように印象づけることができる。その逆に，軍事予算をむしろ大幅カットすべきと考える論者は，東南アジア諸国の指導者が日本の軍事力に対しすでにして脅威を感じていると発言したこと，その一点のみを強調することによって，自説に実際以上の信憑性を与えることができるであろう。

それでは，理由 2 にはこのような問題点があることを踏まえ，反論してみましょう。

(b)　反論 1 ——職務執行期間の全体で判断するとの解釈を採らずとも，東京地裁が想定するようなケースを阻止しうる！

東京地裁が解釈したような職務執行期間の全体で判断するという解釈を採らずとも，以下のように**支給の外形から支給の恣意性を推認するという判断枠組み**を採れば，東京地裁が想定するような法人課税回避のケースは，相当程度阻

62　足立幸男・前掲（注 8）215頁

止することができます。

先にみたケース1を例としてみてみましょう。

ケース1は、1回目は事前の届出どおり支給しているのですから、1回目の支給時点では、外形的に恣意性を排除することができます。しかし、2回目においては事前の届出どおりに支給していないので、2回目の支給時点では外形上恣意性なしとはいえません。したがって、**2回目の支給時点で支給の恣意性が発生したことが推認**され、これについて事前確定届出給与該当性を認めると事前確定届出給与の趣旨が没却されることになるため、2回目以降の支給すべてについて事前確定届出給与該当性を否定することになります（図表85）。

つまり、全体として判断するわけではなく、個々の支給時点で支給の外形から恣意性の有無を判断し、恣意性ありと推認された以降の支給について事前確定届出給与該当性を否定するという考え方です。

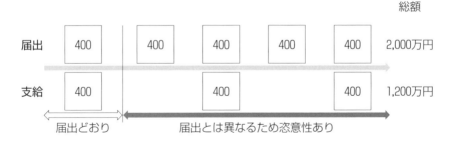

●●●● 図表85　支給の外形から支給の恣意性を推認するという判断枠組み

このように、職務執行期間の全体で判断するか、個々の支給ごとに判断するかの二分法ではなく、第三の解釈を持ち出すことで反論することができます。

(c) **反論2——租税回避のケースと業績悪化等による減額支給のケースとを同じに扱うことは、課税の上で異なるものを同じに扱うことになり、「課税の公平」を害する！**

すでに説明したとおり、事前の届出どおりに支給されない場合には、法人税の課税回避を意図した場合だけでなく、本件のように業績悪化等による場合もあります。そして、法人税法施行令69条3項に定める変更事由は非常に限定的

に解されているため，東京地裁のように全期間で判断すべきと解すると，法人税の課税回避の意図がない場合であっても租税回避と同様に扱われるといった弊害が生じることになります。

このような帰結は，課税の上で同じ状況にあるものは同じように，異なる状況にあることは異なるように取り扱われるべきであるとする「**課税の公平**」を**害することになります**。

この点，東京地裁も，法人税の課税回避の弊害が生じることを強調して，「課税の公平」を害すると判示していますが，例外的な租税回避のケースを想定して，例外的なケースをも回避することを重視したものであり，実質的には**形式的・画一的な取扱いによる課税上の便宜を保護法益として重視している**といえます（図表86）。

●● 図表86　東京地裁の解釈における保護法益

しかし，条文の解釈においては，保護法益の調和が必要であり，かつ，憲法14条1項を根拠とする「課税の公平」は「課税上の便宜」よりも優先されるべき法益です（当たり馬券の最高裁平成27年3月10日判決においても，「画一的な課税事務の便宜等をもって一時所得に当たるか雑所得に当たるかを決するのは相当でない」と判示していたことを思い出しましょう）。このように，東京地裁の解釈は，「課税上の便宜」という保護法益を優先し，「課税の公平」という保護法益を犠牲にしているといえます。

(5) 本紛争類型における問題点抽出と反論のポイント

①　偏った事実を前提として議論される傾向がある

本紛争類型の場合，条文の文言に積極的な手掛かりがないことから，条文解

釈をする場合も決め手に欠けます。

そのため，東京地裁平成24年10月9日判決のように，ある解釈を主張する場合，その解釈に都合の良い事実のみを取り上げて前提とするような議論がなされる傾向があります。

そこで，当該議論に対しては，それが前提としている事実等に着目し，その他に重要な事実等がないかを探してみるべきでしょう。

②　制度趣旨に反するケースをことさらに強調する

本紛争類型の場合，条文の文言に積極的な手掛かりがないため，制度趣旨に反することを理由とする議論をせざるを得ないことになります。

その場合，ことさらに制度趣旨に反する極端なケースを取り上げて議論する場合が少なくありません。東京地裁平成24年10月9日判決において，複数回の支給期限が設定された場合に法人課税の回避という弊害が生じることを理由にしていたのが，これに当たります。

このような議論がなされている場合には，制度趣旨に反することになるとするケースの発生蓋然性に着目しましょう。

③　All or nothingの思考パターンを基礎としているため，形式的・画一的な取扱いの必要性を強調する傾向がある

本紛争類型では，2分法（「あれか，これか」＝All or nothingの思考パターン）に基づいて議論がなされるため，事案の特殊性は捨象されることから，課税上の弊害が生じるおそれがあります。東京地裁平成24年10月9日判決の場合でいえば，業績悪化が理由の場合であっても法人課税回避と同じように扱われるという弊害がこれに該当します。

そして，このような弊害の発生を正当化するため，「画一的な課税事務の便宜」といった保護法益が強調されることが少なくありません。

そこで，このような議論がなされている場合には，他の保護法益を持ち出して反論すべきでしょう。例えば，課税の上で異なるものは異なるように扱われるべきであるとする「課税の公平」に反するというのも1つの手です。

第2章　課税庁特有の思考パターンを理解し，これに反論する！　157

5 ▎ 通達を拡大解釈または縮小解釈することにより紛争となるケース

　財産評価は，課税実務上，財産評価基本通達（以下「評価通達」といいます）に基づいて評価されることとなっていますが，評価通達では通常，対象となる例や対象とならない例が示されているだけで，通達の規定を適用するための判断基準や，通達の妥当性を裏付ける情報等が開示されていません。

　その結果，課税実務においては，対象となる例を縮小解釈することによって適用を否定したり（評価が減額されることとなる規定の場合），対象外である例示を拡大解釈することによって適用対象としたり（評価が増額されることになる規定の場合）する場合があります。

　ここで取り上げる最高裁平成29年2月28日判決・判タ1436号79頁の事例は，土地の評価に関し，実際に第三者が通行する通路であるにもかかわらず，法的な制限がないことを理由に評価通達24の適用を排斥したものですが，これも評価通達を縮小解釈することによって紛争となった例です。

　そこで，以下，最高裁平成29年2月28日判決において，評価通達24を縮小解釈した議論の問題点を抽出し，これに対して反論を試みます。なお，課税庁が，評価通達24の適用対象が法的制限がある場合に限ると主張する理由は，判決文では必ずしも明らかではないので，課税庁の主張に代えて，同様の結論を導いた東京地裁（東京地裁平成27年7月16日判決・裁判所ウェブサイト）の判断を検討の対象とします。

(1)　事案の概要

　本件は，賃貸の用に供している共同住宅が建築されている敷地の一部であって，公道と並行部分の歩道になっている部分の土地（以下「本件各歩道状空地」といいます）の評価が問題となった事案です。

　共同相続人である納税者が，本件各歩道状空地につき，評価通達24に定める「私道の用に供されている宅地」に該当するものとして貸家建付地としての評価額の30％に相当する価額で評価したところ，課税庁は貸家建付地として評価

すべきであるとして，増額更正処分をしました。

本件各歩道状空地に関する事実関係は，以下のとおりです（位置関係については，図表87参照）。

- 幅員2mの歩道になっている。
- 通路部分には，インターロッキング舗装（コンクリートをお互いがかみ合うような形にし，レンガ調に組み合わせた舗装）がされている。
- 近隣の小学校の通学路として指定されている。
- 被相続人が共同住宅を建築するに際して，市に対して都市計画法に基づく開発行為の申請を行ったところ，市の開発許可指導要領において幅員2mの歩道の整備が必要であるとされていたことから，幅員2m以上の歩道の整備を求められた。そこで，被相続人は，当該市の指導に基づき，本件各歩道状空地を設置した。
- 建築制限及び道路法の制限はなく，相続人が共同住宅から居住用宅地に転用する場合には，通路は不要となる。

●●●●図表87　本件各歩道状空地の状況

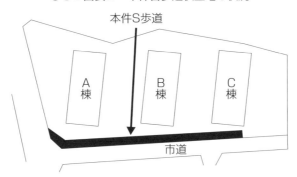

（出典：品川芳宣「評価通達に定める『私道』の該非と評価額」『税研』195号92頁）

(2) 争　点

本件の争点は，本件各歩道状空地は，評価通達24に定める「私道の用に供されている宅地」に該当するか否かです。

評価通達24の解説には，「私道の用に供されている宅地」の「私道」につい

第2章　課税庁特有の思考パターンを理解し，これに反論する！　159

て，不特定多数の者の通行の用に供されている私道と，袋小路のようにもっぱら特定の者の通行の用に供されている私道とに分け，それぞれについて評価減の程度が異なる理由（前者は100％減，後者は70％減）が説明されています。また，専ら所有者の通路とされているような場合には「私道」としての評価を行わないとも説明されています。

しかし，そもそも評価通達24でいうところの**「私道」**が何であるかについては，説明がありません。したがって，いくら評価通達の説明をこねくりまわしてみても，「私道」が何かを明らかにすることはできないということです。

参考

【評価通達24】

（私道の用に供されている宅地の評価）

　私道の用に供されている宅地の価額は，11《評価の方式》から21－2《倍率方式による評価》までの定めにより計算した100分の30に相当する価額によって評価する。この場合において，その私道が不特定多数の者の通行の用に供されているときは，その私道の価額は評価しない。

---

(3)　東京地裁の判断

　「(1)　以上の認定事実を前提として，本件各歩道状空地が評価通達24の適用される私道供用宅地に該当するか否かを検討する。

　この点，評価通達24は，私道供用宅地の価額は，自用地の価額の100分の30に相当する価額によって評価する旨及びこの場合において，その私道が不特定多数の者の通行の用に供されているときは，その私道の価額は評価しない旨を定めているが，ここにいう『私道』がいかなるものかについて，同通達上は明記されていない。

　そこで検討すると，私人が所有する道という広い意味で私道を捉えた場合，その中には，例えば，複数の建物敷地のいわゆる接道義務を満たすために当該各敷地所有者が共有する道であって建築基準法上の道路とされているものもあるであろうし，他方において，宅地の所有者が事実上その宅

地の一部を通路として一般の通行の用に供しているものもあり得るところ
である。このうち，前者は，これに隣接する各敷地の所有者が，それぞれ
その接道義務を果たすために不可欠のものであるから，個別の敷地所有者
（すなわち私道の一共有者）の意思により，これを私道以外の用途に用い
ることには困難を伴うといえるし，また，道路内の建築制限（建築基準法
44条）や私道の変更等の制限（同法45条）も適用されるのであって，その
利用には制約があるものである。これに対し，後者は，宅地の所有者が宅
地の使用方法の選択肢の一つとして任意にその宅地の一部を通路としてい
るにすぎず，特段の事情のない限り，通路としての使用を継続するか否か
は当該所有者の意思に委ねられているのであって，その利用に制約がある
わけではない。

　このような違いを宅地の価額の評価という観点からみた場合，前者につ
いては，上記のような制約がある以上，評価通達24が定めるように，所定
の方法により計算された価額の30％で評価することとし，それが不特定多
数の者の通行の用に供されているためにより大きい制約を受ける状況にあ
るといえるときにはその価額を評価しないとすることには，合理性がある
ものということができる。しかしながら，後者については，そもそもかか
る制約がなく，特段の事情がない限り，私道を廃止して通常の宅地として
利用することも所有者の意思によって可能である以上，これを通常の宅地
と同様に評価するのがむしろ合理的というべきである。そうすると，評価
通達24にいう『私道』とは，その利用に上記のような制約があるものを指
すと解するのが相当である。

　この点，評価通達24を解説した文献（乙28）においては，同通達の定め
につき，次のような解説がされているが，これは上記検討と基本的に同様
の考えに出たものであり，既に述べた前者の場合に類するものとしてア及
びイが，後者の場合に類するものとしてウが例に挙げられているものと解
される。

　ア　私道のうち不特定多数の者の通行の用に供されているものについて
は，①当該私道について第三者が通行することを容認しなければならず，
②私道内建築の制限により，通行を妨害する行為が禁止され，③私道の廃

第2章　課税庁特有の思考パターンを理解し，これに反論する！　161

止又は変更が制限されること等の制限があり，取引実態からみても，かかる場合には私道の原価を100％としている事例が多いことなどから，私道の価額を評価しないこととしたものである。

　イ　専ら特定の者の通行の用に供されているものは，その使用収益にある程度の制約はあるものの，所有者の意思に基づく処分の可能性が残されていることなどから，所定の方法により計算した価額の30％の相当額によって評価すること（ママ）したものである。

　ウ　敷地の所有者が当該敷地の一部を公道に通じる通路としてのみ使用している場合には，当該通路部分は自用地としての評価を行い，私道としての評価は行わない。

　(2)　そこで，本件各歩道状空地が評価通達24の適用される私道共用宅地に該当するか否かを検討する。

　まず，本件各土地は，いずれも公道に接しているのであり，本件各歩道状空地は，接道義務を果たすために設けられたものではない。**したがって，本件各歩道状空地の利用について，私道としての建築基準法上の利用制限が課されることになるわけではない**。

　本件各歩道状空地が設けられたのは，相模原市や大和市から，要綱等に基づき歩道部分を設けるように指導されたことによるものであるが，かかる指導がされることとなったのは，本件被相続人が，本件各土地上に，それぞれ共同住宅を建築するべく，都市計画法に基づく開発行為を行うこととしたためである。すなわち，本件各土地の利用方法として様々な選択肢があり得る中で，本件被相続人は，上記開発行為をすることを選択したのであって，その結果，上記指導を受けて，本件各歩道状空地を設けることとなったものであるところ，**かかる指導によって本件各歩道状空地を設けることを事実上やむなくされたことをもって仮に制約と評価する余地があるとしても，かかる制約は，それを受け入れつつ開発行為を行うのが本件各土地の利用形態として適切であると考えた上での選択の結果生じたものということができる**。しかも，本件各土地は，本件被相続人が所有し，原告らが相続したものであり，その利用形態は同人らが決定し得るものであって，**同人らが，その意思により，本件各土地の利用形態を変更すれば，**

上記のような制約を受けることもなくなるのであるから，**通常の宅地と同様に利用することができる潜在的可能性とそれに相応する価値を有しているといえる**。また，制約の態様についてみると，本件各土地においては，歩道としての供用が求められているにすぎないし，しかも，本件各歩道状空地も含めて建物敷地の一部として建ぺい率等が算定されているのであって，つまるところ，同部分は，所定の容積率の建物を建築し得るための建物敷地としての役割をも果たしており，それに相応する価値を現に有していると考えられるところである。

　この点，前記(1)で見た，複数の建物敷地の接道義務を満たすために当該各敷地所有者が共有する私道の例などでは，個別の建物敷地所有者が当該敷地の利用形態をどのように選択しようと，当該私道を私道以外の用途に用いることは困難というべきであるし，また，私道部分と建物敷地部分は区別されており，前者を建ぺい率等算定のための建物敷地として用いることもできない（建築基準法施行令２条１項１号参照）。

　以上のような事情に照らすと，評価通達24が想定している私道に課せられた制約の程度と，本件各歩道状空地に課されている上記の制約の程度は，大きく異なるものといわざるを得ないのであり，前記(1)で検討したところをも勘案すると，後者の程度の制約しかない本件各歩道状空地をもって，評価通達24の適用される私道供用宅地に該当するということはできないものというべきである。

（中略）

　(3)　原告らは，本件各歩道状空地は，近隣の小学校の通学路として指定されており，私道としての負担を強いられているなどと主張する。しかし，乙40ないし43によれば，上記通学路としての指定は，本件相模原歩道状空地については相模原市立ａ小学校により，本件大和歩道状空地については大和市立ｂ小学校ないし大和市教育委員会によってされるものであるが，**いずれについても，通学路の指定に当該歩道状空地ないし私道の廃止又は変更を規制する権限はなく**，仮に通学路として使用することができなくなった場合には，隣接する道路や迂回できる道路などを新たに通学路として指定することになるというものであることが認められ，評価通達24が想

定するほどの制約が課せられているとはいえない。」（下線強調は筆者）

⑷　東京地裁の判断を分析する

　上記判示より，東京地裁は，評価通達24の適用対象となる「私道」が，いかなるものであるか通達上明らかではないことを認めた上で，評価通達24の対象となる「私道」とは建築基準法上の道路のような法的制限がある場合であると解釈をしたことがわかります。そして，本件各歩道状空地は事実上の制約はあるにしても，建築基準法上の制約はなく，また，相続人の意思により転用可能であることを理由として，「私道」に該当しないと判断しました。

　東京地裁における議論の**「肝」**は，**建築基準法等の法的制限がある場合のみ「私道」として評価する**という点にあります。

　それでは，どのような理由によって，建築基準法等の法的制限がある場合のみが評価通達24の「私道」に当たると解釈したのでしょうか？

　では，東京地裁における議論を具体的に分析していきましょう。議論の流れをまとめると，以下のようになります。

　まず，一般的な意味の私道の**「例」**として，①建築基準法上の道路とされているものや，②宅地の所有者が事実上その宅地の一部を通路として一般の通行の用に供しているものがあるとした上で，①については，私道以外の用途に用いることは困難であり，かつ，その利用には建築基準法上の制約があるが，②については，所有者の意思により用途の変更が可能であり，利用に制約はないと評価します。

　その結果，①は，建築基準法等の制約があるがゆえに，減価することが妥当であるが，②については，建築基準法の制約はなく，所有者の意思で宅地として使用可能であるため減価は不要である，だから，評価通達24にいう「私道」とは，①のような制約がある場合を指すものと解される，という流れになっています（図表88参照）。

　しかし，何だか騙されているような気がしませんか？

　そこで，上記議論の流れに着目して，以下で，問題点を抽出します。

●●○○ 図表88　東京地裁の議論の流れ

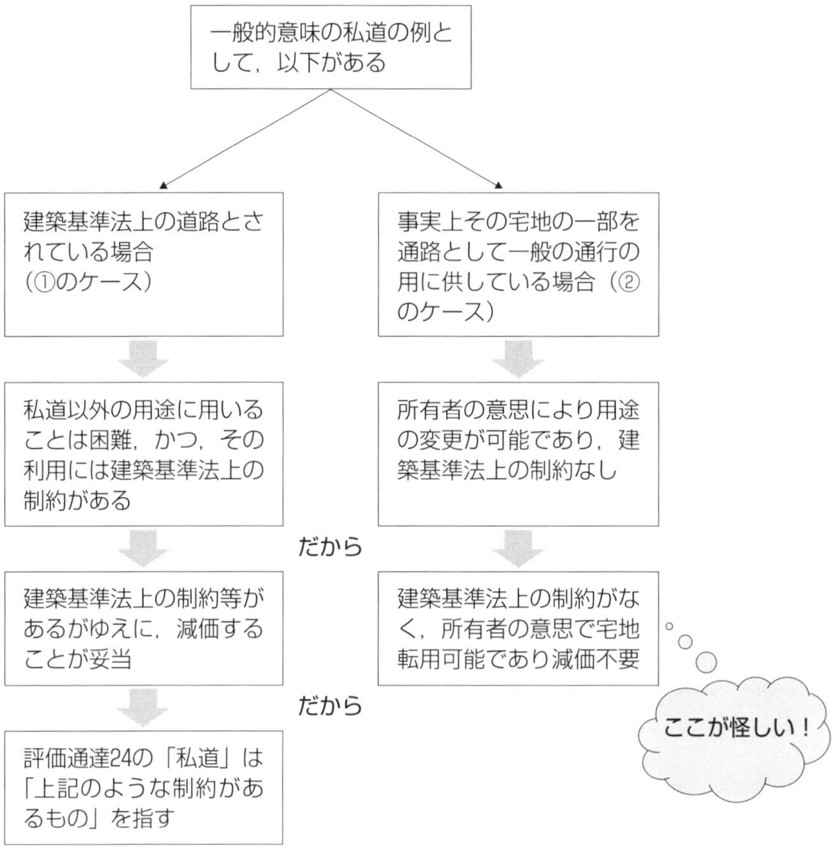

```
          ┌─────────────────────┐
          │ 一般的意味の私道の例と │
          │ して，以下がある      │
          └─────────────────────┘
           ╱                      ╲
┌─────────────────────┐   ┌─────────────────────┐
│ 建築基準法上の道路とさ │   │ 事実上その宅地の一部を │
│ れている場合          │   │ 通路として一般の通行の │
│ （①のケース）        │   │ 用に供している場合（② │
│                      │   │ のケース）            │
└─────────────────────┘   └─────────────────────┘
           ↓                        ↓
┌─────────────────────┐   ┌─────────────────────┐
│ 私道以外の用途に用いる │   │ 所有者の意思により用途 │
│ ことは困難，かつ，その │   │ の変更が可能であり，建 │
│ 利用には建築基準法上の │   │ 築基準法上の制約なし   │
│ 制約がある           │   │                      │
└─────────────────────┘   └─────────────────────┘
           ↓      だから          ↓
┌─────────────────────┐   ┌─────────────────────┐
│ 建築基準法上の制約等が │   │ 建築基準法上の制約がな │
│ あるがゆえに，減価する │   │ く，所有者の意思で宅地 │
│ ことが妥当           │   │ 転用可能であり減価不要 │
└─────────────────────┘   └─────────────────────┘
           ↓      だから
┌─────────────────────┐           ここが怪しい！
│ 評価通達24の「私道」は │
│ 「上記のような制約があ │
│ るもの」を指す        │
└─────────────────────┘
```

①　問題点１——東京地裁の議論には重大な論理上の誤りがある！

　上記の分析からわかるように，東京地裁の議論は，(a)「建築基準法等の制約がある場合は，その制限ゆえに減価することが相当である」し，(b)「建築基準法等の制約がない場合は，その制限がないゆえに減価しないことが相当である」，よって(c)「評価通達24の『私道』とは，建築基準法等の制約がある場合に限る」，という論理構造になっています。

　一見，この論理構造は正しいかのようにも思われます。しかし，以下のとおり**重大な論理上の誤り**を犯しています。

まず，上記議論は(a)で，「建築基準法等の制約があるならば，減価することが相当である」という推論（「PならばQである」という条件法による推論）をしています。法令上の制約があるために宅地としての使用収益ができない以上，減価して評価すべきであることは当然であり，当該推論については問題ないでしょう。

次に，(b)において，「建築基準法等の制約がないならば，減価しないことが相当である」という推論がなされています。しかし，(b)にはこれを根拠付ける理由がありません。おそらく，(a)の「PならばQ」が成り立つということを根拠にしているものと思われます（仮に，そうでない場合は「根拠」のない議論となり，それ自体不当です）。

この点，(b)の推論は，(a)の**「裏」**（「PでないならばQでない」）に該当することが見て取れます。しかし，16頁で説明したとおり，条件文「PならばQ」が成り立ったとしてもその「裏」である「PでないならばQでない」は成り立ちません（「Pではないが，Qであるケースが存在する」図表89）。

このように，(b)の議論は，**論理上の誤りを犯している**ことがわかります。

●●●　図表89　「PならばQ」のベン図

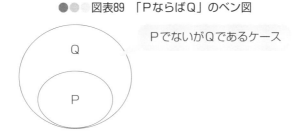

以上は，推論の妥当性を条件法の観点から分析したものですが，実質的にみても(b)の推論がおかしいことがわかります。というのも，**ここで解釈すべきことの本質は，「建築基準法等の制約がある場合だけ減価すべきか否か？」**であるにもかかわらず，(b)を導く前提としてすでに「建築基準法等の制約がある場合だけ減価すべきである」という解釈を用いているからです（図表90）。

このような議論は，46頁で説明した**「論点先取り」**です。

166

●●● 図表90　論点先取り

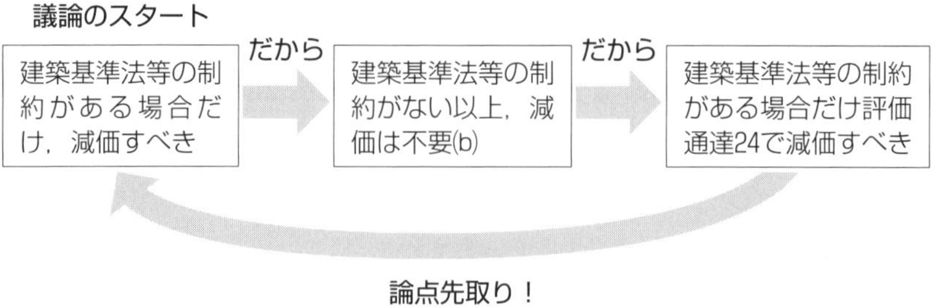

議論のスタート

| 建築基準法等の制約がある場合だけ，減価すべき | だから | 建築基準法等の制約がない以上，減価は不要(b) | だから | 建築基準法等の制約がある場合だけ評価通達24で減価すべき |

論点先取り！

　このように，いずれにせよ，東京地裁の議論は論理的に不当であることがわかります。

② **問題点2──建築基準法等の制約がある場合のみ減価すべきであるとの解釈は，評価通達24の趣旨とも齟齬する！**

　問題点1で指摘した論理上の誤りだけでなく，建築基準法等の制約がある場合のみ減価すべきであるとの解釈には，以下の問題点もあります。

　東京地裁の議論は，「私人が所有する道という広い意味での私道」の例からスタートしているので，最終的に評価通達24の「私道」が「私人が所有する道という広い意味での私道」のうち，建築基準法等の制約がある場合に限るとの解釈にもっていくためには，そのように解釈する理由・根拠等が評価通達24の規定や趣旨等に沿っている必要があります。

　実際に，東京地裁の議論においても，評価通達24の解説において説明されている「私道」の類型と，「広い意味での私道」の類型とを結びつけるような判示がなされています。具体的には，「この点，評価通達24を解説した文献（乙28）においては，同通達の定めにつき，次のような解説がされているが，これは上記検討と基本的に同様の考えに出たものであり，既に述べた前者の場合に類するものとしてア及びイが，後者の場合に類するものとしてウが例に挙げられているものと解される。」との判示部分がこれに該当します（**図表91**）。

　なお，ここでいう「前者」・「後者」とは，文脈から，建築基準法等の制約がある場合を「前者」，建築基準法等の制約がない場合を「後者」と呼んでいる

ことがわかります。

●●○○図表91　東京地裁判決における私道の類型と評価通達24の類型との関係

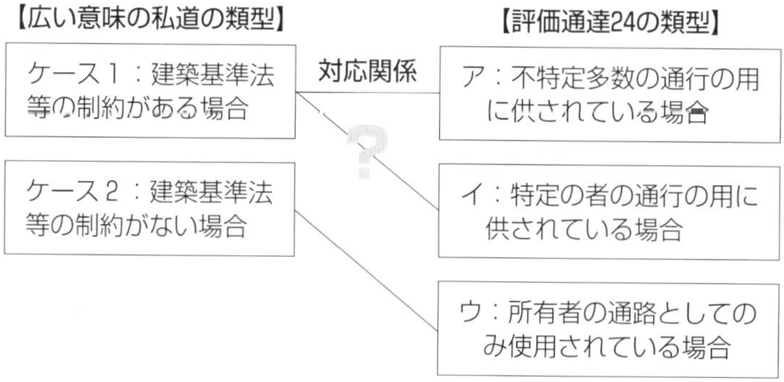

【広い意味の私道の類型】　　　　　　【評価通達24の類型】

ケース1：建築基準法等の制約がある場合	対応関係	ア：不特定多数の通行の用に供されている場合

ケース2：建築基準法等の制約がない場合		イ：特定の者の通行の用に供されている場合

		ウ：所有者の通路としてのみ使用されている場合

　しかし，以下のとおり，**評価通達24の類型イは所有者の意思に基づく処分の可能性が残されている類型であり，所有者の意思に基づく処分の可能性がない建築基準法等の制約があるケース1には対応しません。**

　この点について説明します。まず，評価通達24は，私道の用に供されている土地につき，ア：不特定多数の者の通行の用に供されているときは価額を評価せず，イ：特定の者の通行の用に供されている場合には30％に相当する額で評価する旨を定め，評価通達24の解説において，ウ：宅地の所有者の通路としてのみ使用されている場合には100％に相当する額で評価する（つまり，私道としての減価なし）と説明されています。そして，それぞれ上記のように評価する理由として，アの場合には以下のような一定の利用制限があるため，イについては現在その使用収益にある程度の制約はあるものの，**私有物として所有者の意思に基づく処分の可能性が残されているため**である，と説明されています[63]。

【アの場合の　定の利用制限】
(a)　道路としての用法に応じて利用されることになり，第三者が通行することを容認しなければならないこと

63　肥後治樹編『平成22年版財産評価基本通達逐条解説』126頁及び127頁（大蔵財務協会・2010年）

(b) 道路内建築の制限により，通行を妨害する行為が禁止されること
(c) 私道の廃止または変更が制限されること

　このうち，(b)は建築基準法44条に基づく制限，(c)は建築基準法45条に基づく制限のことを指しているものと思われます。とすると，東京地裁判決でいうケース1（建築基準法上の制約がある場合）は，評価通達24のアの類型（つまり，上記(b)及び(c)の建築基準法上の制約がある場合）のみに対応することは明らかです。

　一方，評価通達24のイの類型は，評価通達24の解説によれば「私有物として所有者の意思によって私道を廃止することができる場合」のはずですから，建築基準法等の制約があるケース1ではなく，所有者の意思によって私道を廃止することのできるケース2に対応するはずです（図表92参照）。

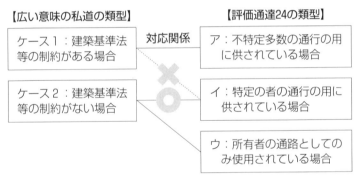

●●● 図表92　建築基準法等の制約の有無と評価通達24の類型との正しい関係

　とすると，評価通達24は，建築基準法等の制約がない場合であっても，現状の使用収益にある程度の制約がある場合には減価すべきであることを前提としていることになります（つまり，ケース2の場合であっても，評価通達24で減価すべき場合があるということです）。

　このように，評価通達24の「私道」がケース1のみを指すとの東京地裁の解釈は，評価通達24の趣旨と齟齬することは明らかです。

③ 問題点3――財産評価は「経済的価値」の測定の問題であり、「法的制限」に限られるはずがない！

また、そもそも相続税法22条の「時価」は「**客観的交換価値**」ですから、「時価」の評価に関する問題は、財産の「**経済的価値**」の測定に関する問題のはずです。したがって、「経済的価値」に影響を与える事情は、法的事情に限られないことは、常識的に考えても理解できるところでしょう[64]（図表93）。

●●○ 図表93　法的事情は経済的価値に影響を与える事情の一要素

例えば、ある人が貸金債権を持っていたとして、その弁済期限が到来しているにもかかわらず、弁済されないとします。この場合でも、貸金債権は法的に存在し、法律上、民事訴訟によって債務者に支払請求できます。したがって、法的には100％の財産権を有しているということになります。しかし、債務者に支払能力がなければ、民事訴訟を提起して勝訴したとしても回収することはできず、当該貸金債権には元本額に相当する経済的価値はありません。つまり、法的な価値はあったとしても、経済的価値はないということです。

以上より、東京地裁が、専ら建築基準法等の制約のみに着目し、その他の事情を考慮していない点に問題があることがわかります。

一般に、法的な視点からの議論は、事実上の視点や経済的な視点からの議論よりも限定されるため、要件該当性を狭く解釈するために、法的観点に限定した議論がなされることが少なくありません。

例えば、133頁以降で検討した長崎年金二重課税事件における課税庁の主張（＝福岡高裁の判断）も、本来、非課税所得該当性は「経済的利益」の同一性

---

[64] 評価通達1(3)においても、「財産の評価に当たっては、その財産の価額に影響を及ぼすべきすべての事情を考慮する。」と規定されています。

の問題であるにもかかわらず，「法的」同一性に限定した議論がなされていましたが，これもその一例です。

　また，筆者が訴訟代理人を務めた，水路がある土地の評価が争点となった税務訴訟（東京地裁平成27年6月25日判決・ウエストロー・ジャパン）においても，課税庁は本件と同様に，根拠もなく法的制限がある場合に限る旨の主張をしました。

　参考までに説明しますと，水路がある土地の評価について，課税庁は大蔵財務協会発行による『平成24年版土地評価の実務』の中で，「〈質疑〉河川を隔てて道路がある宅地の評価」と記載されている部分の頁を証拠として提出し，そこには「橋が架設されていない場合には，上記の評価を行った後に通路に相当する部分の価額を控除しますが，その価額は接道義務を満たす最低限の幅の架設費用相当額（筆者注：括弧内省略）とします[65]」と記載されていました。そこで，納税者側は，当該証拠に基づいて，争点となっている評価対象地の評価については，別途，橋の架設費用を控除すべきであると主張したところ，課税庁は，何らの根拠も示すことなく，評価対象地には，水路上に橋を架ける法律上の義務がないため，架設費用相当額を控除できないなどと主張しました。しかし，上記のように，架設費用相当額を控除するための要件は，「橋が架設されていない場合」としか記載されていないわけですし，すでに橋が架けられている土地と橋が架けられていない土地とでは経済的価値が異なることは常識的に明らかです。

　上記事案においても，課税庁は「法律上の義務」に制限し，適用範囲を狭くするといった手法を用いたというわけです[66]。

　このように，議論の対象を（理由なく）法的観点に制限する手法は，適用要件を狭く解するための，「**常套手段**」といえるでしょう。

⑸　最高裁の判断をみてみよう！

　以上のように，東京地裁の判断には多くの問題点があることがわかりました。

65　長谷川昭男編『平成24年版土地評価の実務』154頁（大蔵財務協会・2012年）

66　なお，裁判所も，法律上の義務がある場合に限ることを「暗黙の前提」として，架橋費用の控除を否定しました。

第2章　課税庁特有の思考パターンを理解し，これに反論する！　171

　そこで，東京地裁の判断[67]を否定した最高裁の判決を検討して，いかなる点に問題ありとしたかについて確認しましょう。

　「(1)　相続税法22条は，相続により取得した財産の価額は，当該財産の取得の時における時価による旨を定めているところ，ここにいう時価とは，課税時期である被相続人の死亡時における当該財産の客観的交換価値をいうものと解される。そして，私道の用に供されている宅地については，それが第三者の通行の用に供され，所有者が自己の意思によって自由に使用，収益又は処分をすることに制約が存在することにより，その客観的交換価値が低下する場合に，そのような制約のない宅地と比較して，相続税に係る財産の評価において減額されるべきものということができる。

　そうすると，相続税に係る財産の評価において，私道の用に供されている宅地につき客観的交換価値が低下するものとして減額されるべき場合を，建築基準法等の法令によって建築制限や私道の変更等の制限などの制約が課されている場合に限定する理由はなく，**そのような宅地の相続税に係る財産の評価における減額の要否及び程度は，私道としての利用に関する建築基準法等の法令上の制約の有無のみならず，当該宅地の位置関係，形状等や道路としての利用状況，これらを踏まえた道路以外の用途への転用の難易等に照らし，当該宅地の客観的交換価値に低下が認められるか否か，また，その低下がどの程度かを考慮して決定する必要があるというべきである。**

　(2)　これを本件についてみると，本件各歩道状空地は，車道に沿って幅員2mの歩道としてインターロッキング舗装が施されたもので，いずれも相応の面積がある上に，本件各共同住宅の居住者等以外の第三者による自由な通行の用に供されていることがうかがわれる。また，本件各歩道状空地は，いずれも本件各共同住宅を建築する際，都市計画法所定の開発行為の許可を受けるために，市の指導要綱等を踏まえた行政指導によって私道の用に供されるに至ったものであり，本件各共同住宅が存在する限りにお

67　控訴審である東京高裁平成28年1月13日判決・裁判所ウェブサイトは，東京地裁と同様の判断をしています。

いて，上告人らが道路以外の用途へ転用することが容易であるとは認め難い。そして，これらの事情に照らせば，本件各共同住宅の建築のための開発行為が被相続人による選択の結果であるとしても，このことから直ちに本件各歩道状空地について減額して評価をする必要がないということはできない。

(3) 以上によれば，本件各歩道状空地の相続税に係る財産の評価につき，建築基準法等の法令による制約がある土地でないことや，所有者が市の指導を受け入れつつ開発行為を行うことが適切であると考えて選択した結果として設置された私道であることのみを理由として，前記(1)において説示した点について具体的に検討することなく，減額をする必要がないとした原審の判断には，相続税法22条の解釈適用を誤った違法があるというべきである。」（下線は判決文，強調は筆者）

以上の判示からわかるとおり，まず，最高裁は，相続税法22条の「時価」とは客観的交換価値であり，宅地の使用収益処分に何らかの制約があることにより客観的交換価値が低下する場合には減額されなければならず，**その制約は建築基準法等の法令による制限には限らない**としました。つまり，**法的制限に限定した東京地裁の議論には問題がある**と判断したということです。そして，法的制限に限定されない以上，客観的交換価値への影響という観点から評価対象地に関する事実上及び経済上の事情（「当該宅地の位置関係，形状等や道路としての利用状況，これらを踏まえた道路以外の用途への転用の難易度等」）も勘案して決定すべきであると判示しています。

また，そもそも最高裁は，私道の評価につき，評価通達24の「私道」の解釈という争点の設定をせず，**あくまで相続税法22条の「時価」の問題**として議論をしている点で東京地裁よりも本質的な検討をしていることを指摘しておきたいと思います。

第2章 課税庁特有の思考パターンを理解し，これに反論する！ 173

⑹ 本類型における問題点抽出と反論のポイント

① 評価通達の適用の可否が争点となる場合，論理的に無理な推論がなされる傾向がある

一般に，通達を拡大または縮小解釈して適用するような紛争類型の場合には，まず，当該通達が解釈しようとしている条文の文言や趣旨に戻って，当該通達の解釈が妥当であるか否かを検討する必要があります。

しかし，評価通達の場合，対応する条文及び文言は相続税法22条の「時価」だけであるため，法的解釈の手掛かりとなるものが少なく，議論を展開することには困難が伴います。また，評価通達の解釈として争点を設定するとしても当該通達の適用範囲や趣旨が明確ではなく，断片的・限定的であるため評価通達の規定や解説を基にして解釈することも困難です。東京地裁平成27年7月16日判決で問題となった評価通達24も，私道として減額評価する根源的な理由（趣旨）が明らかにされておらず，その一例といえるでしょう。

したがって，評価通達を解釈するような議論がなされている場合には，結論先にありきで論理的に不当であることが少なくありません。

このような本類型の特質を前提とすると，本類型において問題点を抽出するには，まず**論理的な妥当性に着目**することが効果的です。

② 通達の適用対象を狭くしたい場合，理由なく議論の土俵を法的観点に制限する傾向がある

上記で説明したとおり，通達の適用対象を狭くしたい場合，理由なく議論の土俵を法的観点に限られるかのような議論がなされることが少なくありません。そして，法的観点からの議論になれば，**「あるか・ないか」**（All or nothing）の議論に持ち込まれることになり，その結果，「適用なし」との結論に持ち込まれることになりかねません。本件でいえば，「建築制限等の法的制限ありか・なしか」という判断基準で評価通達24の対象を制限し，結果として評価通達24の適用が否定されたのがこれに当たります。

しかし，最高裁のように，経済的観点という要素から判断するとなれば，「あるか・ないか」の二分法ではなく，**「どの程度あるか」**という蓋然性の問題

に拡張されることになりますから、議論の幅は広くなります（図表94）。

　そこで、議論の土俵が制限されている場合には、このように制限することの合理性について検討し、合理性が認められない場合には議論の土俵を事実上及び経済上に拡張することの是非について検討しましょう。

●●●図表94　「あるか・ないか」と「どの程度あるか」の議論の幅

【あるか・ないか】

【どの程度あるか】

第3章

「課税の公平」とは一体何だ？

　「課税の公平」については，すでに第1章 3 において保護法益の1つとして取り上げました。そこでは，「課税の公平」（＝租税平等主義）とは，税負担は国民の間に担税力に即して公平に配分されねばならず，各種の租税法律関係において国民は平等に取り扱われなければならないことをいい，憲法14条1項の平等原則を根拠としている，という説明をしました。

　では，なぜ，再度ここで「課税の公平」を取り上げて，検討しようとしているのか——これに対する筆者の問題意識を説明したいと思います。

　まず，租税法規を解釈適用する場面において，「課税の公平」は考慮すべき保護法益であり，重要な概念です。

　しかし，一方で「課税の公平」という概念は非常に抽象的でとらえどころがないため，例えば租税回避事案のように課税庁や裁判所が「本件においては課税すべし」と考えるような事案においては，あたかも「課税の公平」さえ出せば根拠となるように**「マジックワード化」**（もしくは「水戸黄門の印籠化」）しているという印象がぬぐえません。

　また，租税回避事案でない場合であっても，**「租税特別措置法のような課税減免規定は，恩恵的な規定であるため，課税の公平の見地より，制限的に解釈すべきである」**といったテーゼは，税務訴訟における課税庁の主張や裁判所の判断において多用されています。しかし，課税減免規定も課税要件規定と同様に，国会において法律として成立したにもかかわらず，課税の公平を根拠として課税要件規定よりも厳格な解釈がされなければならないという考え方は，容易に納得できません。すでに第1章 5 (3)で検討した「例外規定の限定解釈」

と同じ問題があると思われます。

このように，「課税の公平」は重要な概念であるにもかかわらず，その内容が必ずしも明確に理解されていません。したがって，課税庁側の主張に反論するためにも，自己の主張を組み立てるためにも，「課税の公平」という概念の正確な理解は不可欠です。

そこで，本章においては，①「課税の公平」の意味を明確にした上で，②過去の裁判例において，課税庁や裁判所が本来の意味で「課税の公平」という概念を使用しているか否かについて検討します。さらに，③「課税の公平」を理由として課税庁等からたびたび主張される「課税減免規定の限定解釈」というテーゼが妥当であるのかについても検討します。最後に，まとめとして，④「課税の公平」が議論で使われる場合の留意点について言及します。

1 まず「課税の公平」の中身を知ろう！

「課税の公平」（＝租税公平主義）の内容について，確認しましょう。

金子宏名誉教授の『租税法』によると，租税公平主義（租税平等主義）とは，「税負担は国民の間に担税力に即して公平に配分されなければならず，各種の租税法律関係において国民は平等に取り扱われなければならないという原則」であると説明されています[68]。そして，租税公平主義（租税平等主義）とは，「近代法の基本原則である平等原則の課税の分野における現れであり，直接には憲法14条1項の命ずるところである[69]」と説明されています。

以上の説明から，「課税の公平」は，**憲法14条1項の「平等原則」を根拠**としていることがわかります。

そこで，次に，「課税の公平」の法的根拠である憲法14条1項の**「平等原則」**の中味を見ていきましょう。

---

68 金子宏・前掲（注16）83頁
69 金子宏・前掲（注16）84頁

(1) 憲法14条1項における「平等」の意味

憲法14条1項は，「すべて国民は，法の下に平等であつて，人種，信条，性別，社会的身分又は門地により，政治的，経済的又は社会的関係において，差別されない。」と規定されています。

条文より明らかなように，平等原則は，**「法の下」**の平等，つまり，法的な取扱いの均一を要求するものですが，絶対的・機械的に平等に扱うということを意味するのではなく，**同一の事情と条件の下では均等に取り扱うことを意味する「相対的平等」**であると解釈されています[70]。

この「相対的平等」の意味については，浦部法穂著『全訂憲法学教室』でわかりやすく説明されていますので，以下，引用します[71]。

平等原則は，法的な取扱いの均一を要求するものであるが，<u>人にはそれぞれ，さまざまな点において違いがあるから，そういう各個人のそなえている事実状態の違いというものをいっさい捨象して法律上均一に取り扱うことは，場合によっては，かえって不合理な結果を生ずることにもなりかねない。</u>実質的平等ということへの配慮が要請されるこんにちにおいては，このことは，なおさらである。国家が人を区別して法的な取扱いに差を設けることは，基本的には許されないことであるとしても，そのことによって不合理な結果が発生するというような場合には，各個人の帯有する事実状態の違いというものを考慮に入れて，異なった取扱いをすることが，むしろ要請されるであろう。そういう意味で，法的な均一取扱いという原則を絶対的なものとすることはできない。異なった取扱いをすることに正当な理由があれば，それを是認しなくてはならないのである。<u>こういうふうに考えれば，「平等」といっても，憲法が要請しているのは，なにがなんでも同じに扱えということ（絶対的平等）ではなく，各個人の違いを考慮に入れてそれに応じて等しく扱えということ（相対的平等）である，と</u>いうことになる。（下線強調は筆者）

なお，上記引用中に，「実質的平等」という概念が出てきましたが，**「実質的平等」**とは，人の現実の差異に着目してその格差是正を行うこと，すなわち配分ないし結果の均等を意味します[72]。例えば，所得税法における累進課税は格

70　芦部信喜『憲法第3版』124頁（岩波書店・2002年）
71　浦部法穂『全訂憲法学教室』103頁（日本評論社・2001年）

差是正のための措置であり、租税法規における実質的平等の現れといえます。

このように、憲法14条１項は、各個人の違いを考慮に入れてそれに応じて等しく扱うことを要請する「相対的平等」である以上、恣意的な差別は許されませんが、法律上取扱いに差異が設けられる事項（例えば、税、刑罰）と事実的・実質的な差異（たとえば貧富の差、犯人の性格）との関係が、社会通念からみて合理的である限り、平等原則に違反しないものと解されています[73]。つまり、**「合理的な区別」**は許容されているということです（図表95参照）。

●●●図表95　憲法14条１項の平等原則の中身

(2) 租税法における「課税の公平」の内容

このように、憲法14条１項の平等原則は、法的な取扱いの均一を要求するものですが、絶対的・機械的に平等に扱うということを意味するのではなく、同一の事情と条件の下では均等に取り扱うことを意味する**「相対的平等」**であること、また**「合理的区別」**については許容されていることがわかりました。

したがって、**憲法14条１項を根拠とする「課税の公平」**も、**「相対的平等」**であり、**「合理的区別」**は許容されていることになります。

そして、租税法規における「相対的平等」の内容を理解することは、「課税の公平」に関する問題を判断するための「肝」になりますので、以下、詳しくみていきます。

租税法規における「相対的平等」について、金子宏『租税法』は、「課税の

72　野中俊彦他『憲法Ⅰ第３版』263頁（有斐閣・2002年）
73　芦部信喜・前掲（注70）124頁

第3章 「課税の公平」とは一体何だ？ 179

うえで，同様の状況にあるものは同様に，異なる状況にあるものは状況に応じて異なって取り扱われることを要求する[74]」としています。

したがって，ある租税法規の解釈または適用に関し，「課税の公平」が問題となる場合には，当該解釈または適用が「**課税の上で同じ状況にあるか否か**」が判断されなければならないことになります。つまり，「課税の公平」とは，**ある課税に関する「指標」の下において「相対的に決定」されるものである**といえます（図表96参照）。

そして，一般に物事には多面性があり様々な視点があることから，「**課税の上で同じ状況にあるか否か**」は，「**対象X**」と「**対象Y**」とを比べる場合の「**指標**」を何にするかによって結論が変わり得るということになります。

●●● 図表96 どのような「指標」に基づいて比較するのか？

指標？　　　　　　比較

対象・概念X　◀▶　対象・概念Y

この点，金子宏『租税法』においても，「もっとも，2人の納税者または2種類の所得を比較した場合に，両者が同様の状況にあると見るべきか，それとも異なる状況にあると見るべきか，については，見解の分かれることが少なくない。たとえば，所得税法において，長期譲渡所得はその金額の2分の1のみが課税の対象とされている（22条2項）が，長期譲渡所得は長期間にわたって累積してきた価値の増加が一時に実現したものであるという点を重視すれば，それは他の所得と異なる状況にあり，したがって，なんらかの税負担の軽減が必要であるということになろうし，逆に，それは資産所得として高い担税力をもち，しかも一般に高額所得者の手に集中しているという点を強調すれば，他の所得よりも有利に扱う必要はない，ということになろう[75]」として，比較すべき指標によって結論が変わり得ることが説明されています（**図表07参照**）。

74　金子宏・前掲（注16）85頁
75　金子宏・前掲（注16）85頁

●●●●図表97 「課税の公平」を判断するための指標の違いと結論の差

Ⓐ 比較の指標：長期間にわたって累積してきた価値の増加が一時に実現したものか否か？

Ⓑ 比較の指標：高い担税力をもち，一般に高額所得者の手に集中しているか否か？

(3) 租税法における「合理的区別」の判断基準

　以上より，「課税の公平」の問題に関しては，「**指標**」の設定が重要なポイントになることがわかりました。
　そこで，次に，「課税の公平」において許容されている「**合理的区別**」について見ていきましょう。
　租税法規では，同じ担税力があると考えられる事項に関しても，個別法及び租税特別措置法において異なる取扱いが規定されているものも少なくありません。そして，このような異なった取扱いが，租税法の解釈・適用において「課税の公平」を理由に限定的に解釈すべきとの主張が出される原因となっています。しかし，租税特別措置法等によって異なった取扱いがなされていたとしても，当該取扱いが「**合理的区別**」に該当する場合には，「課税の公平」を害するものではないということになるはずです。
　そこで，**いかなる区別であれば憲法14条1項において許容されるべき「合理的区別」に該当するかが問題となります**。
　この点，最高裁昭和60年3月27日判決・民集39巻2号247頁（大島訴訟）に

おいて、租税法規における「合理的区別」の判断基準が示されています。

最高裁昭和60年3月27日判決は、昭和40年法律第33号による改正前の所得税における給与所得（現行の所得税法とは異なり、給与所得については、給与所得控除しか規定されておらず、実額控除が認められていなかった）につき、必要経費の実額控除を認める事業所得との差別的取扱い等が憲法14条1項に違反するか否かが争点となりました。これにつき、最高裁は、「**その立法目的が正当なものであり、かつ、当該立法において具体的に採用された区別の態様が右目的との関連で著しく不合理であることが明らかでない限り、その合理性を否定することができず、これを憲法14条1項の規定に違反するものということはできないものと解するのが相当である**」との基準を定立しました（図表98）。

●●● 図表98 「合理的区分」であることの判断基準

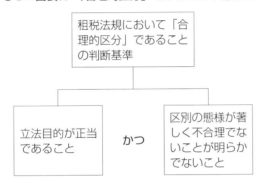

この大島訴訟における判断基準は、その後の租税法の憲法14条1項違反を争点とする訴訟で、多く引用されています[76]。

以下、合理的区分の判断基準に関連する部分の判示を引用します。

「(1) 憲法14条1項は、すべて国民は法の下に平等であつて、人種、信条、性別、社会的身分又は門地により、政治的、経済的又は社会的関係に

---

76 給与所得者に対して生計費を必要経費として控除しないことは憲法14条1項等に反する等として争った最高裁平成元年2月7日判決・訟月35巻6号1029頁や、弁護士である納税者が、同じく弁護士である配偶者に対し支払った対価に対し、所得税法56条を適用し必要経費としての控除を認めないことは憲法14条1項に反するとして争った最高裁平成16年11月2日判決・判タ1173号183頁等があります。

おいて差別されない旨を明定している。この平等の保障は，憲法の最も基本的な原理の１つであつて，課税権の行使を含む国のすべての統治行動に及ぶものである。しかしながら，国民各自には具体的に多くの事実上の差異が存するのであつて，これらの差異を無視して均一の取扱いをすることは，かえつて国民の間に不均衡をもたらすものであり，もとより憲法14条１項の規定の趣旨とするところではない。すなわち，憲法の右規定は，国民に対し絶対的な平等を保障したものではなく，合理的理由なくして差別することを禁止する趣旨であつて，国民各自の事実上の差異に相応して法的取扱いを区別することは，その区別が合理性を有する限り，何ら右規定に違反するものではないのである（最高裁昭和25年㋐第292号同年10月11日大法廷判決・刑集４巻10号2037頁，同昭和37年㋔第1472号同39年５月27日大法廷判決・民集18巻４号676頁等参照）。」

(2)　ところで，租税は，国家が，その課税権に基づき，特別の給付に対する反対給付としてでなく，その経費に充てるための資金を調達する目的をもつて，一定の要件に該当するすべての者に課する金銭給付であるが，およそ民主主義国家にあつては，国家の維持及び活動に必要な経費は，主権者たる国民が共同の費用として代表者を通じて定めるところにより自ら負担すべきものであり，我が国の憲法も，かかる見地の下に，国民がその総意を反映する租税立法に基づいて納税の義務を負うことを定め（30条），新たに租税を課し又は現行の租税を変更するには，法律又は法律の定める条件によることを必要としている（84条）。それゆえ，課税要件及び租税の賦課徴収の手続は，法律で明確に定めることが必要であるが，憲法自体は，その内容について特に定めることをせず，これを法律の定めるところにゆだねているのである。思うに，租税は，今日では，国家の財政需要を充足するという本来の機能に加え，所得の再分配，資源の適正配分，景気の調整等の諸機能をも有しており，国民の租税負担を定めるについて，財政・経済・社会政策等の国政全般からの総合的な政策判断を必要とするばかりでなく，課税要件等を定めるについて，極めて専門技術的な判断を必要とすることも明らかである。したがつて，**租税法の定立については，国家財政，社会経済，国民所得，国民生活等の実態についての正確な資料を**

基礎とする立法府の政策的，技術的な判断にゆだねるほかはなく，裁判所は，基本的にはその裁量的判断を尊重せざるを得ないものというべきである。そうであるとすれば，租税法の分野における所得の性質の違い等を理由とする取扱いの区別は，その立法目的が正当なものであり，かつ，当該立法において具体的に採用された区別の態様が右目的との関連で著しく不合理であることが明らかでない限り，その合理性を否定することができず，これを憲法一四条一項の規定に違反するものということはできないものと解するのが相当である。」（下線強調は筆者）

このように，合理的区別か否かの判断基準は，「その立法目的が正当なものであり，かつ，当該立法において具体的に採用された区別の態様が右目的との関連で著しく不合理であることが明らかでないか否か」というものになります。

当該判断基準を分析すると，**判断の対象**は，**立法目的**と**区別の態様**であるということがわかります。

そして，合理的区別であると認められるためには，**立法目的**が**正当であること**が必要であるとしていますが，一方で，**区別の態様**については**著しく不合理であることが明らかでないこと**で足りるとしています（図表99）。

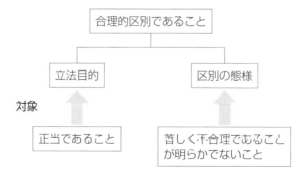
●●●図表99　合理的区別の判断の対象と満たすべき内容

この「区別の態様」が満たすべき程度についてですが，言葉の意味からして，「著しく不合理であることが明らかでないこと」は「正当であること」に比べ

て，著しく緩やかなものであるとの印象を受けると思います。

そこで，区別の態様が満たすべき「著しく不合理であることが明らかではない」がどのような程度のものであるかについて説明します。

「著しく不合理であることが明らかではない」とは，第一に，区別的な取扱いが「不合理である」場合は許容され，**「著しく不合理であること」**に至って初めて「合理的区別」として許容されないということを意味しています（図表100）。

第二に，「著しく不合理であること」がある程度認められるとしても，**「明らかではない」**以上，「合理的区別」として許容されるということを意味しています（図表100）。この「明らかではない」の意味ですが，**価値判断**として「著しく不合理であること」が明らかではない場合だけではなく，**証拠上**明らかではない場合も含むものと考えられます。

したがって，「著しく不合理であることが明らかではない」という基準によって判断される場合には，**よほどひどい差別的扱いでない限り**「区別の態様」を理由に「合理的区別」が否定されることは考えられません。言い換えれば，「立法目的」さえ「正当」であれば（大抵，それなりの政策的な正当性はあります），ほとんど憲法14条1項に反しないことになります。

一般に，ある要件等の該当性の判断基準や解釈が示される場合で，「著しく」とか，「明らかである」，「明らかではない限り」などといった形容詞や副詞が用いられる場合には，**著しく例外的なケースにしか当該要件には該当させない**といった（裁判所の）価値判断が含まれていますが，「合理的区別」の判断基準についても同じことがいえます。

●●●図表100　「著しく不合理」かつ「明らか」のレベル感

実際，租税法規において憲法14条1項違反が争点となった裁判例は少なくありませんが，筆者の知る限り，実際に違憲となったものはないと思います。

なぜ，このような緩やかな判断基準によって判断されることになったのかと

いうと，租税には政策的な判断が必要であり，かつ，専門技術的な判断も必要になるため，**立法府（国会）の裁量的判断を尊重**すべきであり，あまりに不当である場合のみ裁判所で違憲にするという姿勢をとっているからです。これを**「司法消極主義」**といいます。これにつき，先に掲げた大島訴訟では以下のように宣言しています。

> 「思うに，租税は，今日では，国家の財政需要を充足するという本来の機能に加え，所得の再分配，資源の適正配分，景気の調整等の諸機能をも有しており，国民の租税負担を定めるについて，財政・経済・社会政策等の国政全般からの総合的な政策判断を必要とするばかりでなく，課税要件等を定めるについて，極めて専門技術的な判断を必要とすることも明らかである。したがつて，租税法の定立については，国家財政，社会経済，国民所得，国民生活等の実態についての正確な資料を基礎とする立法府の政策的，技術的な判断にゆだねるほかはなく，裁判所は，基本的にはその裁量的判断を尊重せざるを得ないものというべきである。」

　そこで，以下においては，大島訴訟及び租税特別措置法等の優遇措置が争点となった東京地裁昭和57年11月15日判決・月報29巻6号1161頁を取り上げ，租税法規における「合理的区別」の判断基準が非常に緩いものであり，それなりの立法理由があれば，司法上，憲法14条1項に反するとの判断がなされないことを実感してみましょう[77]。

77　「すなわち『この基準によれば，立法者の行為に対して強い合憲性の推定が与えられ，立証責任は違憲を主張する側にある。これはまた，立法者に広汎な裁量権を認めることでもある。こうして裁判所は，立法目的や目的と手段との関係などについて立ち入った実質審査を行わず，最小限の審査（minimum scrutiny）しか行わないので，各法律とも通常最低限度の合理性は含んでいるものであるから，この基準がとられた場合には，ほとんど合憲という結果になっている。』と指摘されるように，この基準を憲法判断の具体的基準として採用した場合には違憲判断の余地はほとんどなくなるといっても過言でない。」増田英敏・前掲（注15）208〜209頁（成文堂・2013年）

(4) 大島訴訟の判断基準によると憲法14条1項に反するとの判断がなされないことを裁判例で確認する

① 最高裁昭和60年3月27日判決（大島訴訟）

(a) 争 点

昭和40年改正前の所得税法9条1項5号では，給与所得の金額の計算について必要経費の実額控除は認められていませんでしたが，一方で，事業所得等の金額の計算においては必要経費の実額控除が認められていました。

そこで，必要経費の実額控除を認めない所得税法9条1項5号は，憲法14条1項に反するか否かが争点となりました。

(b) 判 決

「(三) 給与所得者は，事業所得者等と異なり，自己の計算と危険とにおいて業務を遂行するものではなく，使用者の定めるところに従つて役務を提供し，提供した役務の対価として使用者から受ける給付をもつてその収入とするものであるところ，右の給付の額はあらかじめ定めるところによりおおむね一定額に確定しており，職場における勤務上必要な施設，器具，備品等に係る費用のたぐいは使用者において負担するのが通例であり，給与所得者が勤務に関連して費用の支出をする場合であつても，各自の性格その他の主観的事情を反映して支出形態，金額を異にし，収入金額との関連性が間接的かつ不明確とならざるを得ず，必要経費と家事上の経費又はこれに関連する経費との明瞭な区分が困難であるのが一般である。その上，給与所得者はその数が膨大であるため，各自の申告に基づき必要経費の額を個別的に認定して実額控除を行うこと，あるいは概算控除と選択的に右の実額控除を行うことは，技術的及び量的に相当の困難を招来し，ひいて租税徴収費用の増加を免れず，税務執行上少なからざる混乱を生ずることが懸念される。また，各自の主観的事情や立証技術の巧拙によつてかえって租税負担の不公平をもたらすおそれもなしとしない。<u>旧所得税法が給与所得に係る必要経費につき実額控除を排し，代わりに概算控除の制度を設けた目的は，給与所得者と事業所得者等との租税負担の均衡に配意し</u>

第3章 「課税の公平」とは一体何だ？ 187

つつ，**右のような弊害を防止することにあることが明らかであるところ，租税負担を国民の間に公平に配分するとともに，租税の徴収を確実・的確かつ効率的に実現することは，租税法の基本原則であるから，右の目的は正当性を有するものというべきである。**

（四）　そして，右目的との関連において，旧所得税法が具体的に採用する前記の給与所得控除の制度が合理性を有するかどうかは，結局のところ，**給与所得控除の額が給与所得に係る必要経費の額との対比において相当性を有するかどうかにかかるものということができる。** もっとも，前記の税制調査会の答申及び立法の経過によると，右の給与所得控除は，前記のとおり給与所得に係る必要経費を概算的に控除しようとするものではあるが，なおその外に，⑴給与所得は本人の死亡等によつてその発生が途絶えるため資産所得や事業所得に比べて担税力に乏しいことを調整する，⑵給与所得は源泉徴収の方法で所得税が徴収されるため他の所得に比べて相対的により正確に捕捉されやすいことを調整する，⑶給与所得においては申告納税の場合に比べ平均して約5か月早期に所得税を納付することになるからその間の金利を調整する，との趣旨を含むものであるというのである。しかし，このような調整は，前記の税制調査会の答申及び立法の経過によつても，それがどの程度のものであるか明らかでないばかりでなく，所詮，立法政策の問題であつて，所得税の性格又は憲法14条1項の規定から何らかの調整を行うことが当然に要求されるものではない。したがって，憲法14条1項の規定の適用上，事業所得等に係る必要経費につき実額控除が認められていることとの対比において，給与所得に係る必要経費の控除のあり方が均衡のとれたものであるか否かを判断するについては，給与所得控除を専ら給与所得に係る必要経費の控除ととらえて事を論ずるのが相当である。しかるところ，**給与所得者の職務上必要な諸設備，備品等に係る経費は使用者が負担するのが通例であり，また，職務に関し必要な旅行や通勤の費用に充てるための金銭給付，職務の性質上欠くことのできない現物給付などがおおむね非課税所得として扱われていることを考慮すれば，本件訴訟における全資料に徴しても，給与所得者において自ら負担する必要経費の額が一般に旧所得税法所定の前記給与所得控除の額を明らかに上回**

るものと認めることは困難であつて，右給与所得控除の額は給与所得に係る必要経費の額との対比において相当性を欠くことが明らかであるということはできないものとせざるを得ない。

（五）　以上のとおりであるから，旧所得税法が必要経費の控除について事業所得者等と給与所得者との間に設けた前記の区別は，合理的なものであり，憲法14条１項の規定に違反するものではないというべきである。」

（下線強調は筆者）

(c)　分析・検討

　上記判示から，最高裁は，給与所得に実額での必要経費を認めない旧所得税法の規定について，**立法目的には正当性があり，区分の態様も相当性を欠くことが明らかであるということはできない**として，憲法14条１項に反しないと判断していることがわかります。

　そこで，このような判断をするに至った判断基準への当てはめについて，具体的にみてみましょう。

　まず，**立法目的の正当性**の点について，旧所得税法が給与所得に係る必要経費につき実額控除を排し代わりに概算控除の制度を設けた目的を，一般に給与所得者は使用者によって費用が負担されていること，仮に実額控除を認めた場合には，必要経費性の判断が困難であること，かつ，給与所得者の数が膨大であることから，税務執行上少なからざる混乱を生ずることが懸念されるため，**当該弊害を防止する**ことにあると認定した上で，租税負担を国民の間に公平に配分するとともに，租税の徴収を確実・的確かつ効率的に実現することは租税法の基本原則であるとし，上記目的は正当性を有すると判断しています。

　つまり，通常，職務遂行における費用は使用者が負担するため，実額控除を認めなくとも納税者にとって実質的な不利益は少ないであろうし，一方，課税庁にとっては，実額控除を認めた場合の弊害があり，それを回避するという目的があるので，正当であるということです（図表101）。

●●● 図表101　立法目的の正当性に関する論理の流れ

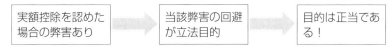

　次に，**区別の態様**の点について，給与所得控除の額が給与所得に係る必要経費の額との対比において相当性を有するかどうかにかかるものであるとした上で，給与所得者の職務上必要な諸設備，備品等に係る経費は使用者が負担するのが通例であること等を考慮すると，**証拠上，給与所得者において自ら負担する必要経費の額が一般に旧所得税法所定の給与所得控除の額を明らかに上回るものと認めることは困難であるため**，給与所得控除の額は給与所得に係る必要経費の額との対比において相当性を欠くことが明らかであるということはできないと判断しました。

　つまり，一般に，給与所得者の必要経費が概算控除の額を下回るか否かが証拠上明らかでないことをもって，「著しく不合理であることが明らかではない」に該当すると判断したということです[78]（すでに触れたとおり，裁判所が判断基準該当性を否定する（したい）場合には，証拠がなく事実が認定できないとするか，事実を認定した上でその事実を否定的に評価して判断基準に該当しないとするかのいずれかですが，本件の場合は前者によって判断基準該当性を否定したということになります）。

　このように，大島訴訟判決は，実額控除を認めた場合の弊害を回避するという目的に正当性を認め，かつ，区別の態様については給与所得者の必要経費が概算控除の額を明らかに上回るとの事実を否定することで，旧所得税法が給与所得に係る必要経費につき実額控除を排し，その代わりに概算控除の制度を設けていたことにつき，**「合理的な区別」**であると判断したことがわかります（図表102）。

---

[78] なお，「給与所得者において自ら負担する必要経費の額が一般に旧所得税法所定の前記給与所得控除の額を明らかに上回る」という事実を立証するためには，給与所得者一般の給与額，当該給与所得者が自ら負担した必要経費額を証拠として入手する必要がありますが，納税者がこれらの証拠を入手して立証することは，ほぼ不可能です。

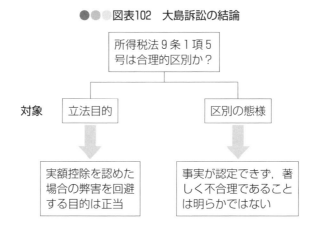

以上の大島訴訟判決における当てはめを見る限り、「給与所得者において自ら負担する必要経費の額が一般に旧所得税法所定の前記給与所得控除の額を上回る」といった、そもそも立証が困難なものの立証責任を納税者に負担させて[79]、かつ、その立証の程度も「明らか」であることを要求しているわけですから、「区別の態様が著しく不合理であることが明らかであること」のハードルを越えることは**実質的に不可能**であったといえるでしょう。

② 東京地裁昭和57年11月15日判決
(a) 争 点

本件において適用される所得税法及び租税特別措置法等においては、利子所得、配当所得及び有価証券の譲渡所得について分離課税制度、源泉選択課税制度及び非課税制度などといった租税優遇措置がとられていたところ、所得税法83条で規定する事業所得についてはこのような租税優遇措置はありませんでした。そこで、所得税法83条の規定は利子所得者、配当所得者及び有価証券の譲

---

79 裁判所が、「給与所得者が自ら負担する必要経費の額が給与控除額より明らかに上回ること」＝「著しく不合理であることが明らかであること」の証拠がないとして事実の認定を否定していることから、納税者に立証責任を負担させているものと思われます。仮に、判断基準が「著しく不合理でないことが明らかであること」であれば、「給与所得者が自ら負担する必要経費の額が給与控除額を明らかに下回ること」を課税庁側が立証することになろうかと思われますが、この立証も困難です。

渡所得者に比べて不当に差別するものであり，憲法14条１項に反するかどうか
が争点となりました。

(b) 判　示

「１　原告は，所得税法第83条の規定は事業所得者を利子所得者，配当
所得者及び株式の譲渡所得者に比し不当に差別するものであるから憲法第
14条，第84条に違反すると主張するところ，昭和39年分の所得税について
は旧法が適用され（新法附則第２条），新法第83条に相当する旧法の規定
は旧法第13条であるから，原告の主張は旧法第13条及び新法第83条の規定
が憲法第14条，第84条に違反するとの主張であると解される。

しかしながら，<u>利子所得，配当所得及び有価証券の譲渡所得に対し，そ
れぞれ分離課税制度（租税特別措置法第３条（但し，昭和39年分について
は昭和40年法律第32号による改正前のもの，同40，41年分については昭和
40年法律第36号による改正後のもの。））等，源泉選択課税制度（同法第８
条の３（但し，前記改正法による改正後のもの。），但し，昭和39年分の所
得税については同制度の適用はない。）等及び非課税（旧法第６条第６号，
新法第９条第１項第11号）などといつた租税優遇措置がとられているから
といつて，それが国の経済政策の一環をなす租税政策について認められる
合目的的裁量の範囲内と認められる限りにおいて，違憲の問題を生ずる余
地はなく，右裁量は立法府の政策的裁量としての性格上，一見して明白に
裁量権の濫用ないし裁量の範囲の逸脱と認められる場合に限つて違憲の瑕
疵を帯びるものと解すべきである。</u>そうして租税については，特に公平負
担の原則が重視されるべきことはもちろんではあるが，<u>前記課税制度が一
見して明白に政策的裁量の濫用ないし裁量の範囲の逸脱と認められるとは
解されないから，原告の前記各法条が憲法第14条に違反するとの主張は理
由がない</u>。」（下線強調は筆者）

(c) 分析・検討

本裁判例は，大島訴訟判決（昭和60年３月27日に判決）が出る前の裁判例で
すので，大島訴訟で定立された判断基準に基づいて判断されているわけではあ

りません。また，やや古い時代の裁判例ですので，判断理由が大雑把ではあるというきらいはあります。

しかし，本判決も，立法府の立法裁量を最大限に尊重し，**立法府の立法裁量の範囲内**であれば憲法14条1項に違反する余地はないとし，立法裁量の範囲内か否かは「一見して明白に裁量権の濫用ないし裁量の範囲の逸脱と認められる場合」か否かといった緩やかな判断基準で判断しています。その点で，**大島訴訟の判断基準と実質的に同じ**といえるでしょう。そして，裁判所は，一見して明白に政策的裁量の濫用ないし裁量の範囲の逸脱と認められるとは解されないとして，憲法14条1項違反の主張を排斥しています。

もう1つ，本裁判例で着目したい点は，本判決では，租税特別措置法の課税減免規定が通常の規定との関係で14条1項に反するか否かについても緩やかな判断基準で判断しているという点です[80]。つまり，**租税優遇措置を通常の規定と比較した場合であっても，課税要件規定と同様に緩やかな判断基準で「合理的区別」か否かが判断されているということです**（図表103）。

●●●図表103　課税減免規定についても課税要件規定と同じ判断基準で判断

80　本件の争点は，「所得税法における通常の規定が利子所得等との関係で憲法14条1項に反するか否か」として設定されていますが，具体的な判断基準への当てはめにおいては，「前記課税制度が一見して明白に政策的裁量の濫用ないし裁量の範囲の逸脱と認められるとは解されないから，原告の前記各法条が憲法第14条に違反するとの主張は理由がない。」として，利子所得等に対する租税特別措置法等の租税優遇措置が立法裁量内であるか否かという点から判断されています。

第3章 「課税の公平」とは一体何だ？　193

2 ┃ 税務訴訟における「課税の公平」のマジックワード化

　以上のとおり，「課税の公平」の内容及び憲法14条1項違反の判断基準に関して一通り見てきましたが，少々長い検討になりましたので，これまで説明及び検討したことを，もう一度おさらいしたいと思います。

---

① 「課税の平等」は，憲法14条1項で定める平等原則を根拠としている。

② 「課税の平等」の内容は，課税の上で同様の状況にあるものは同様に，異なる状況にあるものは状況に応じて異なって取り扱われることを要求する「相対的平等」であり，「合理的区別」は許容される。

③ 「課税の公平」に反するか否かの判断においては，いかなる「指標」に基づいて比較するかを正しく定める必要がある。

④ 租税法規における異なる取扱いが「合理的区別」に該当するか否かは，立法目的が正当なものであり，かつ，当該立法において具体的に採用された区別の態様が目的との関連で著しく不合理であることが明らかか否かによって判断される。

⑤ 「合理的区別」の判断基準が緩やかであるため，立法目的に何らかの正当性があることがいえれば，「合理的区別」であることが否定されることはほぼない。

　しかし，実際の裁判例では，必ずしも②の意味で「課税の公平」という概念が用いられていないものもあります。また，何を比較の指標として「同じ・違う」と判断しているかについても，明確にされないまま判断されていることが通常です。単に自己の主張を正当化するための**マジックワード**として使われている場合も少なくありません。

　そこで，以下では，「課税の公平」が議論の根拠として用いられている裁判例を取り上げ，**本来の意味で「課税の公平」という概念が使用されているか否か，何を比較の指標として「同じ・違う」と判断しているか**について検討します。そして，他の指標で比較した場合の帰結についても検討したいと思います。

(1) 最高裁平成20年9月12日判決・判タ1281号165頁（ペット葬祭業事件）

① 事案の概要

　宗教法人である納税者が，死亡したペットの飼い主から依頼を受けてその葬儀や供養等を行い，それに対してあらかじめ定められた金員を受け取るという事業（ペット葬祭業）を行っていましたが，当該金員に対して法人税の申告はしていませんでした。

　これに対し，課税庁は，当該事業は，法人税法施行令5条1項1号，9号及び10号に規定する事業に該当し，法人税法2条13号の「収益事業」に当たるとして，更正処分等をしました。そこで，納税者は，ペット葬祭業は宗教的行為であって「収益事業」に当たらないとして，更正処分等の取消しを求めて争いました。

　上記事実の概要からわかるとおり，本件においてはペット葬祭業の収益事業該当性が争点となります。

② 裁判所の判断

　本判決は，以下のとおり，法人税法が公益法人等の所得のうち収益事業に対して課税する趣旨[81]を，**同種の事業を行う課税法人と競争条件の平等を図り，課税の公平を確保する等**であるとし，それを根拠に，収益事業該当性の判断基準を定立しています。

　　「上記事実関係によれば，本件ペット葬祭業は，外形的に見ると，請負業，倉庫業及び物品販売業並びにその性質上これらの事業に付随して行われる行為の形態を有するものと認められる。**法人税法が，公益法人等の所**

---

[81]　法人税法が，公益法人の収益事業に対して課税するに至った経緯は，事業資金不足に陥った公益法人等が積極的に営利事業を行うようになり，一般営利企業との間で競合関係が生じるようになったことなどによって，公益法人等と一般営利企業との間の課税上の不均衡が目立つようになったため，課税の中立性の確保という見地からであるとされています（渡辺淑夫『公益法人課税の理論と実務［5訂版］』7頁以下（財経詳報社・1994年）。

得のうち収益事業から生じた所得について，同種の事業を行うその他の内
国法人との競争条件の平等を図り，課税の公平を確保するなどの観点から
これを課税の対象としていることにかんがみれば，宗教法人の行う上記の
ような形態を有する事業が法人税法施行令5条1項10号の請負業等に該当
するか否かについては，事業に伴う財貨の移転が役務等の対価の支払とし
て行われる性質のものか，それとも役務等の対価でなく喜捨等の性格を有
するものか，また，当該事業が宗教法人以外の法人の一般的に行う事業と
競合するものか否か等の観点を踏まえた上で，当該事業の目的，内容，態
様等の諸事情を社会通念に照らして総合的に検討して判断するのが相当で
ある。」（下線強調は筆者）

③　分析・検討

　上記判決は，つまるところ，法人税法が，公益法人等の収益事業について課
税するとした趣旨は，一般の課税法人との競争を行う際の諸条件を平等にする
こと（**イコール・フッティング**）にあるので，宗教法人が行っている事業が宗
教法人以外の法人と同じような事業の内容であれば，**「課税の公平」**の観点か
ら，同じに扱われるべきであるといっているわけです。

　したがって，本判決においては，「課税の上で同じ状況にあるものは同じに，
異なった状況にあるものは異なって取り扱われるべき」という本来の意味で，
「課税の公平」という概念が使用されているといえます。

　そして，宗教法人以外の法人と同じような事業の内容であるか否かの判断基
準として，受領する金員が，(a)喜捨等としての性質を有するか，役務の対価と
しての性質を有するか，及び(b)宗教法人以外の法人の一般的に行う事業と競合
するものか，によって判断するという規範を導き出していますが，この規範の
導出は，**「課税の公平」を判断する際の「比較の指標」を抽出しているに他な
りません**（**図表104**）。

　例えば，上記(a)の判断基準については，「役務の対価としての性質」が比較
の指標であり，この指標に関して同じであれば，収益事業に該当するとして課
税することが「課税の公平」にかない，そうでない場合には，異なって取り扱
うのが「課税の公平」にかなうということになります。上記(b)の判断基準につ

いても同様です。

●●●● 図表104　最高裁平成20年9月12日判決の判断基準と「比較の指標」

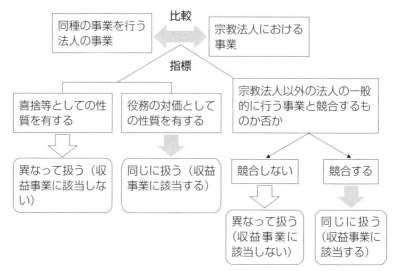

④　まとめ

以上より，本判決で用いられている「課税の公平」は，「課税の上で同様の状況にあるものは同様に，異なる状況にあるものは状況に応じて異なって取り扱われるべき」という本来の意味で使用されていることがわかりました。

なお，本判決では，比較の対象とすべきものを定型化・単純化した上でその本質を抽出し，収益事業該当性の判断基準としたものですが，この手法は，「課税の公平」が問題となる際に，比較の指標を抽出する一例として参考になります。

(2)　最高裁昭和62年10月30日判決・判タ657号66頁（信義則に関する裁判例）

①　事案の概要

納税者であるXは，従前，実の兄かつ養父であるA（昭和47年死亡）が営む酒類販売業につき，病気がちであったAに代わって中心となって店を経営していました。そして，その営業による所得についてはAの名義で確定申告をして

いました。なお，Aは，青色申告承認申請書の提出をし，承認も受けていました。ところが，昭和46年分から，Xは，青色申告の承認申請をすることなく，その営業による所得を自分の所得として青色決算書で確定申告をしました。

　これに対し，課税庁は，Xについて青色申告の承認があるか否かを確認することなく，昭和46年分の申告書を受理し，昭和47年分から昭和50年分までについては青色申告用紙をXに送付し，申告書も受理していました。

　その後の昭和51年になって，課税庁は，Xから青色申告の承認を受けていないことを理由に更正処分等をしました（なお，Xはこの指摘を受け，直ちに青色申告の承認申請をし，承認を受けました）。

　そこでXはこの更正処分等の取消しを求めて争いました。

　本件における一審・二審は，青色申告書の提出について税務署長の承認を受けていなくても青色申告としての効力を認めてもよい例外的な場合があるとした上で，本件は例外的な場合に当たり，課税庁がXの青色申告書による確定申告を受理し，これにつきその承認があるかどうかの確認を怠っていながら，青色申告としての効力を否定するのは**信義則に反し許されない**と判断しました。

②　最高裁の判断

　一審・二審の判断に対し，最高裁は，租税法においては租税法律主義の原則が貫かれるべきであり，信義則の原則は，**納税者間の平等・公平（課税の公平）の要請**からして限定的に適用されるべきであるとの考え方を示しました。

　　「2　原審は，青色申告制度が課税所得額の基礎資料となる帳簿書類を一定の形式に従って保存整備させ，その内容に隠蔽，過誤などの不実記載がないことを担保させることによって，納税者の自主的かつ公正な申告による課税の実現を確保しようとする制度であることから考えると，右のような制度の趣旨を潜脱しない限度においては，**青色申告書の提出について税務署長の承認を受けていなくても，青色申告としての効力を認めてもよい例外的な場合がある**としたうえ，右の事実関係のもとにおいては，被上告人が青色申告書を提出することについてその承認申請をしなかったとしても，必ずしも青色申告制度の趣旨に背馳するとは考えられず，上告人が

青色申告書による確定申告を受理し，これにつきその承認があるかどうかの確認を怠り，単に被上告人が承認申請をしていなかつたことだけで青色申告の効力を否認するのは信義則に違反し許されないとし，被上告人の昭和48年分及び同49年分の各所得税の確定申告について，これを白色申告とみなして行つた本件各更正処分は違法である，と判断した。

論旨は，要するに，原審の右判断は，法令の解釈適用を誤り，審理不尽，理由不備の違法を犯したものである，というのである。

3　所得税法第2編第5章第3節に規定する青色申告の制度は，納税者が自ら所得金額及び税額を計算し自主的に申告して納税する申告納税制度のもとにおいて，適正課税を実現するために不可欠な帳簿の正確な記帳を推進する目的で設けられたものであつて，同法143条所定の所得を生ずべき業務を行う納税者で，適式に帳簿書類を備え付けてこれに取引を忠実に記載し，かつ，これを保存する者について，当該納税者の申請に基づき，その者が特別の申告書（青色申告書）により申告することを税務署長が承認するものとし，その承認を受けた年分以後青色申告書を提出した納税者に対しては，推計課税を認めないなどの課税手続上の特典及び事業専従者給与や各種引当金・準備金の必要経費算入，純損失の繰越控除など所得ないし税額計算上の種々の特典を与えるものである。青色申告の承認は，所得税法144条の規定に基づき所定の申請書を提出した居住者（同法2条3号）に与えられる（同法146条，147条）。そして，青色申告の承認の効力は，その承認を受けた居住者が一定の業務を継続する限りにおいて存続する一身専属的なものとされている（同法151条2項）。

以上のような青色申告の制度をみれば，青色申告の承認は，課税手続上及び実体上種々の特典（租税優遇措置）を伴う特別の青色申告書により申告することのできる法的地位ないし資格を納税者に付与する設権的処分の性質を有することが明らかである。そのうえ，所得税法は，税務署長が青色申告の承認申請を却下するについては申請者につき一定の事実がある場合に限られるものとし（145条），かつ，みなし承認の規定を設け（147条），同法所定の要件を具備する納税者が青色申告の承認申請書を提出するならば，遅滞なく青色申告の承認を受けられる仕組みを設けている。このよう

な制度のもとにおいては，たとえ納税者が青色申告の承認を受けていた被相続人の営む事業にその生前から従事し，右事業を継承した場合であつても，青色申告の承認申請書を提出せず，税務署長の承認を受けていないときは，納税者が青色申告書を提出したからといつて，その申告に青色申告としての効力を認める余地はないものといわなければならない。これと異なり，青色申告書の提出について税務署長の承認を受けていなくても青色申告としての効力を認めてもよい例外的な場合がある，とした原審の判断は，青色申告の制度に関する法令の解釈適用を誤つたものというほかない。

　原審の確定した事実関係によれば，被上告人は，その昭和48年分及び同49年分の各所得税について青色申告の承認を受けていないというのであるから，被上告人の右両年分の所得税の確定申告については，青色申告としての効力を認める余地はなく，これを白色申告として取り扱うべきものである。そのうえで，被上告人の確定申告につき，上告人が法令の規定どおりに白色申告として所得金額及び所得税額を計算し，更正処分をすることを違法とする特別の事情があるかどうかを検討すべきものである。

　租税法規に適合する課税処分について，法の一般原理である信義則の法理の適用により，右課税処分を違法なものとして取り消すことができる場合があるとしても，法律による行政の原理なかんずく租税法律主義の原則が貫かれるべき租税法律関係においては，右法理の適用については慎重でなければならず，租税法規の適用における納税者間の平等，公平という要請を犠牲にしてもなお当該課税処分に係る課税を免れしめて納税者の信頼を保護しなければ正義に反するといえるような特別の事情が存する場合に，初めて右法理の適用の是非を考えるべきものである。 そして，右特別の事情が存するかどうかの判断に当たつては，少なくとも，税務官庁が納税者に対し信頼の対象となる公的見解を表示したことにより，納税者がその表示を信頼しその信頼に基づいて行動したところ，のちに右表示に反する課税処分が行われ，そのために納税者が経済的不利益を受けることになつたものであるかどうか，また，納税者が税務官庁の右表示を信頼しその信頼に基づいて行動したことについて納税者の責めに帰すべき事由がないかどうかという点の考慮は不可欠のものであるといわなければならない。」（下

線強調は筆者）

③　分析・検討

　上記のとおり，最高裁は，信義則の原則は，**租税法律主義及び課税の公平を根拠に**，納税者の信頼を保護しなければ正義に反するといえるような特別の事情がある場合に初めて適用の是非を考えるべきであると判断しました。

　そこで，本件において「課税の公平」はいかなる意味で使用しているか，及び，その場合の比較の指標は何か，につき検証してみましょう。

(a)　最高裁は「課税の公平」をいかなる意味で使用しているか？

　最高裁の議論は，所得税法上，青色申告の効力は青色申告の承認申請及び承認がある場合に限られるとした上で，青色申告の承認申請及び承認のないXにつき，信義則を理由に，青色申告の承認申請及び承認のある者と同様に取り扱うことは，「納税者間の平等・公平」という要請を犠牲にするというものです。

　つまり，「納税者間の平等・公平」という概念を，課税の上で同じ状況にあるものは同じように取り扱う，異なる状況にあるものは異なって取り扱うべきという意味で使用しているものといえます。

　このように，最高裁の議論においては，**「課税の公平」は本来の意味で使用されているということが確認できました。**

(b)　最高裁の議論における比較の指標は何か？

　それでは，次に，上記議論における「課税の公平」は，いかなる「比較の指標」に基づいて，「何」と「何」とを比較しているのかにつき，検証してみましょう。

　最高裁の議論は，所得税法上，青色申告の効力は青色申告の承認申請及び承認がある場合に限られるとした上で，青色申告の承認申請及び承認のないXにつき，信義則を理由に，青色申告の承認申請及び承認のある者と同様に取り扱うことは，「納税者間の平等・公平」という要請を犠牲にするというものでした。

　ということは，最高裁は，「青色申告承認申請書を提出し，承認を受けた場

合」と「青色申告承認申請書を提出せず，承認も受けていない場合」とを比較しているということになります。とすると，ここにおける比較の指標は，**「青色申告制度における所定の手続要件を満たしているか」**否かということになります（図表105）。

そして，この比較の指標の下では，最高裁が考えるように，異なる課税上の状況に当たるので，異なって取り扱うことが「納税者間の平等・公平」の要請であるということになります。

●● 図表105 最高裁昭和62年10月30日判決における「比較の指標」と「比較の対象」

この最高裁の判断について検討すると，確かに，租税法規に定められた手続要件の具備をした場合と具備していない場合とでは，条文の規定の適用において同じ状況にあるとはいえません。したがって，**条文に対する形式的な適用という点を重視**し，「青色申告制度の手続要件の具備」を比較の指標として，青色申告承認申請書を提出し，承認を受けた場合と青色申告承認申請書を提出せず，承認も受けていない場合とを，課税の上で異なって取り扱うべきであるという判断にも一理あると考えます。

(c) 比較の指標を「青色申告制度の制度趣旨を満たしているか」に変更すると？

では，この比較の指標を**「青色申告制度の制度趣旨を満たしているか」**に変えた場合，どのような結論になるでしょうか？

最高裁における議論と同様の結論が維持できるでしょうか。

この点，比較の対象となるのは「青色申告の手続要件を満たしていないが，制度趣旨[82]を満たしている場合」と「青色申告の手続要件を満たしている場合」になります。そして，「青色申告制度の制度趣旨を満たしているか」という指

標の下では，いずれも制度趣旨を満たしている以上，課税の上で同じ状況にあり同じように扱われるべきであるという結論になります（図表106）。

●●●図表106　青色申告制度の趣旨を満たしているかを比較の指標とした場合

このような青色申告の制度趣旨を重視した考え方は，原審の判断と同じです。

原審では，青色申告制度の趣旨が，「課税所得額の基礎資料となる帳簿書類を一定の形式に従つて保存整備させ，その内容に隠蔽，過誤などの不実記載がないことを担保させることによつて，納税者の自主的かつ公正な申告による課税の実現を確保しようとする」ことであるとして，当該制度趣旨を潜脱しない限度においては，青色申告書の提出について税務署長の承認を受けていなくても，青色申告としての効力を認めてもよい例外的な場合があると解し，3年間にわたり青色申告書による確定申告を提出・収受され，帳簿書類の整理保存が整備され，青色申告の承認を取り消されるようなことがなかったという事実関係の下では，青色申告制度の趣旨を潜脱しないとしてXの青色申告を認めています。

つまり，原審の判断は，**「青色申告制度の制度趣旨」**を比較の指標として，同じ状況にあるものは同じように扱うべきとした判断であるとも評価できます。

このように，比較の指標を「青色申告制度の趣旨を満たすか否か」に変えれば，原審での判断のように，「課税の公平」の観点から青色申告を認めるべきとの結論を導くことができます。179頁で言及したとおり，比較の指標として何を設定するかによって，「課税の公平」を害することになるか否かの結論が変わり得るということの一例です。

82　最高裁の判示によれば，青色申告の制度趣旨は，「申告納税制度のもとにおいて，適正課税を実現するために不可欠な帳簿の正確な記帳を推進すること」になります。

第3章 「課税の公平」とは一体何だ？ 203

④ まとめ

以上のように，「課税の公平」を害するか否かの議論において，比較の指標を変えると結論が変わり得ることがわかりました。つまり，**「課税の公平」という概念だけで結論が一義的に導かれるわけではなく，何を比較の指標として設定すべきであるかが重要なポイントになるということです。**

本判決では，条文で定められた手続要件を形式的に満たしているか否か（最高裁の指標），青色申告の制度趣旨を実質的に満たしているか否か（原審での指標）の2つがあったわけですが，**「形式的に扱うか，実質的に考えるか」**といった視点は，「課税の公平」に関して主張・反論する際の参考になります。

(3) 最高裁平成17年12月19日判決・裁判所ウェブサイト(外税控除事件)

① 事案の概要

銀行業を営む納税者Xが，自己の外国税額控除の余裕枠を外国法人である第三者に利用させて手数料等を得ることを目的として，本来は当該外国法人が負担すべき外国税額（利息に対する15％の源泉税）について，Xが引き受けました（本件取引）。そして，本件取引に関し，Xが，法人税法69条を適用して，国内において納付すべき法人税の額から当該外国税額を控除して申告したところ，課税庁より，本件取引は，クック諸島源泉税を回避することを目的としたものであり，当該控除は認められないとして法人税の更正処分等がなされました。そこで，Xは，これを不服として争いました。

② 最高裁の判断

本件の第一審及び第二審は，いずれも，本件取引は外国税額控除の制度を濫用したものではないとして，法人税法69条の適用を認めましたが，最高裁は，外国税額控除制度の濫用であること，**税負担の公平を著しく害するものである**として，法人税法69条の適用を否定しました。

> 「(1) 法人税法69条の定める外国税額控除の制度は，内国法人が外国法人税を納付することとなる場合に，一定の限度で，その外国法人税の額を我が国の法人税の額から控除するという制度である。これは，同一の所得

に対する国際的二重課税を排斥し，かつ，事業活動に対する税制の中立性
を確保しようとする政策目的に基づく制度である。

　(2)　ところが，本件取引は，全体としてみれば，本来は外国法人が負担
すべき外国法人税について我が国の銀行である被上告人が対価を得て引き
受け，その負担を自己の外国税額控除の余裕枠を利用して国内で納付すべ
き法人税額を減らすことによって免れ，最終的に利益を得ようとするもの
であるということができる。これは，我が国の外国税額控除制度をその本
来の趣旨目的から著しく逸脱する態様で利用して納税を免れ，我が国にお
いて納付されるべき法人税額を減少させた上，この免れた税額を原資とす
る利益を取引関係者が享受するために，取引自体によっては外国法人税を
負担すれば損失が生ずるだけであるという本件取引をあえて行うというも
のであって，我が国ひいては我が国の納税者の負担の下に取引関係者の利
益を図るものというほかない。<u>そうすると，本件取引に基づいて生じた所
得に対する外国法人税を法人税法69条の定める外国税額控除の対象とする
ことは，外国税額控除制度を濫用するものであり，さらには，税負担の公
平を著しく害するものとして許されないというべきである。</u>」（下線は判決
文，強調は筆者）

③　分析・検討

　本判決は，法人税法69条の適用を否定する根拠として，制度趣旨の濫用に加
え，「税負担の公平（課税の公平）」を挙げています。

　これまで見てきたように，「課税の公平」とは，課税の上で同様の状況にあ
るものは同様に，異なる状況にあるものは状況に応じて異なって取り扱われる
べきことを要求する原理ですが，本判決では，一体，何を比較の指標として，
また，何と何を比べて課税の公平を著しく害するといっているのかは，一読し
ただけでは判然としません。

　そこで，上記判示における，本件取引に法人税法69条を適用することは税負
担の公平を著しく害することになる旨の結論を導く議論の流れを追ってみます。
まず，①本来であれば外国法人が負担すべき外国法人税がある。しかし，②本
件取引は，納税者が，外国税額控除の余裕枠を利用して法人税から控除するこ

とで，その外国法人税を免れ，最終的に利益を得ようとするものである。③このような取引は，わが国，ひいてはわが国の納税者の負担の下に，取引関係者の利益を図るものである。よって，④本件取引に法人税法69条を適用することは外国税額控除制度の濫用であり，さらには⑤税負担の公平を著しく害する，という流れになります（図表107参照）。

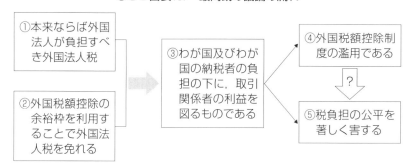

図表107　最高裁の議論の流れ

　この議論の流れからすれば，わが国の負担の下に取引関係者が利益を得ること（③）が，税負担の公平を害する（⑤）ことの根拠になっているといえそうです。とすると，実質的には，**わが国の国家財政上の不利益をもたらす**，ということをいうにすぎません。

　そうではなくて，最高裁の議論が，本件取引に法人税法69条を適用することは外国税額控除制度の濫用であり（④），よって税負担の公平を著しく害する（⑤）という流れであるとすると，上記議論は，「外国税額控除制度の趣旨」を比較の指標とし，「外国税額控除制度の濫用である本件取引」と，「濫用ではない取引」とを比べて，課税の上で異なる状況にあるため，異なって取り扱うべきといっているともいえそうです。このように解せば，「課税の公平」について本来の意味で用いているともいえそうです。

　もっとも，租税法律主義を強調して，比較の指標を「法人税法69条の課税要件」に変更すれば，本件取引も法人税法69条の課税要件を形式的に満たすことになり，課税の上で同じ状況にあるとの結論を導くことも可能です。

　つまり，先に述べたとおり，「課税の公平」だけでは積極的な根拠にはなら

ないということです。したがって，**本件においては，法人税法69条の文言より
も趣旨を重視することが正当であることを，本来明確に根拠付ける必要があっ
たといえるでしょう。**

　なお，本判決のように，直接的に趣旨・目的そのものを要件ないし基準とし
て，その趣旨・目的違反の行為を課税減免規定制度の濫用とし，当該課税減免
規定の適用を否認する考え方については，以下のような批判があります[83]。

> 　課税減免規定について，…直接的にその趣旨・目的そのものを要件ないし基
> 準にして，その趣旨・目的違反の行為を当該課税減免制度の濫用とし，これを
> もって端的に当該課税減免制度の適用を否認する考え方が登場した（この考え
> 方を採用したと解されるものとして，外国税額控除制度につき外国税額控除余
> 裕枠利用［りそな銀行］事件・最判平成17年12月19日民集59巻10号2964頁参照。
> なお，同［UFJ銀行］事件・最判平成18年2月23日訟月53巻8号2447頁も参照）。
> …
> 　この法理は租税法律主義の下では許容されないと考えるべきである。という
> のも，課税減免制度の趣旨・目的を探知すれば，当該制度の利用が当該制度の
> 濫用（目的外利用）に該当するかどうかを判断することはできるが，しかし，
> そのことから，直ちに，当該制度の濫用を許容しないとする価値判断を導き出
> すことはできないからである（括弧内省略）。そのための媒介論理として，課税
> 減免規定にはいわば「不文の濫用規制要件」が内在する，というような考え方
> を援用することは，租税法律主義の自己否定である。

⑷　財産評価に関する「時価」が原則として評価通達に基づいて評価されるべきとされる根拠

　次は，特定の裁判例ではなく，財産評価が争点となった裁判例における「時
価」の判断枠組みを取り上げます。

　課税実務上，財産評価は，評価通達に基づき評価されていることは周知のと
おりですが，裁判上も，一般に，評価通達の一般的合理性が認められる場合に
は，評価通達の定める評価方法によるべきではない特別な事情がない限り，評
価通達の定める評価方法に従い算定された評価額をもって「時価」であると事

83　谷口勢津夫・前掲（注45）42頁

実上推認するといった判断枠組みを採用しています。

このような判断枠組みを導く理由は，概ね以下のとおりです（一例として東京地裁平成27年6月25日判決・ウエストロー・ジャパンの判決文より引用）。

「相続税の課税価格となる相続財産の価額は，原則として当該財産の取得の時における時価により算定するものとされているが（相続税法22条），この『時価』とは，相続開始時における当該財産の客観的交換価値というものと解されている。もっとも，相続財産の客観的交換価値は，必ずしも一義的に確定されるものではなく，これを個別に評価する方法を採ると，その評価方法，基礎資料の選択の仕方等によって異なる評価額が生じることを避け難く，また，課税庁の事務負担が重くなり，回帰的かつ大量に発生する課税事務の迅速な処理が困難となるおそれがあることなどから，課税実務においては，法に特別の定めのあるものを除き，相続財産評価の一般的基準が評価通達（これに従って定められた定めを含む。）によって定められ，原則としてこれに定められた画一的な評価方法によって，当該財産の評価をすることとされている。**このような扱いは，税負担の公平，納税者の便宜，徴税費用の制限といった観点からみて合理的であり，これを形式的に全ての納税者に適用して財産の評価を行うことは，通常，税負担の実質的な公平を実現し，租税平等主義にかなうものであるということができる。**（中略）

以上によれば，相続財産の価額は，評価通達に定められた評価方法を画一的に適用することによって，当該財産の「時価」を超える評価額となり，適正な時価を求めることができない結果となるなど，**評価通達の定める評価方法によるべきではない特別な事情がない限り，評価通達に定められた評価方法によって評価するのが相当であり，評価通達の定める評価方法に従い算定された評価額をもって「時価」であると事実上推認することができるものというべきである。**」（下線強調は筆者）

① 裁判例等が，「時価」は原則として評価通達に基づいて評価するべきとする根拠は，「課税の公平」である

以上の判示から，客観的交換価値である「時価」の評価において，評価通達を形式的にすべての納税者に適用して評価すべきことの根拠は，「課税の公平」にかなう（＝「税負担の実質的な公平を実現し，租税平等主義にかなう」）ということであることがわかります。

また，東京地裁平成24年3月2日判決・判時2180号18頁では，以下のように判示して，**評価通達以外の方法によって評価することは，「租税平等主義に反するものとして許されない」**とまでいっています。

「イ　ところで，相続税に係る課税実務においては，評価通達において相続財産の価額の評価に関する一般的基準を定め，画一的な評価方式によって相続財産の価額を評価することとされている。このような方法が採られているのは，相続税の課税対象である財産には多種多様なものがあり，その客観的な交換価値が必ずしも一義的に確定されるものではないため，相続財産の客観的な交換価格（時価）を上記のような画一的な評価方式によることなく個別事案ごとに評価することにすると，その評価方式，基礎資料の選択の仕方等により異なった金額が相続財産の『時価』として導かれる結果が生ずることを避け難く，また，課税庁の事務負担が過重なものとなり，課税事務の効率的な処理が困難となるおそれもあることから，相続財産の価額をあらかじめ定められた評価方式によって画一的に評価することとするのが相当であるとの理由に基づくものと解される。

ウ　そして，評価通達に定められた評価方式が当該財産の取得の時における時価を算定するための手法として合理的なものであると認められる場合においては，①前記イのような相続税に係る課税実務は，納税者間の公平，納税者の便宜，効率的な徴税といった租税法律関係の確定に際して求められる種々の要請を満たし，国民の納税義務の適正な履行の確保（通則法1条，相続税法1条参照）に資するものとして，同法22条の規定の許容するところであると解され，②また，取引相場のない株式については，反復継続的に取引がされず，客観的な市場価額が形成されることがないこと

第3章 「課税の公平」とは一体何だ？ 209

から，合理的と考えられる評価方式によって時価を評価するほかないものというべきところ，上記①において指摘した観点に照らせば，**同通達の定める評価方式によって算定された金額をもってその『時価』であるものと評価することもまた，同条の規定の許容するところであると解される。**

　さらに，上記の場合においては，**同通達の定める評価方式が形式的に全ての納税者に係る相続財産の価額の評価において用いられることによって，基本的には租税負担の実質的な公平を実現することができるものと解されるのであって，同条の規定もいわゆる租税法の基本原則の１つである租税平等主義を当然の前提としているものと考えられることに照らせば，特段の事情があるとき（同通達6参照）を除き，特定の納税者あるいは特定の相続財産についてのみ同通達の定める評価方式以外の評価方式によってその価額を評価することは，たとえその評価方式によって算定された金額がそれ自体では同条の定める時価として許容範囲内にあるといい得るものであったとしても，租税平等主義に反するものとして許されないものというべきである。**」（下線強調は筆者）

　そして，行政事件訴訟を担当した裁判官が執筆した『行政関係訴訟の実務』という書籍においても，以下のように，形式的に評価通達に基づく評価がなされることが「課税の公平」にかなう旨の説明がなされています[84]。

　ところで通達は，上級行政機関がその内部的権限に基づき下級行政機関や職員に対して発する行政組織内部における命令にすぎず，法令ではないから，財産評価基本通達の定めそのものが法的に納税義務者を拘束するわけではないというのが租税法律主義からの帰結である。しかし，同通達に定められた評価方式という評価方式が当該財産の取得の時における時価を算定するための手法として合理的なものであると認められる場合においては，①前記アのような相続税に係る課税実務は，納税者間の公平，納税者の便宜，効率的な徴税といった租税法律関係の確定に際して求められる種々の要請を満たし，国民の納税義務の適正な確保（国税通則法１条，相続税法１条参照）に資するものとして，同法22条の規定の許容するところであると解されるし，②上記の場合においては，**同通達の定める評価方式が形式的に全ての納税者に係る相続財産の価額の評価**

---

84 定塚誠編『行政関係訴訟の実務』162頁及び163頁（商事法務・2015年）

において用いられることによって，基本的には租税負担の実質的な公平を実現することができるものと解される。（下線強調は筆者）

　上記の議論はいずれも基本的に同じ内容ですが，以下のような構造になっています。

　本来，「時価」とは客観的交換価値であるものの，評価通達によって評価することには課税の便宜等のもろもろのメリットがあることを理由として，**評価通達によって評価することにも「時価」の評価として「許容される」**ということを一旦導いた後，「課税の公平」を根拠として，原則的に，評価通達を形式的にすべての納税者の財産評価において適用すべきであり，特段の事情があるときを除き，**評価通達以外の方式によってその価額を評価することが「許容されない」**という結論を導いています（図表108）。

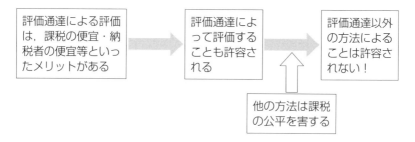

●●●図表108　上記判決等の議論の構造

② 「課税の公平」が評価通達以外の方法によることを許容しない理由となるのか？

　では，上記判示等がいうように，「課税の公平」が評価通達以外の方法によることを許容しない理由になるのでしょうか？

　以下，土地の評価を例にとって考えてみます。

　本来，土地の「時価」は，不動産鑑定評価基準に基づいて不動産鑑定士がその経験と判断により個々に評価するものであり，評価通達はその**簡易なモデル**という性質のものにすぎません。実際，名古屋地裁平成16年8月30日判決・裁判所ウェブサイトにおいても，以下のとおり，**評価通達は，「簡易な不動産鑑定と定型的補正とを組み合わせた方式」**と評価しています。一方，**不動産鑑定**

評価基準に準拠して行われた不動産鑑定は，「一般的には客観的な根拠を有するものとして扱われるべき」と判断しています。

　　「ところで，弁論の全趣旨によれば，本件評価通達は，宅地（市街化地域内）価額の評価が路線価方式によって行われるべきことを定めている（同通達11，12）ところ，その概要は以下のとおりであると認められる。すなわち，ほぼ同価額と認められる一連の宅地が面している路線の中央部の標準的な宅地を選定し，その1単位当たりの毎年1月1日を基準日とする価額を，売買実例価額，精通者意見価格及び公示価格を基にして，各国税局長がその仲値の範囲内で評定して定め，これに対象土地の単位数（面積）を乗じ，更に各宅地の特殊事情を加味すべく，あらかじめ定められた奥行価格補正率，側方路線影響加算率，二方路線影響加算率，間口狭小補正率，奥行長大補正率，不整形地補正率などを適用して，その価額を算出するものである（同通達14ないし18，20）。この路線価方式は，上記の概要から容易に看取できるとおり，標準的な宅地の1単位当たりの価額を不動産鑑定的手法を用いて評定し，これを当該路線に面する他の宅地にも適用するとともに，通常その価格形成に影響すると考えられる定型的な要因についてあらかじめ定められた補正（加算）率によって修正するものであり，**いわば，簡易な不動産鑑定と定型的補正とを組み合せた方式と評価することができる。**

　他方，正式な不動産鑑定は，不動産鑑定評価基準（乙2）にのっとって行われるが，同基準は，不動産の鑑定評価に関する法律（昭和38年法第152号）の附則18項が評価の基準制定について検討を行うことを求めたことなどを受けて，昭和39年3月25日，建設大臣（当時）からの諮問に対する答申として宅地制度審議会が提出したものであり，その後，昭和44年の改正を経て，平成2年10月26日，現行の不動産鑑定評価基準が答申され，国土事務次官から業界団体である社団法人日本不動産鑑定協会に対して通知されている。その内容は，不動産価格の形成に関する理論を科学的に検討し，不動産評価に関する実務の最新の研究成果をも取り入れたものであって，『進歩の集積に応じて今後さらにその充実と改善を期すべきもの』

ではあるが，現状においては，『不動産鑑定士等が不動産の鑑定評価を行うに当たって，その拠り所となる実質的で統一的な行為規範』として機能するものである。**このような不動産鑑定評価基準の性格や精度に照らすと，これに準拠して行われた不動産鑑定は，一般的には客観的な根拠を有するものとして扱われるべきであり，その結果が上記の通達評価額を下回るときは，前者が『時価』に当たると判断すべきことは当然である**（被告も，結論としてはこれを肯定している。）。」（下線強調は筆者）

　また，評価通達に規定されている補正項目は，類型的な場合のみであり[85]，不動産鑑定評価において考慮されるべき評価減がすべて規定されているわけでもありません。

　このように，評価通達は「**簡易モデル**」である以上，いくら合理性があると認められたとしても，**「時価」としての精度は不動産鑑定評価に比べて低いはずです。**

　したがって，簡易モデルである評価通達は，本来，不動産鑑定評価によって評価した場合には異なる「時価」となるはずのものが，同じに扱われることになるという問題点を内包していることになります。**とすると，評価通達を形式的・画一的に適用することは，本来，合理的な不動産鑑定評価に基づく評価額によれば，異なって取り扱われるべきものが，同じ「時価」として扱われるという弊害があり，かえって「課税の公平」を害するおそれがあります**（図表109）。

---

[85]　評価通達1(3)では，「財産の評価に当たっては，その財産の価額に影響を及ぼすべきすべての事情を考慮する。」と規定されていますが，その趣旨について「財産評価通達逐条解説」では「財産評価は，それぞれの財産の現況に応じて評価するのであるが，その評価に当たっては，本項に定めるとおり，財産についてその価額に影響を及ぼすべきすべての事情を考慮することとしている。これは前にも述べたとおり，時価主義の評価原則からみてもきわめて当然のことではある。しかしながら，所有者等の主観的な要因とか，所有者等の意思，行為等によって変更することのできるような事情などは考慮されない。他人が借地権を有している底地の評価額は，借地権の評価額を更地の評価額から控除して評価したり，無道路地，間口が狭小な宅地，がけ地等を有する宅地等は一定の割合で評価減したり，角地は一定の割合で評価増したりすることは当然であり，あらかじめ類型的に想定できるものは評価基本通達に増減割合等を明示している。」と説明されています。肥後治樹・前掲（注63）13頁）

このように，合理的な不動産鑑定評価に基づく評価額を「比較の指標」として考えた場合，「課税の公平」は，評価通達以外の方法を許容しないことの理由にはなりません。

●●● 図表109 「合理的な鑑定評価に基づく評価額」を比較の指標とした場合

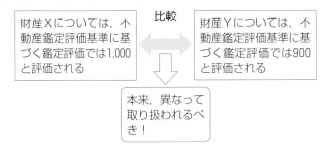

一方，東京地裁平成24年3月2日判決等がいっていることは，比較の指標を**「評価通達による評価額」**とした上で，評価通達に基づいて評価した金額が同じであれば同じように扱うことが「課税の公平」に資する，逆に，評価通達に基づいて評価した金額が同じであるにもかかわらず，不動産鑑定評価額が異なることを理由として異なって扱うことは「課税の公平」に反するといっているにすぎません（図表110）。しかし，本来は「時価」としての精度が劣る「評価通達による評価額」を比較の指標とすべきことが明らかにされなければなりません。このように，「課税の公平」は上記判断の根拠にはなりません。

●●● 図表110 比較の指標を「評価通達による評価額」とした場合

このように，上記議論において，「課税の公平」は，自己の主張を正当化するために**マジックワード的**に使用されているといえるでしょう。

③ 評価通達の一般的合理性の検証がなされていない現状においては，「課税の公平」が害されている場合は少なくない

加えて，課税実務及び税務訴訟の実態として，評価通達に一般的合理性があることは「当然の前提」となっており，簡易モデルとしての合理性さえ明らかにはなっていません。

筆者の訴訟代理人としての経験及び裁判例の分析結果からいえば，裁判所は，評価通達の一般的合理性について，一応，審理判断している外形を装ってはいますが，財産評価基本通達逐条解説で説明されている趣旨等をもって合理的と認める程度の形式的な判断しかしていないという印象があります[86]。

実際，筆者が訴訟代理人として争った事案では，評価通達24－4の広大地補正率の一般的合理性が争点となり，広大地補正率が不合理である理由につき具体例を挙げて主張しましたが，第一審では，財産評価基本通達逐条解説で説明されている理由[87]のみを根拠に合理性ありとしました。控訴審に至っては，「広大地補正率の算式の各数値に特段不自然又は不合理な点が認められないこと」から合理性があるなどと判断しています。しかし，統計的手法をもって設定したとする広大地補正率について，当該統計的手法を用いた算出過程を見ることなく，いかにして，不自然・不合理な点がないと判断できたのでしょうか??

この点，広大地評価については，「従来の広大地の評価に係る広大地補正率は，個別の土地の形状等とは関係なく面積に応じて比例的に減額するものであるため，社会経済情勢の変化に伴い，広大地の形状によっては，それを加味して決まる取引価額と相続税評価額が乖離する場合が生じていた」として平成29年度税制改正で改正されることになったのですから，従前の補正率には問題があったということではないでしょうか？

さらに，納税者側が特別の事情を主張する場合[88]にはほとんど認めることがないので，評価通達を画一的・形式的に適用することによって，異なったもの

---

[86]　東京地裁平成24年3月2日判決・判時2180号18頁を除き，評価通達の合理性について実質的に審理した裁判例は見当たりません。

[87]　肥後治樹・前掲（注63）137頁では，「広大地補正率を求める算式は，収集した鑑定評価事例を基に，1㎡当たりの鑑定評価額が正面路線価に占める割合と評価対象地の地積との関係を統計学の手法（最小二乗法による回帰分析）を用いて分析・検討を行い，評価の簡便性や安全率にも配慮して定めている」と説明されています。

第3章 「課税の公平」とは一体何だ？ 215

が同じに扱われるという弊害が生じている可能性は否定できず，**実際には「課税の公平」が害されている場合が少なくない**といえるでしょう。

⑸ 裁判例を検証した結果のまとめ

これまでの検証結果を振り返ってみましょう。

まず，⑴で検討した最高裁平成20年9月12日判決（ペット葬祭業事業）では，法人税法が，公益法人等の収益事業について課税する趣旨より，宗教法人が行っている事業が宗教法人以外の法人と同じような事業の内容であれば，「課税の公平」の観点から，同じに扱われるべきであることを導いた上で，「課税の公平」を判断する際の「比較の指標」となるべき要素を抽出して収益事業該当性の判断基準を導いていました。このように，本判決においては，「課税の上で同じ状況にあるものは同じに，異なった状況にあるものは異なって取り扱われるべき」という本来の意味で，「課税の公平」という概念が使用されていることがわかりました。

次に，⑵で検討した最高裁昭和62年10月30日判決（信義則に関する裁判例）も，「課税の公平」は本来の意味で用いられており，「比較の指標」を「青色申告制度における所定の手続要件を満たしているか」と設定した上で，所定の手続要件を満たさない場合は，異なる課税上の状況に当たるので，異なって取り扱うことが「納税者間の平等・公平」の要請を満たすと解していることがわかりました。もっとも，「比較の指標」を「青色申告制度の趣旨を満たすか否か」に変えれば，原審での判断のように，「課税の公平」の観点から青色申告を認めるべきとの結論を導くことができるというものでした。

さらに，⑶で検討した最高裁平成17年12月19日判決（外税控除事件）では，最高裁の議論ははっきりしないものの，仮に「外国税額控除制度の趣旨」を比較の指標とし，「外国税額控除制度の濫用である本件取引」と「濫用ではない取引」とを比べて，課税の上で異なる状況にあるため，異なって取り扱うべきということをいっているとすれば，「課税の公平」について本来の意味で用いていると評価できました。もっとも，比較の指標を「法人税法69条の課税要

---

88 逆に，裁判所は，課税庁側が特別の事情を主張する場合には，これを認める傾向にあります。

件」に変更すれば，本件取引も法人税法69条の課税要件を形式的に満たすことになり，課税の上で同じ状況にあるとの結論を導くことも可能でした。

　最後に，(4)で検討した財産評価に関する「時価」が原則として評価通達に基づいて評価されるべきとされる根拠についてですが，裁判例においては，一般に，「課税の公平」を根拠として，原則的に，評価通達を形式的にすべての納税者の財産評価において適用すべきであり，特段の事情があるときを除き，評価通達以外の方式によってその価額を評価することが「許容されない」という結論を導くという構造になっていました。しかし，「課税の公平」は自己の主張を正当化するためにマジックワード的に使用されているにすぎないことがわかりました。

　以上のとおり，裁判例分析によって「課税の公平」という概念がマジックワード的に用いられているケースや，本来の意味で使用されてはいるものの，「比較の指標」を変えれば結論が変わり得るケースがあることがわかりました。**つまり，「課税の公平」という概念だけを持ち出してみても，それだけでは，自己の主張を導く積極的な根拠にならないということです。最終的には，なぜ，自己が（暗黙裡に設定している）「比較の指標」において，同じである必要があるかの問題に帰着するということになります。**

　とすれば，「課税の公平」という概念が課税庁側の議論に持ち出されている場合には，ここにおける「比較の指標」は何か，その指標を選択することは妥当か，他により妥当な指標はないか等を検討することで，反論すべき点を見つけられるということになります。

3 「課税減免規定の厳格解釈」というテーゼは 「課税の公平」からは導けない！

　「課税減免規定の厳格解釈」といったテーゼ（命題）は，非課税規定や租税特別措置法などの納税者にとっての有利規定の条文解釈の場面で，限定的に解釈すべきという課税庁側の主張を裏付ける理由としてよく用いられます。

　82頁で検討した仙台高裁昭和50年1月22日判決（以下「仙台高裁昭和50年判

決」といいます）においても，地方税法489条1項2号にいう「合金鉄」（非課税物件）に該当するか否かの条文解釈において，「課税減免規定の厳格解釈」が用いられています。

そして，仙台高裁昭和50年判決では「課税減免規定の厳格解釈」を，「非課税要件規定は，それが課税要件規定とは異なる何らかの財政，経済政策的配慮から定立されるものであるが故に，**租税負担の公平等の理念に対して何らかの意味におけるいわゆる阻害的な影響を及ぼすもの**」（下線強調は筆者）であることを根拠に導いています。

以下は，「課税減免規定の厳格解釈」というテーゼを導いている判示部分です。

「(1)　しかし，被控訴人主張のような意味における合目的解釈ないし法規の趣旨を尊重した解釈に基づいて法律の規定を適用するときは，いわゆる類推ないし拡張解釈に等しく，結果的に法律の規定の本来の規制内容を緩和して適用することとなるのであるが，かようなことは地方税法489条のような非課税要件規定においては避けられるべきものである。

けだし，租税の賦課徴収と国民における財産権の保障との関係が法理論的に後者が原則的であるのに対し，前者が例外的なものとして理解されるべきであるという形式的な観点（例外の内容を原則との比較においてより広義に，より緩和して解すると，やがては原則と例外との区別を失わせるという不当な結果を招くことになる。）のみならず，財産権の保障，租税負担の公平等をその実質的内容とする租税法律主義の原則からいつても，租税法規ことに課税要件規定は狭義に厳格になされなければならないことは異論のないところであろうが，租税法規における非課税要件規定は，課税要件規定を原則的規定とすると，これに対する例外的規定としての地位にあるものと理解され，**実質的にも非課税要件規定は，それが課税要件規定とは異なる何らかの財政，経済政策的配慮から定立されるものであるが故に，課税要件規定が実現維持しようとする租税負担の公平等の理念に対して何らかの意味におけるいわゆる阻害的な影響を及ぼすものであることからして，租税法規の解釈適用における前記の狭義性，厳格性の要請は，**

<u>非課税要件規定の解釈適用において一層強調されてしかるべきだからである。</u>」（下線強調は筆者）

上記議論の流れを議論モデル図にすると，図表111のように表せます。

●●● 図表111　仙台高裁昭和50年判決の議論モデル図

【前提・事実等】
非課税要件規定は，課税要件規定とは異なる財政，経済政策的配慮から定立される

【主張】
非課税要件規定の解釈適用においては，課税要件規定よりも，より狭義・厳格になされるべきである

【根拠】
非課税要件規定は，課税要件規定が実現維持しようとする租税負担の公平等の理念に対して阻害的な影響を及ぼす

上記議論モデル図における「前提・事実等」は「非課税要件規定は，課税要件規定とは異なる財政，経済政策的配慮から定立される」というものですが，非課税要件規定の趣旨は必ずしも財政的・政策的配慮に限られるものではありません。もっとも租税特別措置法のように財政的・政策的配慮に基づくものが多いことは事実ですし，そもそも財政的・政策的配慮に基づく課税減免規定の解釈に関する主張であると考えることもできるので，当該「前提・事実等」は真であるとして議論の是非を検討することにします。

そうすると，「課税減免規定の限定解釈」というテーゼの妥当性は，「非課税要件規定は，課税要件規定が実現維持しようとする租税負担の公平等の理念に対して阻害的な影響を及ぼす」という「根拠」の妥当性に依存することとなります。仮に，当該「根拠」が不当であるということになれば，「課税減免規定の限定解釈」はそれを支える根拠を失い，不当なテーゼということになります。

そこで，非課税要件規定は，本当に，課税要件規定が実現維持しようとする租税負担の公平等の理念に対して阻害的な影響を及ぼすのかについて，以下，検証しましょう。

第3章 「課税の公平」とは一体何だ？ 219

【検証その1】仙台高裁昭和50年判決で使用している「租税負担の公平」（＝「課税の公平」）は，「課税の上で同じものは同じように，異なっているものは異なって取り扱われるべき」という意味で用いられているか？

　上記「根拠」は，「課税要件規定」と「非課税要件規定」とを比較し，非課税要件規定は課税要件規定が実現維持しようとする租税の負担との関係において課税の公平を害するという内容ですので，「課税の上で同じものは同じように，異なっているものは異なって扱うべき」という「課税の公平」の意味で用いられていると考えられます。

　したがって，「課税の公平」という概念自体は正しく捉えられているといえるでしょう。

【検証その2】仙台高裁昭和50年判決は，何を「比較の指標」としているのか？

　では，次に，仙台高裁昭和50年判決は何を「比較の指標」として課税要件規定と課税減免規定とを比較しているのかについて検討します。

　上記判示を読んでも，何を「比較の指標」としているのか，必ずしも明らかではありません。しかし，「非課税要件規定は，課税要件規定が実現維持しようとする租税負担の公平等の理念に対して阻害的な影響を及ぼす」という文からは，本来，課税要件規定によって課税されるはずのものが，非課税要件規定によって課税を免れることになり，阻害的な影響を及ぼすという意味が読み取れますから，**「課税要件規定を基準とした場合の担税力」**が「比較の指標」であると考えられます。

　以上より，**仙台高裁昭和50年判決は，「課税要件規定を基準とした場合の担税力」を比較の指標として，非課税要件規定と課税要件規定とを比較し，両者は課税上同じ状況にあるため同じに扱われる必要があるにもかかわらず，異なった取扱いがなされることから，「課税の公平」を害する**といっていることになります（図表112）。

●●○ 図表112　課税要件規定における担税力を「比較の指標」として「課税要件規定」と「非課税要件規定」を比較する場合

しかし，このような考え方は妥当でしょうか？

非課税要件規定の解釈にあたり，課税要件規定を基準とした場合の担税力を比較の指標とするということに問題はないでしょうか？

そもそも，非課税要件規定であっても，財政的・政策的な目的を達成するために，租税法規として成立しているわけです。したがって，**課税要件規定を基準とした場合の担税力を比較の指標として「非課税要件規定」と「課税要件規定」とを比較して「課税の公平」に反するということは，非課税要件規定は憲法14条1項に反する（＝「合理的区別」ではない）といっていることと同じです**（つまり，同じ担税力があるにもかかわらず，課税減免規定によって課税を減免することは，合理的な区別ではないということ）。

そうだとすると，非課税要件規定は，大島訴訟で定立された合理的区別該当性の判断基準に基づいて判断した場合に，「合理的区別」に反するという結果となるはずです（図表113）。

しかし，思い出してみてください。大島訴訟で定立された合理的区別該当性の判断基準は，裁判所は立法府の裁量を尊重すべきであるとの価値判断より，**非常に緩い判断基準**になっていました。特に，「区分の態様」については，著しく不合理であることが明らかである場合に限られるので，「**立法目的**」に何らかの正当性があれば「**合理的区別**」であると判断されるような内容でした。

では，何らかの財政的・政策的目的の観点から立法される「課税減免規定」は，どのような要件を満たした場合に，「立法目的」が正当であり「合理的区別」であると判断され得るのでしょうか？

第3章 「課税の公平」とは一体何だ？　221

●●● 図表113　仙台高裁昭和50年判決の「課税減免規定の限定解釈」を導く「根拠」
　　　　　　が意味する内容

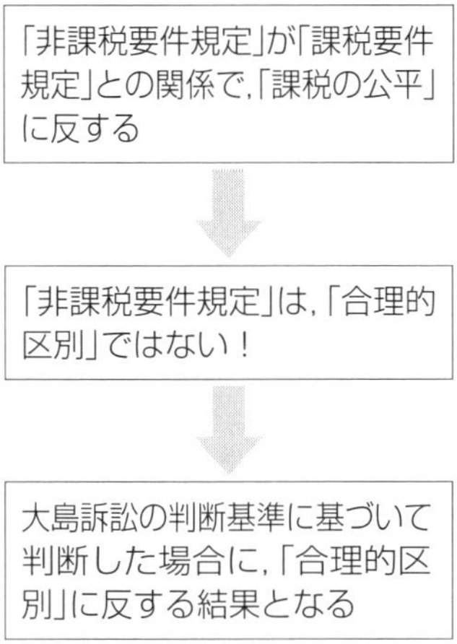

> 「非課税要件規定」が「課税要件
> 規定」との関係で、「課税の公平」
> に反する

⬇

> 「非課税要件規定」は、「合理的
> 区別」ではない！

⬇

> 大島訴訟の判断基準に基づいて
> 判断した場合に、「合理的区
> 別」に反する結果となる

　この点，大島訴訟で争点となった，給与所得の概算経費控除の規定は**課税要件規定**に属するものですが，概算経費控除規定の立法目的に関し，最高裁は，旧所得税法が給与所得に係る必要経費につき実額控除を排する代わりに概算控除の制度を設けた目的が，給与所得に実額控除を認めた場合に生じる税務執行上の弊害等を防止することにあると認定した上で，当該目的は正当性を有すると判断していました。

　つまり，実額控除を認めた場合の「**弊害**」があるため，それを「**回避**」するという立法目的は「**正当**」であると判断しているということになります（図表114）。

●●● 図表114　課税要件規定における「立法目的の正当性」の判断

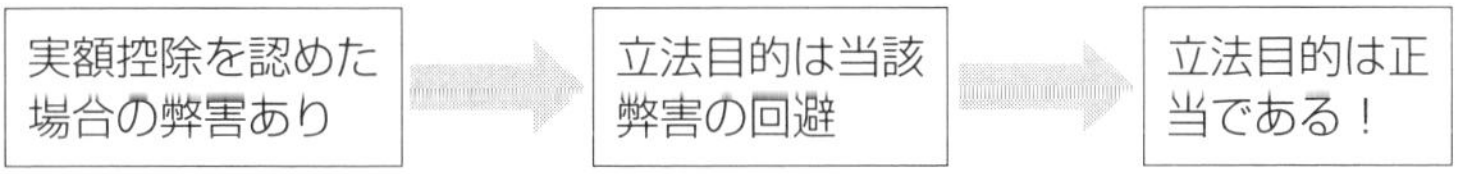

実額控除を認めた場合の弊害あり	➡	立法目的は当該弊害の回避	➡	立法目的は正当である！

　このような課税要件規定における判断構造を参考にすれば，何らかの財政的・政策的目的の観点から立法される**課税減免規定**の場合には，当該財政的・

政策的目的が立法目的ということですから，課税要件規定の「弊害の回避」を「効果の発生」に変えて，立法目的の正当性を判断することになりそうです（図表115）。

●●●図表115　課税減免規定における「立法目的の正当性」の判断

とすれば，課税減免規定の場合も，「何らかの財政的・政策的な効果を発生させる必要があり，課税減免規定は当該効果を発生させることを目的に立法されたため，当該立法目的は正当である」といった論理の流れによって，立法目的正当性が導かれるはずです。

このように，課税減免規定の場合も，立法目的の正当性が課税要件規定の場合と同じ構造及び程度によって導かれる以上，よほどひどい区別の態様でない限り，「合理的区別」であると判断されるはずです。

とすると，課税減免規定は「合理的区別」であり，課税要件規定と課税減免規定は，課税の上で異なって扱われるべきものということになり，仙台高裁昭和50年判決のように，「課税要件規定を基準とした場合の担税力」を比較の指標として，非課税要件規定と課税要件規定とを比較すること自体が不当であるということになります。このように，**「課税減免規定の限定解釈」を「課税の公平」を根拠として**導くことはできません。

以上をまとめると，「課税減免規定の限定解釈」というものは，課税減免規定の憲法14条1項違反の判断の場面においては，立法裁量を尊重して，ほとんどの場合において「合理的区別」であって憲法14条1項に反しないと判断するにもかかわらず，課税減免規定の解釈の場面では，一転して，「合理的区別」ではないことを「根拠」として限定的に解釈することを要請するものであり，**論理的一貫性を欠く不当なテーゼである**といえるでしょう。

なお，学説においても，「課税減免規定の限定解釈」に対し，批判的な意見があります。例えば，谷口勢津夫教授は，以下のように，課税減免規定が例外規

第 3 章 「課税の公平」とは一体何だ？ 223

定又は特例であることを理由として狭義に解釈することを問題視しています[89]。

> 課税減免規定については，ときに，これを例外規定ないし特例と見たうえで，解釈の厳格性を狭義性と同視し，**解釈の狭義性の要請を殊更に強調するかのような見解**（例えば最判昭和53年7月18日訟月24巻12号2696頁参照）も見られる。このような見解は，それが縮小解釈を要請するのであれば，問題である。課税減免規定の縮小解釈は，通常の課税要件規定（課税根拠規定・積極的課税要件規定）の拡張解釈と同じく，納税義務の創設あるいは拡大を帰結することになるからである。そもそも，解釈の厳格性と狭義性とは，論理的には別次元の問題である。

4 「課税の公平」が議論に用いられている場合のチェックポイント

以上の検討結果のまとめとして，「課税の公平」が議論に用いられている場合のチェックポイントを，以下列挙します。

☑ Check Point 1　その議論で使用されている「課税の公平」は，「課税の上で同じ状況にあるものは同じに，異なる状況にあるものは異なって扱うべきという」本来の意味で使用されているか？

☑ Check Point 2　本来の意味に使用されている場合，何を「比較の指標」として，「何」と「何」とを比べているか？

☑ Check Point 3　その「比較の指標」以外により適切であると考えられる「比較の指標」はあるか？

☑ Check Point 4　「課税減免規定の限定解釈」というテーゼが課税減免規定の解釈上用いられている場合，その課税減免規定はいかなる立法目的によって立法されているか？　その立法目的は，一般に正当といえそうか？

---

[89]　谷口勢津夫・前掲（注45）43頁

第4章

未だ答えの出ていない問題について主張を組み立てる

　第1章から第3章までは，課税庁の主張に対して自分の頭で考えて，的確に反論するための枠組みや，紛争となるケースにおける課税庁側の思考パターン，「課税の公平」という概念の内容等について説明し，それに関連する裁判例等を検討してきました。

　そこで，本章では，これまで説明してきたルール等を駆使して，未だ答えの出ていない問題に対して，課税庁の主張に対する問題点を抽出し，自己の主張（課税庁の主張に対する反論を含みます）を組み立てるということを実践してみましょう。

　ここで取り上げる問題は，①選択権規定における更正の請求の可否と選択権規定の条文解釈と，②消費税法の輸出免税における帳簿等の保存要件，の2つです。

　いずれの問題についても，税務調査において納税者が調査官から指摘を受けたものの，その説明に納得のいかない納税者が，星税理士（もちろん，架空の人物です）に相談するという設定になっています。そして，星税理士と筆者である髙橋が，ディスカッションしながら，調査官の主張における問題点を抽出し，最終的に主張反論を構成するという流れになっています。

　なお，以下の設例は，いずれも筆者が実際に遭遇した事案を参考にはしていますが，具体的な内容については，あくまでフィクションであることにご留意ください。また，ここで構成する反論は，あくまで1つの「**仮説**」にすぎず「**正解**」ではありません。いかなる見解を採用するかは，ご自身の頭で「**考え**」てみてください。

1 選択権規定における更正の請求の可否と選択権規定の条文解釈

　国税の納税に関しては申告納税制度が採用されていますが，租税法規の条文は難解かつ複雑な場合が多いため，間違って申告してしまうことは少なからずあります。

　そこで，国税通則法では，納税者自らが誤りを是正する措置として，修正申告（国税通則法19条）と更正の請求（国税通則法23条）という制度を用意しています。

　しかし，課税庁側は，更正の請求事由を限定的に解釈する傾向にあるため，更正の請求の可否をめぐって税務訴訟が頻発しています。そして，下級審裁判所においては課税庁の主張をそのまま受け入れる傾向にあり，その結果，結論先にありきの場当たり的な判断がなされている状況にあります。特に，選択権規定に関する錯誤に関しては，納税者が誤って選択したとしても，「その規定を適用すること自体に誤りはないから」という理由で排斥されることが多々あります。

　そこで，ここでは紛争に至る可能性の高い選択権規定における更正の請求に関する設例を取り上げます。そして，あるべき更正の請求事由及び当初申告要件と更正の請求との関係を，学説・裁判例等を基に整理し，これを基に設例における調査官の主張に対して，反論を試みます。

　また，選択権規定である措置法8条の4を素材として，措置法8条の4第2項の条文解釈について，調査官の主張への反論を構成します。

(1) 設　例

　X氏は，平成27年より，国内の証券市場における上場株式（以下「本件国内上場株式」といいます）と併せて外国証券市場における上場株式（以下「本件外国上場株式」といいます）を保有し，これらの株式より配当金を得ていました。

　X氏は，平成27年度の確定申告時に，措置法8条の4第1項に定める「上場

株式の配当等」に該当する場合には，申告分離課税を選択し，株式譲渡損失と損益通算できることを知りました。そこで，これらのタックスメリットを得ようと考え，「上場株式等の配当等」に該当することが明らかな本件国内上場株式について，申告分離課税を選択しました。

しかし，本件外国上場株式については，外国証券会社の証券口座で管理しており，その外国証券会社は日本における金融商品取引業者ではないため，「上場株式等の配当等」に該当するかどうかの判断がつきかねました。そこで，知り合いの税理士に聞いたところ，その税理士は，措置法37条の12の2第2項において損益通算の対象となる「上場株式等の譲渡」は措置法8条の4第1項の「上場株式等の配当等」とは互いに損益通算されるものであり，その対象は同じはずであろうと考え，金融商品取引業者でない外国証券会社で管理されている外国上場株式は，措置法8条の4においても措置法37条の12の2第2項と同様，対象外であると考え，X氏に対し「おそらく本件外国上場株式の配当については，申告分離課税は適用できないと思う」と回答しました。

それを受け，X氏は，本件外国上場株式の配当については，総合課税を適用して申告しました。平成28年分の確定申告についても，平成27年分と同様に申告しました（図表116）。

●●● 図表116　X氏の確定申告における申告分離課税と総合課税の適用状況

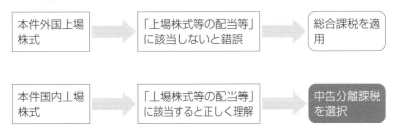

その後の平成29年春頃，X氏の下に所轄税務署であるY税務署より電話があり，平成27年分と平成28年分の確定申告における本件外国上場株式の配当金の取扱いに関して確認したいことがあるので，税務調査をしたいとの申し出がありました。断る理由もないので，それに応じました。

税務調査の日になり，Z調査官がX氏のところにやってきました。Z調査官は，

本件外国上場株式に係る配当金について総合課税を適用している理由を尋ねたところ，X氏は，本件外国上場株式は金融商品取引業者を通じての取引ではないので「上場株式等の配当等」に当たらないことが理由であると説明しました。

　そうしたところ，Z調査官は「『上場株式等の譲渡』とは異なり，『上場株式等の配当等』の場合には，金融商品取引業者を通じての取引であることは要件とはなっていないので，本件外国上場株式は『上場株式等の配当等』に該当します。そうすると，本件外国上場株式に係る配当金については，『上場株式等の配当等』であるにもかかわらず総合課税を選択適用しているので，措置法8条の4第2項により本件国内上場株式に係る配当金については申告分離課税が適用できず，総合課税が適用されることになります」といい，X氏に本件国内上場株式に係る配当所得について総合課税を適用して修正申告をするように求めました。

　これに対し，X氏は，「本件外国上場株式に係る配当金が『上場株式等の配当等』に該当するとは思ってもみませんでした。仮にそうだと知っていたら，本件外国上場株式に係る配当金についても，税務上断然有利な申告分離課税を選択していました。本件外国上場株式に係る配当金について総合課税を適用したのは，本件外国上場株式に係る配当金が『上場株式等の配当等』に該当しないと錯誤したからです。調査官の方で錯誤であったことを理由として減額更正してもらえないのであれば，本件外国上場株式についても申告分離課税を選択する旨の更正の請求をするつもりです。そうであれば，総合課税を選択適用した『上場株式等の配当等』は存在しなくなるので，本件国内上場株式に対して措置法8条の4第2項を適用することはできないですよね」と調査官に反論しました。

　これに対し，調査官は，以下の理由により，本件外国上場株式につき申告分離課税を選択適用する旨の更正の請求は認められず，措置法8条の4第2項により，申告分離課税を選択した本件国内上場株式等の配当等についても総合課税が適用されると主張しました。

【理由①】措置法8条の4第1項のように，複数の課税方法のうちいずれかを選択して適用できる旨のいわゆる選択権規定の選択誤りは，更正の請求における誤りにはならない。最高裁昭和62年11月10日判決でも

第4章　未だ答えの出ていない問題について主張を組み立てる　229

同様の判断をしている。X氏が総合課税を選択したことは，確定申告書に添付された「所得の内訳書」に記載された本件外国上場株式について，「所得の種類」欄に記載された「配当」という文字が○で囲まれていないことから，明らかである。

【理由②】当初申告要件がある選択権規定については，確定申告書に一定の記載をすることが必要であるが，本件の確定申告書にはその記載がない。例外的に，所得税法または租税特別措置法上に，修正申告書または更正の請求での記載でも認める規定がある場合は，更正の請求書に記載があれば選択できる。しかし，本件の場合には，所得税法または租税特別措置法にはそのような規定はないし，宥恕規定もないので，結局更正の請求は認められない。

【理由③】更正の請求が認められない以上，措置法8条の4第2項の課税要件を満たし，申告分離課税を選択した本件国内上場株式の配当金についても総合課税が適用されることになる。

　X氏は，本件外国上場株式の配当についても，「上場株式等の配当等」に該当すると知っていたら，当然，申告分離課税を選択して申告するはずであったのに，それを間違ったことについては更正の請求による是正を認めず，正しく申告分離課税を選択したものについても，有無を言わさず総合課税とすることはあまりにも不当であるとして，星税理士に相談しました。

参考

【措置法8条の4（平成25年度税制改正前）】

1　居住者又は国内に恒久的施設を有する非居住者が，平成21年1月1日以降に支払を受けるべき所得税法第24条第1項に規定する配当等（第8条の2第1項に規定する私募公社債等運用投資信託等の収益の分配に係る配当等及び前項第1項に規定する国外私募公社債等運用投資信託等の配当等を除く。以下，この項，第4項及び第5項において「配当等」という。）で次に掲げるもの（以下この項，次項，第4項及び第5項において「上場株式等の配当等」という。）を有する場合において，当該上場株式等の配当等に係る配当所得につきこの項の規定の適用を受けようとする旨の記載のある確定申告書を提出

したときは，当該上場株式等の配当等に係る配当所得については，同法第22条及び第89条並びに第165条の規定にかかわらず，他の所得と区分し，その年中の当該上場株式等の配当等に係る配当所得の金額（以下この項において「上場株式等に係る配当所得の金額」という。）に対し，上場株式等に係る課税配当所得の金額（上場株式等に係る配当所得の金額（第3項第3号の規定により読み替えられた同法第72条から第87条までの規定の適用がある場合には，その適用後の金額）をいう。）の100分の15に相当する金額に相当する所得税を課する。この場合において，当該上場株式等の配当等に係る配当所得については，同法第92条第1項の規定は，適用しない。

（各号省略）

2　居住者又は国内に恒久的施設を有する非居住者がその年中に支払を受けるべき上場株式の配当等に係る配当所得について所得税法第22条及び第89条又は第165条の規定の適用を受けた場合には，その者が同一の年中に支払いを受けるべき他の上場株式等の配当等に係る配当所得については，前項の規定は，適用しない。

⑵　検　　討

Step 1　本設例における争点を明確にする

髙　橋　それでは，始めましょう。まず，本件の争点を明らかにする必要がありますが，争点を明確化する前提として，Ｚ調査官の主張が，どの条文に基づいたものなのかを確認しましょう。**適用条文を確定することが，法的議論のスタート**になりますからね。

星税理士　はい。まず，**理由③**については，Ｚ調査官自身がいうように，措置法8条の4第2項が根拠になります。

　　　次に，誤って総合課税を適用した本件外国上場株式の配当金について更正の請求が認められないとする理由は**理由①**と**理由②**ですが，両者はそれぞれ別の内容ですので，それぞれ適用条項が異なるはずです。

　　　確か，更正の請求は，国税通則法23条で規定されていたはずです。したがって，**理由①**については，国税通則法23条を適用条項としていると思います。

　　　一方，**理由②**の方は，「所得税法または租税特別措置法上」という

ような曖昧な言い方をしていますが，本件は措置法8条の4の規定の適用が問題になっていますので，適用条項は措置法8条の4ということになると思います。

髙　橋　そのとおりでしょう。**理由①**の適用条項についてさらに絞り込むと，本件は，本件外国上場株式の配当金が「上場株式等の配当等」に該当しないと錯誤したことが原因で，かつ，所得税額が過大となった事案なので，国税通則法23条1項1号が適用条項になります。

　　　　Z調査官の説明は，適用条項を明示していないだけでなく，条文におけるどの文言が問題となるかについても明らかにしていないので，わかりにくいですね。本件では，適用条項の当たりはつきますが，不明な場合には，調査官に確認するべきでしょう。

星税理士　そうですね。適用条文を確定するということは，実務上忘れがちですからね。

髙　橋　Z調査官の主張理由における適用条項がわかりましたので，次に，争点を明確化していきましょう。**理由③**は措置法8条の4第2項が適用されることの理由であって，更正の請求を認めないことの**理由①**と**理由②**とは別の争点になりますので，**理由③**と**理由①**及び**理由②**とは切り離して検討しましょう。

　　　　以上をまとめると，Z調査官の課税理由①ないし③における適用条項は，図表117のように整理されます。

●●●　図表117　Z調査官の課税理由①〜③に対する適用条項

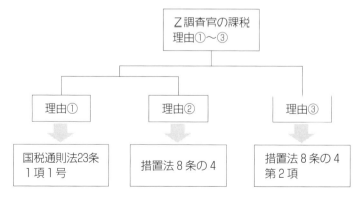

国税通則法23条と措置法 8 条の 4 の適用関係を明らかにする

星税理士　適用条項はわかりましたが，**理由①の根拠条文である国税通則法23条 1 項 1 号と理由②の措置法 8 条の 4 との関係がよくわかりません。**Ｚ調査官のいうように，措置法 8 条の 4 に更正の請求において選択できる旨の規定がない以上，国税通則法23条は適用されないということになりそうな気もします。

髙　橋　星先生の問題意識は，措置法等の個別税法の方で定める要件が満たされない場合には，国税通則法23条の適用関係はそもそも問題にはならないのではないか，ということですね。この問題意識に関しては，**①国税通則法と個別税法の適用に関する優先関係と，②実体要件と手続要件との区別**とが関係してきますので，これらについて説明します。

　　まず，①の優先適用関係について説明します。

　　国税通則法は，個別税法に共通する事項を統一的にまとめて規定することを主眼として制定されたものですから，**国税通則法と各個別税法との関係は，一般法と特別法との関係にある**[90]といえます。このことは，国税通則法の解説書である『国税通則法精解』34頁において，「国税通則法は，各税法に共通する事項を統一的にとりまとめて規定することを主眼としているから，以前の各税法においてそれぞれ個別に規定されていた手続等に関する規定は，当該税目に特有の規定として一般法に対する特例となるものを除いては，あげて国税通則法に移行されたのは当然である」[91]と説明されていることからも裏付けられます。

　　次に，明らかにすべきことは，**特例法と一般法のいずれが優先的に適用されるか**です。この特例法と一般法の適用に関する優先関係については，(a)**特例法と一般法の両方に規定が置かれている場合には特別**

---

[90]　一般法と特別法の関係については，「ある事柄について一般的に規定した法令があり，他方，同じ事柄について，特別の『場合，対象，地域等』を限定して，この一般法に規定した法令の内容と異なる内容を規定した法令がある場合には，この二つの法令は，『一般法』と『特別法』の関係にあるという。」と説明されています。伊藤義一『税法の読み方 判例の見方』32頁（TKC出版・2003年）

[91]　志場喜徳郎・前掲（注21）34頁

法が優先的に適用され，(b)特別法には規定が置かれず，一般法のみに規定が置かれている場合には一般法が適用される，というルールがあります（図表118参照）。

したがって，更正の請求に関しても，個別税法において国税通則法とは異なった定め（例えば，国税通則法の規定を排除するような内容）が置かれていない限り，国税通則法が適用されるということになります。

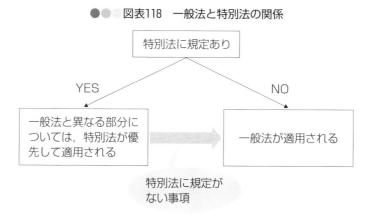

●●● 図表118　一般法と特別法の関係

星税理士　なるほど。そうすると，本件でいえば，特別法である措置法8条の4に更正の請求に関する規定がなければ，一般法たる国税通則法23条1項1号が適用になるということですね。

髙　橋　はい。そのとおりです。

星税理士　措置法8条の4には，特に更正の請求が認められるための要件に関する規定はないですね。そうすると，上記ルール（図表118）に従えば，国税通則法23条1項1号が適用されるということになりそうです。しかし，Z調査官は，当初申告要件のため更正の請求は認められないと主張しています。当初申告要件と国税通則法23条1項1号の関係についてはどのように考えればいいのでしょうか？

髙　橋　はい。この関係が，先に指摘した②の実体要件と手続要件との区別の問題になります。

「**当初申告要件**」というのは、確定申告書にその適用を受ける旨の記載がある場合に限り適用するという、当初申告時に選択した場合に限り適用が可能とする要件なので、一種の**手続要件**（法律効果を実現するための手続に関する要件）ということになります。一方、国税通則法23条1項1号に定める要件は、更正の請求という法律効果の発生に関する要件、つまり**実体要件**になります。

両者は、要件の種類が異なるので、一般法と特別法のような優先関係にはなく、併存関係になります。

星税理士　ということは、更正の請求という法的効果を発生させる実体要件に関しては国税通則法23条1項1号が適用され、申告分離課税を適用するための手続要件である「当初申告要件」については措置法8条の4が独自に規定しているので、同条が適用されるという関係になるということですね。

髙　橋　はい。以上を前提に、更正の請求に関する調査官の言い分（理由①と理由②）を法的に言い換えると、①**本件外国上場株式の配当金が「上場株式等の配当等」に該当しないものと錯誤して総合課税を適用したことは、国税通則法23条1項1号所定の更正の請求事由に該当するか、②措置法8条の4に定める手続要件は、国税通則法23条1項1号の適用を排除するか**、ということになります。

更正の請求に関する争点を「**争点1**」として、そのうち上記①を「**争点1－1**」、上記②を「**争点1－2**」としましょう。そして、措置法8条の4第2項の適用関係に関する争点を「**争点2**」としましょう（図表119）。

星税理士　争点1と争点2は、相互に関係があるような気がしますが、どちらを先に検討すべきでしょうか？

髙　橋　本件外国上場株式の配当金について、更正の請求によって申告分離課税を選択することが認められれば、措置法8条の4第2項の「所得税法第22条……の適用を受けた場合」に該当する上場株式等の配当等がないことになるので、争点1が争点2の先決問題になります。

第4章　未だ答えの出ていない問題について主張を組み立てる　235

●●●●図表119　本設例における争点

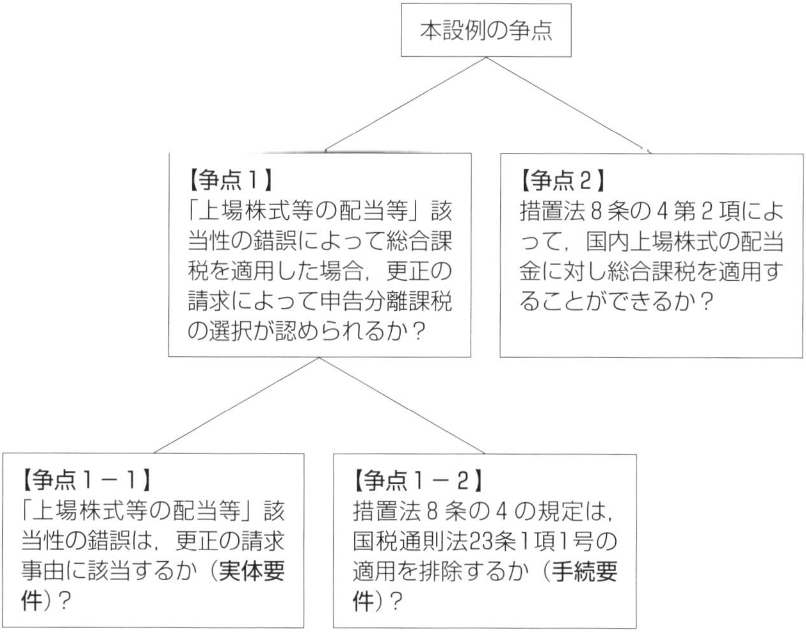

本設例の争点

【争点1】
「上場株式等の配当等」該
当性の錯誤によって総合課
税を適用した場合，更正の
請求によって申告分離課税
の選択が認められるか？

【争点2】
措置法8条の4第2項によ
って，国内上場株式の配当
金に対し総合課税を適用す
ることができるか？

【争点1-1】
「上場株式等の配当等」該
当性の錯誤は，更正の請求
事由に該当するか（実体要
件）？

【争点1-2】
措置法8条の4の規定は，
国税通則法23条1項1号の
適用を排除するか（手続要
件）？

Step2　争点1-1（更正の請求の実体要件）について

髙　橋　では，まず**更正の請求の実体要件**について確認していきましょう。
　　　　更正の請求の実体要件は，何になりますか？

星税理士　国税通則法23条1項1号は，「当該申告書に記載した課税標準等若
　　　　しくは税額等の計算が国税に関する法律の規定に従っていなかったこ
　　　　と又は当該計算に誤りがあったことにより，当該申告書の提出により
　　　　納付すべき税額（当該税額に関し更正があった場合には，当該更正後
　　　　の税額）が過大であるとき」と規定していますので，①課税標準等も
　　　　しくは税額等の計算が国税に関する法律の規定に従っていなかったこ
　　　　と，または当該計算に誤りがあったこと，②納付すべき税額が過大で
　　　　あること，が実体要件になると思います。

髙　橋　そのとおりです。本件では，総合課税による所得税額の方が申告分
　　　　離課税による所得税額よりも過大ですので，上記②の要件を満たすこ

とについては争いありません。したがって，上記①の実体要件を充た
すか否かが実質的な争点ということになります。

星税理士　はい。本件は，「上場株式等の配当等」該当性に関する措置法8条
の4第1項の規定の理解を誤ったことが所得税額過大の原因ですので，
「国税に関する法律の規定に従っていなかったこと」に当たりそうで
す。

髙　橋　文言上は特に誤った原因や対象等について限定していないので，素
直に読めばそうなりそうですね。しかし，本件では，Z調査官は選択
権規定の選択誤りは更正の請求における誤りにはならないなどと主張
していますので，このような主張に法的な根拠があるのかを調べる必
要があります。

　　　　まずは，基本書，コンメンタール及び裁判例等をリサーチして，更
正の請求事由に関する学説と裁判例における判断について確認しま
しょう。

基本書をリサーチして学説における更正の請求事由を確認する

星税理士　はい。では，まず，金子宏教授の『租税法』を見てみます。

　　　　『租税法』では，「**更正の請求は，課税要件事実の認定を誤っていた
場合，税額の計算を間違えていた場合とか誤記があった場合，または
法令の解釈を誤っていた場合のいずれの場合においても，認められ
るべきである**[92]」と説明されています。かなり広い内容が更正の請求
事由になるということですね。

髙　橋　そうですね。金子宏教授の更正の請求事由に関する考え方は，税務
大学校公開講座で実施された「更正の請求について」と題する講演内
容を取りまとめた税大ジャーナル3において，かみ砕いて説明されて
いますので，こちらも見てみましょう[93]。

---

[92]　金子宏・前掲（注16）880〜881頁
[93]　金子宏「更正の請求について」3〜4頁　税大ジャーナル3（2005.12）

第 4 章　未だ答えの出ていない問題について主張を組み立てる　237

　実はその誤って過大に申告した，つまり誤って余計に申告し過ぎたという中にはいろいろな場合があります。単純な計算ミスもありますし，それから費用の一部の計上もれというようなこともございます。例えば譲渡所得があった場合には，譲渡した資産の取得に必要であった金額が計算上控除できるわけですけれども，その取得価格の計上が少なすぎたというような場合があります。あるいは，雑損控除をし忘れたということもあるかと思います。この雑損控除の失念，これも更正の請求の理由になるのだろうと私は理解しています。

　それから，さらにはもっと専門的になりますと，法令の解釈に関して誤りを犯してしまった。つまり，通達ではこのようになっているのに，通達の規定に気づかないで，通達でさだめていることよりも余計に収入金額を計算してしまったというようなこともあるわけですし，それから中には，自分は通達の規定に前から疑問を持っていたので，通達の規定によると所得金額はこうなるけれども，しかし，自分が考えるように解釈すれば所得はもうちょっと少なくなるというように思っていたのだけれども，通達がこうなっているのだから，通達の規定どおりに申告しようと思って申告したのだけれども，後で専門家に聞いてみると，いや，通達の規定には疑問があるから，あなたの解釈の方が正しいと思うというようなことを仮に言われたとしますと，そうすると，そのような場合も更正の請求の理由になるわけでありまして，それは更正の請求の中でも非常に専門的な更正の請求の例であるということになるかと思います。つまり，更正の請求の理由の中には単純なミスから通達の解釈が正しいかどうかというような非常に専門的な問題までいろいろあり得るということであります。そして，さっき申しましたように，これは納税者が自分の権利・利益を守るためにとても便利な制度であるということになります。

星税理士　なるほど。これによれば，「失念」も含まれるということですから，『租税法』で列挙している事由よりもさらに広く解しているということですね。そうすると，金子説によれば，①課税要件事実の認定を誤っていた場合，②税額の計算を間違えていた場合や誤記があった場合，③法令の解釈を誤っていた場合，④規定の適用を失念した場合が更正の請求事由になるということですね（図表120）。

　　　　ところで，『租税法』の説明中に，「課税要件事実」という用語が出てきましたが，これは何を意味するのでしょうか。

髙　橋　『租税法』でも簡単に触れていますが[94]，課税要件に該当する具体的な事実のことを指します。もう少し説明すると，租税法規には課税

●●● 図表120　金子説における更正の請求事由

　　　　要件が規定されていますが，この課税要件に該当する具体的な事実のことを「課税要件事実」と呼んでいます。
　　　　措置法8条の4第1項を例にとると，「居住者等が上場株式等の配当等を有すること」が「課税要件」であって，この課税要件に対する「課税要件事実」は，「X氏が，本件国内上場株式の配当金を得ていたこと」になります。
星税理士　なるほど。用語の意味はわかりました。
　　　　ところで，本件の場合，金子説でいうところの「課税要件事実の認定を誤っていた場合」，「税額の計算を間違えていた場合」，「誤記があった場合」，「法令の解釈を誤っていた場合」等のどれに該当するのでしょうか？　本件外国上場株式の配当金が「上場株式等の配当等」に該当しないと錯誤したということですから，「課税要件事実の認定を誤っていた場合」に該当するのでしょうか？
髙　橋　う〜ん。本件外国上場株式に関する事実の認識（外国証券市場に上場されている株式であることや，金融商品取引業者ではない外国証券会社の口座で管理されていたこと等）自体には誤りはなかったようですから，「課税要件事実の認定誤り」には該当しないと思います。
　　　　本件の場合は，「上場株式等の配当等」という課税要件の解釈を誤ったということなので，**「法令の解釈を誤っていた場合」**になるでしょうね。

94　金子宏・前掲（注16）140頁

第4章 未だ答えの出ていない問題について主張を組み立てる 239

『租税法』では，上記説明以外にも，「特別措置の選択につき錯誤があった場合には，更正の請求が認められると解すべきであろう（最判平成2年6月5日民集44巻4号612頁参照）」とか，「法人が，法人税関係法令の解釈の誤りないし読み違いによって，所得税の税額控除の金額を過少に計算し，その結果，法人税額を過大に申告した場合には，更正の請求が認められると解すべきである（同旨，最判平成21年7月10日判タ1307号105頁，月報56巻11号2576頁。原審，反対，福岡高判平成18年10月24日判タ1274号148頁）。」と説明されています。

　ここで挙げられている最高裁平成21年7月10日判決は，法令の解釈誤り等が原因で，法人税を過大に申告したケースですので，過大申告の原因が本件と同じです。反論を構成する際の参考になりますので，後ほど検討しましょう。

髙　橋　増田英敏教授の『紛争予防税法学』においても，金子説と同様の見解が示されています。以下，少し長くなりますが該当部分を引用します[95]。

　国税通則法23条は，「当該申告書に記載した課税標準等若しくは税額等の計算が国税に関する法律の規定に従っていなかったこと又は当該計算に誤りがあったことにより，当該申告書の提出により納付すべき税額（当該税額に関し更正があった場合には，当該更正後の税額）が過大であるとき」には，法定申告期限から5年以内に限り，税務署長に対し，その申告に係る課税標準等または税額等につき更正をすべき旨の請求をすることができる，と定めている。
　更正の請求の要件の構造は，①「租税法に従っていない場合」もしくは「計算に誤りがある場合」を原因として，②その結果として申告額が過大となった場合に「更正の請求」を認めるというものである。
　②の申告額の過大とは，何らかの税額算定プロセスに誤りが介在することにより，申告税額が，適法かつ適正な方法により計算された真実の税額を超過した場合をいうのである。
　すなわち，過大でも過少でもない，適正な課税標準もしくは税額は，客観的な証拠に基づいて認定された課税要件事実に，適正に解釈された租税法をあてはめることにより算出される。したがって，次の①ないし⑤のプロセスのいずれかの段階においても誤りがないことが検証されることにより，初めて適正な

95　増田英敏『紛争予防税法学』251〜253頁（TKC出版・2015年）

税額が自動的に算出されるのである。

① 課税要件事実の認定
② 私法上の法律構成（契約解釈）
③ 租税法の発見・選択・課税要件の解釈
④ 租税法の適用（租税法の課税要件事実へのあてはめ）
⑤ 申告・納税

そうすると，税額の過大となる原因は次の五つの場合に類型化できる。

第一に課税要件事実の認定に誤りがある場合
第二に私法上の法律構成に誤りがある場合
第三に租税法の選択および解釈に誤りがある場合
第四に課税要件事実への租税法のあてはめ（租税法の適用）に誤りがある場合
第五に申告手続に誤りがある場合

これらの第一の場合ないし第五の場合を通則法23条の要件に対応させると，過大となる原因のすべてが「租税法に従っていない場合」もしくは「計算に誤りがある場合」に包摂される。

第一の課税要件事実の認定の誤り，第二の私法上の法律構成の誤り，第三の租税法の選択および解釈の誤り，第四の租税法のあてはめの誤り，そして，第五の申告手続の誤り，のいずれもが，「租税法に従っていない場合」の具体的な原因となりうる。

また第一ないし第五の過大税額算出をもたらす，すべての具体的原因は「計算に誤りがある場合」にも該当しうる。したがって，単純な申告書などへの記載漏れや記載誤りも前記第五の申告手続における誤りに属するものであるといえる。事実認定から申告納税手続までの一連のプロセスは，税額計算の計算プロセスという一面を有するのであり，申告手続上の誤りも「計算の誤り」から除外する合理的理由は見当たらないことに注意を要する。

星税理士　増田説は，金子説よりも細かい分類になってはいますが，実質的には同じ内容のようですね（**図表121**）。

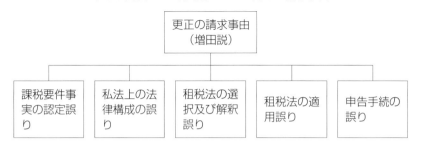

●●● 図表121　増田説における更正の請求事由

髙橋　そうですね。増田説のポイントは，更正の請求は「適正かつ適法な方法により計算された真実の税額等」と「申告書に記載された税額等」を比較して（図表122），真実の税額から乖離することとなった**原因のすべてが更正の請求事由となる**という点にあります。

●●● 図表122　増田説における誤りの対象

| 適正かつ適法な方法により計算された真実の税額等 | ＶＳ． | 申告書に記載された税額等 |

星税理士　そうすると，増田説によった場合，本件のような「上場株式等の配当等」の解釈の誤りは「**租税法の選択及び解釈誤り**」に該当し，更正の請求事由になるということですね。

髙橋　そうです。金子説及び増田説のいずれによっても更正の請求事由になります。

国税通則法のコンメンタールにおける解説を検証する

髙橋　では，次に，国税通則法のコンメンタールの1つである『国税通則法精解』を確認してみましょう。『国税通則法精解』では，第23条（更正の請求）「更正の請求ができる場合」として，以下の説明がなされています[96]。

三　更正の請求ができる場合

　更正の請求は，申告の内容に誤りがある場合のすべてについて認められるわけではない。……更正の請求ができる場合をあげれば次のとおりである。

　1　納税申告書に記載した課税標準等若しくは税額等の計算が国税に関する法律の規定に従っていなかったこと又は当該計算に誤りがあったことにより，当該申告書の提出により納付すべき税額（更正があった場合には，当該更正後の税額）が過大であるとき。　右のように，納税申告書の提出により納付すべき税額又は更正後の税額が過大であるだけではなく，それが「課税標準等若しくは税額等の計算が国税に関する法律の規定に従っていなかったこと又は当該計算に誤りがあったこと」に基づいている場合に限られるのである。この制限は，所得計算の特例，免税等の措置で一定事項の申告等を適用条件としているものについてその申告がなかったため，納付すべき税額がその申告等があった場合に比して過大となっている場合において，更正の請求という形式でその過大となっている部分を減額することを排除する趣旨のものである。

　すなわち，例えば，翌期の売上げが混入し，又は当然損金になるべきものが損金に算入されていないため所得が過大であり，その結果納付すべき税額も過大である場合，税率の適用を誤った場合，単純な計算誤りの場合などは，この要件を満たしていることになる。他方，個別税法上のある措置の適用要件として一定事項が申告書に記載されることが求められているにもかかわらず，その記載がなかった場合には，その個別税法上，単に当該措置が適用されないだけであって，当該申告書の記載自体に誤りがあるということにはならず，従って，ここにいう更正の請求事由には該当しないことになる。

星税理士　つまり，納税者が適用することも適用しないことも認められている規定，つまり，選択権規定の場合にはその他の規定とは異なる扱いをするということのようですね。Ｚ調査官の**理由①**もこの考え方を根拠にしているものと思われます。

　　　　　これによれば，選択権規定の場合について異なる扱いをする根拠は，「他方，<u>個別税法上のある措置の適用要件として一定事項が申告書に記載されることが求められているにもかかわらず，その記載がなかった場合には，その個別税法上，単に当該措置が適用されないだけで</u>

96　志場喜徳郎・前掲（注21）347頁

第4章　未だ答えの出ていない問題について主張を組み立てる　243

　　　　<u>あって</u>，当該申告書の記載自体に誤りがあるということにはならず，
　　　　従って，ここにいう更正の請求事由には該当しないことになる」（下
　　　　線強調は筆者）ということなのでしょうが，先ほど（234頁）整理し
　　　　たように，**実体要件と手続要件の話が混在**しているような気がします。
　　　　手続要件はあくまで個別税法上の規定の話なので，更正の請求の実体
　　　　要件の場面で論じるのはおかしいですね。

髙　橋　いいところに気がつきましたね！　この説明がわかりにくい原因は，
　　　　その点です。実体要件が満たされているか否かの問題と手続要件が満
　　　　たされているか否かの問題は，別の問題であるにもかかわらず，手続
　　　　要件が満たされていないことを理由に実体要件も満たされないかのよ
　　　　うに説明しており，両者を混同しています。

星税理士　もう1つ気になる点は，「申告書の記載自体に誤りがある」ことだ
　　　　けが更正の請求事由に該当するような説明がなされている点ですね
　　　　（図表123）。上記説明では，「当該申告書の記載自体に誤りがあるとい
　　　　うことにはならず」として，更正の請求を否定している箇所です。し
　　　　かし，「国税に関する法律の規定に従っていなかったこと又は当該計
　　　　算に誤りがあったこと」という文言から，更正の請求事由が**「申告書
　　　　の記載自体に誤りがある」**ことだけに限られるとは全く読めないです
　　　　よね。

●●●図表123　『国税通則法精解』における誤りの対象

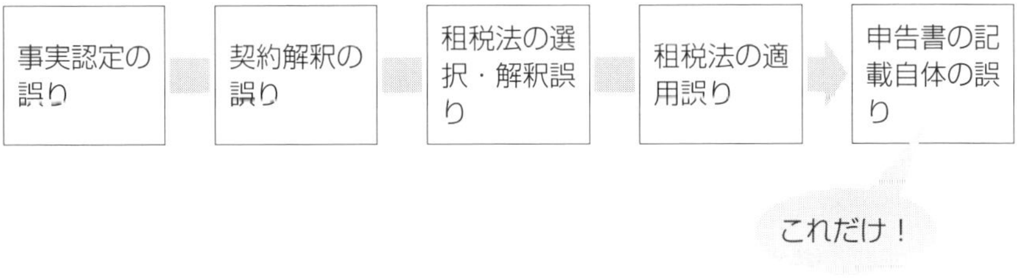

| 事実認定の誤り | → | 契約解釈の誤り | → | 租税法の選択・解釈誤り | → | 租税法の適用誤り | → | 申告書の記載自体の誤り |

これだけ！

髙　橋　そのとおりです。
　　　　仮に，このような見解を前提とすると，選択権規定の場合には「申
　　　　告書の記載自体に誤りがある場合」しか更正の請求事由にならないこ

とになります。とすると，申告書上に記載された数値間の計算誤りや別表から確定申告書への転記ミスくらいしか更正の請求が認められないということになります。しかし，申告書の作成にあたっては，通常，申告ソフトを使用しているため，申告書上の計算誤りや別表から確定申告書への転記ミスはそもそも考えられません。そうすると，選択権規定の場合には，更正の請求が機能する場面がほとんどないということになってしまいます。

星税理士　それでは，更正の請求が制度として設けられている意味がほとんどないじゃないですか！　更正の請求制度は，「画に描いた餅」になってしまいます。

髙　橋　はい。『国税通則法精解』は，その執筆者が課税庁OBの方ですので，課税庁側の解釈をベースにしていると思います。選択権規定の場合には，選択権規定独自の制限を考えない学説と課税庁側の解釈とでは相当差がありますね。

星税理士　『国税通則法精解』が採っていると思われる「申告書の記載だけを誤りの対象とする」という解釈は，一体何が根拠となっているのでしょうか？

髙　橋　『国税通則法精解』ではその点の説明がありませんが，（注）として最高裁昭和62年11月10日判決・判タ645号121頁（以下「最高裁昭和62年判決」といいます）が紹介されているので，この最高裁判決を１つの根拠にしていると考えられます。

星税理士　本件においても，Ｚ調査官は理由①の中で最高裁昭和62年判決に言及していましたね。

髙　橋　はい。では，まずは最高裁昭和62年判決における判断内容を確認し，上記見解の根拠となり得るのかを確認した上で，選択権規定に関する更正の請求の可否が争点となったその他の最高裁判決がどのような判断をしているのかについても検討しましょう。

第 4 章　未だ答えの出ていない問題について主張を組み立てる　245

最高裁昭和62年判決の判断内容を確認する

事案の概要

　本件は，耳鼻咽喉科を営む納税者が，昭和54年分の事業所得の計算にあたり，社会保険診療報酬につき租税特別措置法26条1項の特例を適用して概算経費によって確定申告をしたものの，その後，実額による経費の方が概算経費よりも多くなることが判明したので更正の請求をしたところ，課税庁より更正をすべき理由がない旨の処分がなされたため，当該処分の取消しを求めた事案です。

　なお，本件は，納税者が，申告期限までに決算を終えていないまま，特例による金額で申告をしたという事案であって，錯誤を原因とするものではありません[97]。

判示

　「措置法26条1項は，医師の社会保険診療に係る必要経費の計算について，実際に要した個々の経費の積上げに基づく実額計算の方法によることなく，一定の標準率に基づく概算による経費控除の方法を認めたものであり，納税者にとつては，実際に要した経費の額が右概算による控除額に満たない場合には，その分だけ税負担軽減の恩恵を受けることになり有利であるが，反対に実際に要した経費の額が右概算による控除額を超える場合には，税負担の面から見る限り右規定の方法によることは不利であること

---

[97] 「そもそも申告期限までに決算を終えていれば，措置法26条の特例を選択する方が税負担の面で有利かどうかは容易に判断しうるのであって，本件のような見込み違いが生じるのは，甲のように申告期限までに決算を終えていなかった場合がほとんどであろう。そして，仮に本件のような更正の請求が許されるとすると，とりあえず措置法26条を選択して確定申告をしておき，更正の請求期間内に決算し更正の請求をするということが可能になり，実質的には申告期限を1年間（更正の請求期間）延長するのと異ならない結果を生じることになる。たしかに，実際に要した経費の額が措置法による控除額を上回るとすれば，その分だけ担税力に欠けるという意味では，2審のいう『実質上所得なきものに課税する結果となる』ということもわからないではないが，措置法26条1項は，さきにも述べたように，実質計算の方法と並んで，概算経費控除の方法を定めたのであり，両者の間に優劣の関係があるわけではなく，しかも，いずれの方法を選択するかは全面的に納税者に任されているのであるから，納税者が自ら自由な意思で後者の方法を選択した以上，本件のような結果が生じたとしてもやむを得ないというべきであろう」増井和男（＝最高裁判所調査官）「時の判例」ジュリスト902号83頁。

になる（ただし，税負担の面以外では，記帳事務からの解放などの利点があることはいうまでもない。）。もつとも，措置法の右規定は，確定申告書に同条項の規定により事業所得の金額を計算した旨の記載がない場合には，適用しないとされているから（同法26条３項），同条項の規定を適用して概算による経費控除の方法によつて所得を計算するか，あるいは同条項の規定を適用せずに実額計算の方法によるかは，<u>専ら確定申告時における納税者の自由な選択に委ねられているということができるのであつて，納税者が措置法の右規定の適用を選択して確定申告をした場合には，たとえ実際に要した経費の額が右概算による控除額を超えるため，右規定を選択しなかつた場合に比して納付すべき税額が多額になつたとしても，納税者としては，そのことを理由に通則法23条１項１号に基づく更正の請求をすることはできないと解すべきである。</u>けだし，通則法23条１項１号は，更正の請求が認められる事由として，『申告書に記載した課税標準等若しくは税額等の計算が国税に関する法律の規定に従つていなかつたこと又は当該計算に誤りがあつたこと』を定めているが，措置法26条１項の規定により事業所得の金額を計算した旨を記載して確定申告をしている場合には，所得税法の規定にかかわらず，同項所定の率により算定された金額をもつて所得計算上控除されるべき必要経費とされるのであり，<u>同規定が適用される限りは，もはや実際に要した経費の額がどうであるかを問題とする余地はないのであつて，納税者が措置法の右規定に従つて計算に誤りなく申告している以上，仮に実際に要した経費の額が右概算による控除額を超えているとしても，そのことは，右にいう『国税に関する法律の規定に従つていなかつたこと』又は『当該計算に誤りがあつたこと』のいずれにも該当しないというべきだからである。</u>」（下線強調は筆者）

髙橋　最高裁昭和62年判決の事案は，「事案の概要」で触れたとおり，**申告期限までに決算を終了することなく概算経費で申告をした**という事情があり，選択権規定の選択過程（事実認定，法令解釈，法令適用等）に誤りがあるといった事案ではありません。そして，当該事情を前提として，納税者が（錯誤なく）措置法の右規定の適用を選択して

確定申告をした以上，仮に実際に要した経費の額が右概算による控除額を超えているとしても，そのことは，「国税に関する法律の規定に従つていなかつたこと」または「当該計算に誤りがあつたこと」にはならないと判断したものです。

つまり，**最高裁昭和62年判決は，確定申告時に何らの錯誤なく措置法を選択適用した後に，更正の請求によって，改めて別の規定を選択し直すことを否定した判断**であるということです。

星税理士　そうであれば，最高裁昭和62年判決は，選択権規定の選択適用プロセスに錯誤があるような場合については，判断していないということになりますね。

髙　橋　そういうことになります。最高裁昭和62年判決の判断は，①措置法62条1項を選択適用するプロセスに誤りがなく，かつ，②措置法62条1項に基づく計算等に誤りがない事案に対して，更正の請求事由にはならないと判断したものですから，**それ以外の場合については判断していない**と考えるのが妥当でしょう（図表124）。

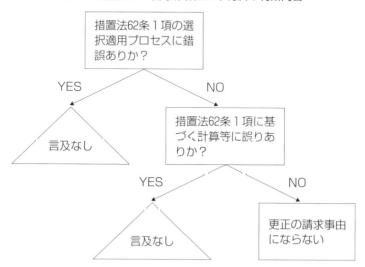

●●●図表124　最高裁昭和62年判決の判断内容

星税理士　しかし，『国税通則法精解』の説明は，最高裁昭和62年判決を1つ

の根拠としているにもかかわらず，錯誤なく措置法を選択した選び直しの事案に限られるという留保をつけてはいませんね。

髙　橋　はい。課税庁の思考パターンとして，111頁以降で検討した当たり馬券の東京地裁平成27年５月14日判決のように，納税者に有利な最高裁判決については限定的に解釈しますが，納税者に不利な最高裁判決については拡大解釈する傾向にあります。最高裁昭和62年判決についても，同様な態度をとっているということでしょう。

　　　しかし，最高裁昭和62年判決は，選択適用プロセスに錯誤のない「**選び直し**」の事案に対する判断であることは上記分析結果から明らかです。次に検討する最高裁平成21年７月10日判決・判タ1307号105頁における最高裁調査官解説においても，最高裁昭和62年判決は「**申告時における選択を申告後に変更する事案**」[98]であると整理されています。

　　　以上から，最高裁昭和62年判決は「選び直し」の事案における判断であって，選択権規定の更正の請求全体には及ばないということがわかります。

星税理士　なるほど。そうすると，Ｚ調査官も最高裁昭和62年判決を根拠に，更正の請求を否定していますが根拠にはならないということですね。

髙　橋　はい。

選択権規定について事後の是正を認めた最高裁平成２年６月５日判決の判断内容を確認する

髙　橋　それでは，次に，選択権規定の選択適用プロセスに錯誤があった事案で，事後の是正を認めた最高裁判決を見ていきたいと思います。

　　　その１つに，最高裁昭和62年判決と同じく，確定申告時に措置法26

---

[98]　「本判決（筆者注：最高裁平成21年７月10日判決のこと）は，納税者が配当等に係る所得税額の全部を対象として所得税額控除制度の適用を選択する意思であったことが確定申告書の記載からも見て取れるという事案に関するものであるから，申告時における選択を申告後に変更するという事案（前掲最三小判昭和62・11・10等）とは異なるものと理解される」『最高裁判所判例解説民事篇平成21年度（下）（７月～12月分）』526頁（法曹会・2012年）

条 1 項に基づく概算経費を選択しながら，事後に所得税法37条 1 項等に基づく実額経費に是正することの可否が争点となったものとして，最高裁平成 2 年 6 月 5 日判決・判タ734号61頁（以下「最高裁平成 2年判決」といいます）があります。

星税理士　『租税法』の881頁で，「特別措置の選択につき錯誤があった場合には，更正の請求が認められると解すべきであろう」という内容とともに紹介されていた判決ですね。

髙　橋　はい。そうです。

　最高裁平成 2 年判決は，更正の請求ではなく修正申告の事案ではありますが，選択権規定の適用において，錯誤を理由として事後の選択を認めたという点で本件の参考になる判決です。

　それでは，最高裁平成 2 年判決について見ていきましょう。

事案の概要

　本件は，歯科医を営む納税者が，事業所得の必要経費の計算にあたり措置法26条 1 項の規定を適用して確定申告をした事案です。納税者が，措置法26条 1 項の規定を適用したのは，以下の経緯によるものでした。

　社会保険診療報酬に対する実額経費を算出する際に，正しくは，診療報酬総額に対する自由診療収入の割合を算出すべきところ，誤って社会保険診療報酬に対する自由診療収入の割合を出してしまいました（図表125参照）。その結果，自由診療収入割合は，実際よりも高く計算され，よって，これを診療経費総額に乗じた自由診療収入分の必要経費が実際よりも多額になり，最終的に，社会保険報酬に対する実額経費は実際よりも少なく計算される結果となりました。これを知らずに，納税者は，以上のように計算された実額経費と概算経費を比較し，概算経費の方が多額となったため，措置法26条 1 項の規定を適用しました。

　その後，税務調査の際に自由診療収入に漏れがある等が明らかになったため，修正申告をすることとなりましたが，その際，上記実額経費の計算に誤りがあることに気づいたため，社会保険診療報酬に関する必要経費については，実額経費によるとともに，自由診療収入に関する必要経費を減額するなどして修正

申告をしたところ，課税庁は，社会保険診療報酬に関する実額経費に基づく計算を否認して更正処分等をしたため，納税者は，これを不服として争いました。

●●●　図表125　自由診療収入分の必要経費の計算(正しい計算 vs. 本事案の誤った計算)

■正しい振り分け計算

$$\frac{自由診療収入額}{診療総収入} \times 診療経費総額 = 自由診療分の必要経費$$

■本事案の振り分け計算

$$\frac{自由診療収入額}{社会保険診療報酬額} \times 診療経費総額 = 自由診療分の必要経費$$

判示

　「措置法26条１項は，医師又は歯科医師が社会保険診療報酬を有する場合において，事業所得金額の計算上，右報酬に係る必要経費としては，所得税法37条１項等に基づく実額経費によることなく，右報酬に一定の標準率を乗じて算出する概算経費とする旨を規定し，措置法26条３項は，同条１項の規定は，確定申告に同項の規定により事業所得金額を計算した旨の記載がない場合には，適用しないと規定している。したがって，納税者である医師又は歯科医師が確定申告書において同項の規定により事業所得金額を計算した旨の記載をしていない場合でない限り，換言すれば，納税者である医師又は歯科医師が確定申告書において同項の規定により事業所得金額を計算した旨の記載をしている場合（すなわち，概算経費選択の意思表示をしいてる（ママ）場合）には，同項が適用され，概算経費が事業所得金額の計算上控除されるべき社会保険診療報酬の必要経費となるのである。そして，この場合，実額経費の金額が概算経費の金額を上回っているかそれとも下回っているかということは，同項の適用を左右するものではなく，仮に実額経費の金額が概算経費の金額を上回っている場合でも，右概算経費が国税に関する法律の規定に基づく社会保険診療報酬の必要経費となるのである（最高裁昭和60年（行ツ）第81号同62年11月10日第三小法廷判決・裁判集民事152号155頁参照）。

第4章　未だ答えの出ていない問題について主張を組み立てる　251

　しかしながら，歯科医師の事業所得金額の計算上その診療総収入から控除されるべき必要経費は，自由診療収入の必要経費と社会保険診療報酬の必要経費との合計額であるところ，本件においては，診療経費総額を自由診療収入分と社会保険診療報酬分に振り分ける計算過程において，診療総収入に対する自由診療収入の割合を出し，これを診療経費総額に乗じて自由診療収入分の必要経費を算出し，これを診療経費総額から差し引いて社会保険診療報酬の実際の必要経費（実額経費）を算出すべきところ，誤って社会保険診療報酬に対する自由診療収入の割合を出し，これを診療経費総額に乗じて自由診療収入分の必要経費を算出し，これを診療経費総額から差し引いて実額経費を算出したため，自由診療収入分の必要経費を正しく計算した場合よりも多額に，実額経費を正しく計算した場合よりも少額に算出してしまい，そのため右実額経費よりも概算経費の方が有利であると判断して概算経費選択の意思表示をしたというのであるから（なお，本件記録によれば，右の誤りは本件確定申告書に添付された書類上明らかである。），右概算経費選択の意思表示は錯誤に基づくものであり，上告人の事業所得金額の計算上その診療総収入から控除されるべき必要経費の計算には誤りがあったというべきである。

　ところで，**国税通則法19条1項1号によれば，確定申告に係る税額に不足額があるときは修正申告をすることができるところ，本件においては，確定申告に係る自由診療収入の必要経費の計算の誤りを正せば，必然的に事業所得金額が増加し，確定申告に係る税額に不足額が生ずることになるため，修正申告をすることができる場合に当たることになる。そして，右修正申告をするに当たり，修正申告の要件を充たす限りにおいては（すなわち，確定申告に係る税額を増加させる限りにおいては），確定申告における必要経費の計算の誤りを是正する一環として，錯誤に基づく概算経費選択の意思表示を撤回し，所得税法37条1項等に基づき実額経費を社会保険診療報酬の必要経費として計上する事ができると解するのが相当である。**」（下線は判決文，強調は筆者）

最高裁平成2年判決の事案と最高裁昭和62年判決の事案の違いを把握する

髙橋　では，まず，最高裁平成2年判決の事案と最高裁昭和62年判決の事案の主な違いについて確認しましょう。

星税理士　最高裁平成2年判決の事案は，社会保険診療報酬の実額経費を算出するにあたって，自由診療収入割合を誤って計算したがために，概算経費と実額経費との有利・不利判断を誤ったという事案ですね。

髙橋　はい。最高裁平成2年判決は，措置法26条1項の選択にあたって基礎となる計算を誤り，その結果，概算経費の方が有利であると誤信したので，増田説でいうところの**「租税法の選択・解釈誤り」**に該当しそうですね（図表126）。

　金子説でいえば，社会保険診療報酬の実額経費の計算を誤った点に着目すれば，「税額の計算を間違えていた場合」に該当しそうですが，納税者が振分計算の計算方法の理解を誤ったという事情がある場合には，「法令の解釈を誤っていた場合」に該当しそうです。いずれにせよ，更正の請求の事由になりますね。

●●●図表126　最高裁平成2年判決の誤りの内容

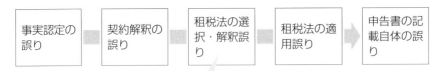

星税理士　一方，最高裁昭和62年判決の方は，先ほど確認したように，措置法26条1項の選択適用プロセスに錯誤はなかった事案です。

髙橋　そうですね。①**措置法26条1項の選択適用プロセスに錯誤があった**点が最高裁昭和62年判決と大きく異なる点です。なお，いずれも確定申告書の記載自体には誤りはありませんね。あとは，②**是正の方法が，修正申告か更正の請求かという点**でも違いがありますね（図表127）。

第4章　未だ答えの出ていない問題について主張を組み立てる　253

●●●　図表127　最高裁平成2年判決の事案と最高裁昭和62年判決の事案の違い

	事案の違い	是正の方法
最高裁平成2年判決	措置法26条1項の選択適用に**錯誤あり**	修正申告
最高裁昭和62年判決	措置法26条1項の選択適用に**錯誤なし**	更正の請求

星税理士　はい。気になるところは，②の点です。更正の請求の事案でないので，最高裁平成2年判決は更正の請求の根拠にはならない気もします。

髙　橋　Ｚ調査官は，間違いなくそう主張するでしょうね。確かに，最高裁平成2年判決は修正申告の事案ですから，「選択権規定について更正の請求を認めた最高裁判決」とまではいえませんね。しかし，最高裁平成2年判決の核心は，錯誤に基づく意思決定に基づき算出された必要経費には，**「計算の誤り」**があると認めた点です。「計算の誤り」は更正の請求事由でもあるわけですから，十分更正の請求の裏付けとなり得る判断だと考えます。

最高裁平成2年判決から導かれること～①選択権規定の選択の意思表示に錯誤がある場合の帰結

髙　橋　それでは，最高裁平成2年判決と最高裁昭和62年判決の判断に，どのような違いがあるのかについて見ていきましょう。引用した判決文を見て，何か気がついたことはありますか？

星税理士　最高裁平成2年判決においても，最高裁昭和62年判決が引用されていますね。

髙　橋　はい。最高裁昭和62年判決を引用した上で，「しかしながら」と**逆接**の接続詞でつないで，「<u>右概算経費選択の意思表示は錯誤に基づくものであり</u>，上告人の事業所得金額の計算上その診療総収入から控除されるべき必要経費の<u>計算には誤りがあった</u>というべきである。」（下線強調は筆者）と判示していますね。

　　　　つまり，最高裁平成2年判決は，**概算経費の意思表示に錯誤がある**

本件には，最高裁昭和62年判決の射程は及ばず，必要経費の計算には誤りがあったと判断しているということです（図表128）。

　最高裁平成２年判決の最高裁判所調査官解説においても，「それでは，別件判決（筆者注：最高裁昭和62年判決のこと）は，右のような場合に更正の請求はできないということを明らかにしたにとどまるのか，それとも更正の請求ができないことを明らかにするとともに，確定申告における概算経費控除の選択に一種の不可変更力をも認める趣旨であり，本件の場合にも別件判決の射程距離が及ぶのであろうか。……しかし，<u>本判決は，別件判決は更正の請求はできないということを明らかにしたにとどまり，その射程距離は本件の場合には及ばないという立場に立っているものと思われる。</u>」[99]（下線強調は筆者）と解説されています。

●●● 図表128　最高裁平成２年判決の事案には最高裁昭和62年判決の射程は及ばない

星税理士　まず，「**最高裁昭和62年判決の射程は及ばない**」という点についてですが，先ほど最高裁昭和62年判決では選択適用プロセスに錯誤のない「選び直し」の事案に対する判断であって，それ以外の事案については言及していないという整理をしましたよね。この整理は，最高裁平成２年判決によって明確に裏付けられるということですね。

髙　橋　はい。そうです。

星税理士　それと，「**必要経費の計算には誤りがあった**」という点ですが，確定申告書に記載された数値間には計算の誤りはなかったわけですから，『国税通則法精解』がいうような「**確定申告書の記載自体の誤り**」はありませんよね。それでも，「計算に誤りがあった」と判断している

---

[99] 上田豊三『最高裁判所判例解説民事篇（平成二年度）』193〜194頁（法曹会・1992年）

わけですから,「計算誤りがあったこと」の内容が「確定申告書の記載自体の誤り」に制限されないことの裏付けにもなりそうですね。

髙橋　そうですね。最高裁平成2年判決は,確定申告書上の数値間の計算誤りだけでなく,錯誤がなければ選択したであろう規定に基づく金額と,錯誤によって選択した結果の金額に差があることをもって,「計算の誤り」に該当すると判断しているといえます（図表129）。つまり,「計算の誤り」の意味が,一般的な言葉の意味よりも広いということですね。

●●○○　図表129　最高裁平成2年判決における「計算の誤り」

最高裁平成2年判決から導かれること〜②納税者が選択権規定に拘束される根拠

星税理士　以上をまとめると,最高裁平成2年判決は,概算経費選択の意思表示に錯誤がない場合には最高裁昭和62年判決のように概算経費規定が適用されるが,錯誤がある場合には,最高裁昭和62年判決の射程は及ばず,概算経費規定が適用されないと判断しているということになりますね。

髙橋　はい。つまり,最高裁平成2年判決は,**概算経費選択の意思表示に関する錯誤の有無が,当該規定に拘束されるか否かの分かれ目になる**と考えているということですね。

　この点については,最高裁昭和62年判決においても,「同条項の規定を適用して概算による経費控除の方法によつて所得を計算するか,あるいは同条項の規定を適用せずに実額計算の方法によるかは,<u>専ら確定申告時における納税者の自由な選択に委ねられている</u>ということができるのであつて,<u>納税者が措置法の右規定の適用を選択して確定申告をした場合には,</u>たとえ実際に要した経費の額が右概算による控

除額を超えるため，右規定を選択しなかつた場合に比して納付すべき税額が多額になつたとしても，納税者としては，そのことを理由に通則法23条１項１号に基づく更正の請求をすることはできないと解すべきである」（下線強調は筆者）と判示して，納税者が概算経費規定に拘束される根拠が「**納税者の自由な選択**」であるとしています。

星税理士　なるほど。

髙　橋　実質的に考えてみても，選択権規定ではない通常の規定（法律上，課税要件に該当すれば当然に適用される規定）には，「**選択する**」**というステップはありません**。一方，選択権規定の場合には，「**選択する」というステップを経る**ことが必要になります。つまり，「選択する」ことによっていずれかの規定が適用されるかが確定することになるので（**図表130**），「選択する」という意思表示が，ある選択権規定が適用される根拠となることは当然ですね。そうであれば，「選択する」という意思表示に錯誤があった場合の法的効果が問題とならざるを得ないことになります（**図表130**）。

　　以上の最高裁平成２年判決の分析結果より，以下の解釈を導くことができます。

【**解釈１**】選択権規定の意思表示に錯誤がある事案には，最高裁昭和62年判決の射程は及ばない。

【**解釈２**】錯誤がなければ選択したであろう規定に基づく金額と，錯誤によって選択した結果の金額に差がある場合も「計算の誤り」になる。

【**解釈３**】納税者が選択権規定に拘束される根拠は，納税者が錯誤なく当該選択権規定を選択したことにある。

修正申告であることが更正の請求の事案にどの程度影響するか？

星税理士　先ほどもいいましたが，最高裁平成２年判決は，修正申告に関する事案でしたので，更正の請求において是正される場合の根拠となり得るかが気になります。

●●●● 図表130　通常の規定の場合と選択権規定の場合の違い

【通常の規定の場合】

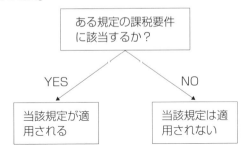

【選択権規定の場合】

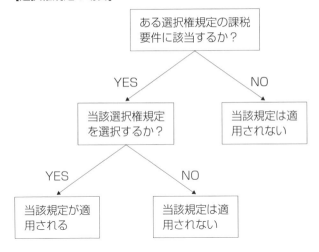

髙　橋　そうですね。
　　　　ただ，最高裁平成2年判決の核心は，概算経費の意思表示が錯誤に基づくものであり，その結果算出された必要経費には「計算の誤り」があったものと評価し，事後に是正することができるとした点にあります。つまり，実質的な争点は，**「計算の誤り」該当性の有無**であり，**修正申告要件の該当性ではありません**。そして，「計算の誤り」該当性は，更正の請求においても変わるところはないはずです。

星税理士　そうすると，最高裁平成2年判決の上記解釈1から3を前提として

本件にあてはめると，以下の結論が導かれそうですね。

（**解釈1より**）本件外国上場株式の配当金が「上場株式等の配当等」に該当しないものと錯誤して，措置法8条の4第1項の申告分離課税が選択できないと考えて総合課税を適用したことは，選択の意思表示に錯誤があるということになり，最高裁昭和62年判決の射程は及ばない。

（**解釈2より**）本件外国上場株式の配当金が「上場株式等の配当等」に該当すると正しく理解していれば，税務上メリットのある申告分離課税を選択していたのであり，その場合の税額と，確定申告書上の総合課税による税額とには差があり，「計算の誤り」があるといえる[100]。

（**解釈3より**）総合課税を選択した原因は上記錯誤によるものであり，納税者は，総合課税に拘束される根拠を欠く。

髙　橋　はい。その結果，選択権規定であっても更正の請求を排斥する理由にはならないという結論になりますね。

　　では，次に，選択権規定である法人税法68条1項（所得税額控除）における誤りが更正の請求によって是正された最高裁平成21年7月10日判決・判タ1370号105頁（以下「最高裁平成21年判決」といいます）を見ていきましょう。特に，最高裁平成2年判決から導出した上記解釈が，最高裁平成21年判決でも妥当するかという点に着目して検討しましょう。

最高裁平成21年判決を分析・検討する

事案の概要

　清涼飲料の製造販売等を目的とする株式会社である納税者が，法人税の確定申告において，法人税法68条1項に基づき配当等に係る所得税額を控除するにあたり，法人税法施行令140条の2第3項に規定する方法（銘柄別簡便法）による計算を誤ったため，控除を受けるべき金額を過少に記載して申告をしまし

100　本事案では，そもそも「上場株式等の配当等」該当性を誤っているので，法令解釈の誤りにも該当します。

た。納税者がその誤りに気づき，更正の請求をしたところ，課税庁より，所得税額の控除は確定申告書に記載された金額が限度になるとして，更正をすべき理由がない旨の通知処分を受けたため，当該処分の取消しを求めて争いました。

なお，納税者が銘柄別簡便法による計算を誤った事情は以下のとおりです。

納税者の確定申告担当者であるKは，確定申告書を作成するにあたり確定申告書の記載及び計算方法に関する参考書の記載を参考にしたものの，別表六（一）（所得税額の控除及びみなし配当金額の一部の控除に関する明細書）において記載すべき「利子配当等の計算期首の所有元本数等」と「利子配当等の計算期末の所有元本数等」の「計算期首」，「計算期末」が何についての期間かは十分に理解できてはいませんでした。

そこで，Kは，正しくは配当対象期間における期首と期末の所有株式数を記載すべきところ，納税者の事業年度（平成13年1月1日ないし同年12月31日）であると誤って理解し当該事業年度における所有株式数を記載して，控除税額を計算しました。その結果，一部の銘柄につき，控除を受ける所得税額を過少に記載することになったというわけです（図表131）。

●●●● 図表131　納税者が所得税額の計算を誤った事情

判示

「3　原審は，前記事実関係等の下において，要旨以下のとおり判示して，上告人の所得税額控除に関する主張は理由がなく，本件更正処分（原審において審判の対象とされた納付すべき税額18億1635万0400円を超える部分）は適法であると判断した。

(1)　法人税法68条3項の文言はできる限り厳格に解釈されるべきであり，納税者である法人が自由な意思と判断により控除を受ける金額を確定申告書に記載した以上，そこに法令解釈の誤りや計算の誤りがあったからといって，直ちに国税通則法23条1項1号所定の要件に該当するということ

にはならない。

　もっとも，①例えば，当該金額とその計算に関する明細の記載との間に明らかなそごがある場合において，全体的な考察の結果，転記の際の誤記又は違算によるものであることが明白であるようなときには，その金額の記載を合理的に判断して，本来あるべき正しい金額が記載されているものとして処理すべきである。また，②法人税法68条４項に規定する場合との均衡を図る意味で，当該金額を本来あるべき金額よりも過少な額にとどめる原因になった法令解釈や計算の誤りがやむを得ない事情によりもたらされたものであると認められるときは，例外的に更正の請求が許されるべきである。

　⑵　前記事実関係等によれば，本件が上記⑴①の場合に当たらないことは明白である。また，本件確定申告における所得税額の控除の計算の誤りは，上告人が，本件確定申告書の作成について税理士の関与を求めることもないまま，社内の財務部に所属していた従業員に任せきりにしていたことが一因となっているものと認められるところ，上告人が相当の規模を有する法人であること等を併せ考慮するならば，本件が上記⑴②の場合に当たるということもできない。

　４　しかしながら，原審の上記判断は是認することができない。その理由は次のとおりである。

　⑴　所得税額控除の制度について定める法人税法68条１項は，内国法人が支払を受ける利子及び配当等に対し法人税を賦課した場合，当該利子及び配当等につき源泉徴収される所得税との関係で同一課税主体による二重課税が生ずることから，これを排除する趣旨で，当該利子及び配当等に係る所得税の額を当該事業年度の所得に対する法人税の額から控除する旨規定している。

　もっとも，同条３項は，同条１項の規定は確定申告書に同項の規定による控除を受けるべき金額及びその計算に関する明細の記載がある場合に限り適用するものとし，この場合において，同項の規定による控除をされるべき金額は，当該金額として記載された金額を限度とする旨規定している。なお，同法40条は，同法68条１項の規定の適用を受ける場合には，同項の

第4章　未だ答えの出ていない問題について主張を組み立てる　261

規定による控除をされる金額に相当する金額は，当該事業年度の所得の計算上，損金の額に算入しない旨規定している（平成14年法律第79号による改正前においても同様である。）。

　これらの規定に照らすと，同条3項は，納税者である法人が，確定申告において，当該事業年度中に支払を受けた配当等に係る所得税額の全部又は一部につき，所得税額控除制度の適用を受けることを選択しなかった以上，後になってこれを覆し，同制度の適用を受ける範囲を追加的に拡張する趣旨で更正の請求をすることを許さないこととしたものと解される。

　(2)　前記事実関係等によれば，上告人は，本件確定申告書に添付した別表六(一)の「所得税額の控除に関する明細書」中の「銘柄別簡便法による場合」の銘柄欄に，その所有する株式の全銘柄を記載し，配当等として受け取った収入金額及びこれに対して課された所得税額を各銘柄別にすべて記載したものの，「利子配当等の計算期末の所有元本数等」欄及び「利子配当等の計算期首の所有元本数等」欄に，本来ならば配当等の計算の基礎となった期間の期末及び期首の各時点における所有株式数を記載すべきところ，誤って本件事業年度の期末及び期首の各時点における所有株式数を記載したため，一部の銘柄につき銘柄別簡便法の計算を誤り，その結果，控除を受ける所得税額を過少に記載したというのである。その計算の誤りは，本件確定申告書に現れた計算過程の上からは明白であるとはいえないものの，所有株式数の記載を誤ったことに起因する単純な誤りであるということができ，本件確定申告書に記載された控除を受ける所得税額の計算が，上告人が別の理由により選択した結果であることをうかがわせる事情もない。そうであるとすると，上告人が，本件確定申告において，その所有する株式の全銘柄に係る所得税額の全部を対象として，法令に基づき正当に計算される金額につき，所得税額控除制度の適用を受けることを選択する意思であったことは，本件確定申告書の記載からも見て取れるところであり，上記のように誤って過少に記載した金額に限って同制度の適用を受ける意思であったとは解されないところである。

　(3)　**以上のような事情の下では，本件更正請求は，所得税額控除制度の適用を受ける範囲を追加的に拡張する趣旨のものではないから，これが法**

人税法68条3項の趣旨に反するということはできず，上告人が本件確定申告において控除を受ける所得税額を過少に記載したため法人税額を過大に申告したことが，国税通則法23条1項1号所定の要件に該当することも明らかである。</u>そうすると，本件更正処分は，上告人主張の所得税額控除を認めずにされた点において，違法であるというべきである。」（下線は判決文，強調は筆者）

最高裁平成21年判決の争点は実体要件該当性と手続要件該当性

髙　橋　　まず，最高裁平成21年判決の争点について整理しましょう。
　　　　　判決文上，明確に分離されて検討されてはいませんが，判決内容からは，①法人税法68条1項の所得税額控除の計算における誤りは，国税通則法23条1項1号所定の要件に該当するか（実体要件該当性）と，②法人税法68条3項の規定によって更正の請求が排斥されるか（手続要件該当性），の2点になります（図表132）。

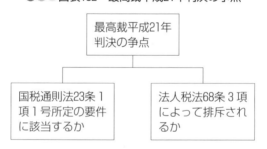

●●●図表132　最高裁平成21年判決の争点

星税理士　　はい。ただ，判示では，手続要件である法人税法68条3項の解釈の方に重きが置かれていて，国税通則法23条1項1号所定の要件の解釈や当てはめについてはそれほど明示的にはなされていないように思われます。

髙　橋　　はい。しかし，最高裁は，最高裁平成21年判決の事案における錯誤が「計算の誤り」であって，最終的に国税通則法23条1項1号所定の要件に該当するとの判断をしていますので，当該事案における錯誤類

第4章　未だ答えの出ていない問題について主張を組み立てる　263

型が更正の請求の実体要件に該当すると判断していることは明らかです。

　そこで，以下では，先に見た最高裁平成2年判決の解釈1から3が，最高裁平成21年判決においてどのように扱われているか（踏襲しているのか／否定しているのか）について見ていきたいと思います。

　なお，手続要件に関する判断については，本設例 Step 3 において検討します。

最高裁平成2年判決の解釈との整合性〜【解釈1】最高裁昭和62年判決の射程

髙　橋　　解釈1は「選択権規定の意思表示に錯誤がある事案には，最高裁昭和62年判決の射程は及ばない」でしたね。最高裁平成21年判決の事案は錯誤ありのケースですから，解釈1によれば，最高裁昭和62年判決の射程は及ばないことになります。この点について，上記引用部分の判示を読んでみて何か気づいた点はありますか？

星税理士　最高裁昭和62年判決は引用されてはいませんね。

髙　橋　　はい。では，原審の判断を紹介している箇所に注目してください。

　　　　　「法人税法68条3項の文言はできる限り厳格に解釈されるべきであり，納税者である法人が自由な意思と判断により控除を受ける金額を確定申告書に記載した以上，そこに法令解釈の誤りや計算の誤りがあったからといって，直ちに国税通則法23条1項1号所定の要件に該当するということにはならない」という部分です。

星税理士　どこかでみたようなフレーズですね。。

髙　橋　　はい。上記判示は，最高裁昭和62年判決における以下の判示と実質的に同じです。

　「専ら確定申告時における納税者の自由な選択に委ねられているということができるのであって，納税者が措置法の右規定の適用を選択して確定申告をした場合には，たとえ実際に要した経費の額が右概算による控除額を超えるため，右規定を選択しなかった場合に比して納付すべき税額が多額になったとしても，納税者としては，そのことを理由に通則法23条1項

1号に基づく更正の請求をすることはできないと解すべきである。」

星税理士　ということは，最高裁では，原審におけるこれと同様の判断について「しかしながら，原審の上記判断は是認することができない」として排斥していますから，**錯誤のあった本事案には最高裁昭和62年判決の射程は及ばないと判断している**ということになりますね。

髙　橋　はい。逆にいえば，原審である福岡高裁の判断は最高裁昭和62年判決の射程を正しく理解していないということになります。

最高裁平成２年判決の解釈との整合性〜【解釈２】「計算の誤り」の内容

髙　橋　では，次に，解釈２について検討しましょう。解釈２は，「錯誤がなければ選択したであろう規定に基づく金額と，錯誤によって選択した結果の金額に差がある場合も『計算の誤り』になる」でしたね。

　　　　この点，最高裁は，「一部の銘柄につき銘柄別簡便法の計算を誤り，その結果，控除を受ける所得税額を過少に記載したというのである。その計算の誤りは，本件確定申告書に現れた計算過程の上からは明白であるとはいえないものの……」と判示していますので，**確定申告書に記載された数値間には計算の誤りがないにもかかわらず，「計算の誤り」があると判断している**ということが，まずいえます。

星税理士　「事案の概要」によれば，Ｋは，法人税法施行令140条の２第３項で規定する所有元本数等について，正しくは配当対象期間における期首と期末の所有株式数を記載すべきところ，納税者の事業年度の期首と期末であると思い込んでしまい，別表六（一）に記載すべき株式数を誤ったということでした。そうすると，本事案では，別表六（一）に記載した株式数の記載を誤ってはいますが，別表六（一）上の計算自体には誤りはないですからね。

髙　橋　はい。では次に，最高裁は「何」と「何」を比べて「計算の誤り」があると判断しているのかについて確認しましょう。

星税理士　「本来ならば配当等の計算の基礎となった期間の期末及び期首の各時点における所有株式数を記載すべきところ，誤って本件事業年度の

期末及び期首の各時点における所有株式数を記載したため，一部の銘柄につき銘柄別簡便法の計算を誤り，その結果，控除を受ける所得税額を過少に記載したというのである」という判示部分からは，「**本来記載すべき株式数に基づく銘柄別簡便法の計算**」と「**確定申告書上の銘柄別簡便法の計算**」を比べていることが読みとれます。

髙　橋　　この「**本来記載すべき**」ということの意味ですが，「法令に従えば」という意味にも取れそうです。しかし，上記判示部分の後で，「上告人が，本件確定申告において，その所有する株式の全銘柄に係る所得税額の全部を対象として，法令に基づき正当に計算される金額につき，所得税額控除制度の適用を受けることを選択する意思であったことは，上記の申告書の記載からも見て取れるところであり」と判示されており，最高裁は，上告人の「**錯誤がない場合の真の意思**」を問題にしていることがわかります。とすると，「**本来記載すべき**」ということの意味は，「**錯誤がなければ本来記載していたはずの**」という意味にとるべきでしょうね。

星税理士　　とすると，最高裁は，「錯誤がなければ本来記載していたはずの株式数に基づく銘柄別簡便法の計算」と「確定申告書に記載した株式数に基づく銘柄別簡便法の計算」とを比較して，「計算の誤り」があったと判断しているということですね（図表133）。

●●●図表133　最高裁平成21年判決における「計算の誤り」の内容

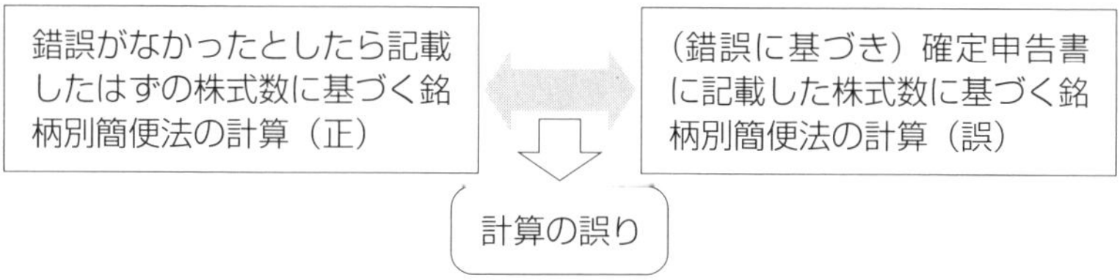

| 錯誤がなかったとしたら記載したはずの株式数に基づく銘柄別簡便法の計算（正） | ⇔ | （錯誤に基づき）確定申告書に記載した株式数に基づく銘柄別簡便法の計算（誤） |

計算の誤り

髙　橋　　はい。以上から，最高裁平成21年判決も，最高裁平成２年判決の解釈２の「錯誤がなければ選択したであろう規定に基づく金額と，錯誤によって選択した結果の金額に差がある場合も『計算の誤り』になる」と同様に，「**錯誤がある場合の計算**」と「**錯誤がない場合の計算**」とを比較して「計算の誤り」があると解釈しているといえます。

最高裁平成2年判決の解釈との整合性〜【解釈3】納税者が選択権規定に拘束される根拠

髙　橋　それでは，最後に最高裁平成2年判決の解釈3「納税者が選択権規定に拘束される根拠は，納税者が錯誤なく当該選択権規定を選択したことにある」についてですが，解釈2の際に検討したように，錯誤に基づく銘柄別簡便法の計算には誤りがあり，是正すべきであると認めている以上，最高裁は，**錯誤に基づいて所得税額控除制度を適用した場合には，納税者をこれに拘束しないという解釈**を前提にしているはずです。

星税理士　それはそうですね。

髙　橋　以上より，最高裁平成21年判決においても，最高裁平成2年判決の解釈を踏襲しているといえます。

星税理士　そうすると，最高裁平成2年判決が修正申告の事案であることは，更正の請求への射程に影響しないということにもなりますね。

争点1−1についてリサーチ結果を基に主張・反論を構成する

髙　橋　それでは，以上の検討を振り返って，これを基にZ調査官の主張に対する反論を構成していきましょう。

　　　　まず，国税通則法23条は，選択権規定だけでなくすべての規定に適用される実体要件を定めているということでした。そして，国税通則法23条1項1号で定める更正の請求事由について，学説上，課税要件事実の認定を誤っていた場合，税額の計算を間違えていた場合とか誤記があった場合，法令の解釈を誤っていた場合は，更正の請求の事由になるということでした。

　　　　他方，コンメンタールでは，「個別税法上のある措置の適用要件として一定事項が申告書に記載されることが求められているにもかかわらず，その記載がなかった場合には，その個別税法上，単に当該措置が適用されないだけであって，当該申告書の記載自体に誤りがあるということにはならず，従って，ここにいう更正の請求事由には該当しないことになる」と説明されていて，選択権規定における更正の請求

第4章　未だ答えの出ていない問題について主張を組み立てる　267

は，確定申告書の記載自体に誤りがある場合に限られる旨の解釈がなされていました。そして，その法的根拠は，最高裁昭和62年判決であろうと思われました。

　しかし，最高裁昭和62年判決の事案及び最高裁平成21年判決の最高裁調査官解説，最高裁平成2年判決及び最高裁平成21年判決の判断より，最高裁昭和62年判決は「**選び直し**」の事案に対する判断であって，「選び直し」ではない錯誤のあるケースにはその射程は及ばないと解釈されていること（解釈1），錯誤がなければ選択したであろう規定に基づく金額と，錯誤によって選択した結果の金額に差がある場合も「計算の誤り」になること（解釈2）が導かれ，上記コンメンタールにおける，選択権規定における更正の請求が確定申告書の記載自体に誤りがある場合に限られる旨の解釈は，当該最高裁の判断と齟齬することがわかりました。

　以上を前提として，反論を構成しましょう。

星税理士　争点1－1に対するＺ調査官の主張は，**理由①**「選択権規定の選択誤りは，更正の請求における誤りにはならない。最高裁昭和62年11月10日判決でも同様の判断をしている。Ｘ氏が本件外国上場株式の配当金について総合課税を選択したことは，確定申告書に添付された『所得の内訳書』に記載された本件外国上場株式について，『所得の種類』欄に記載された『配当』という文字が○で囲まれていないことから明らかである」でしたね。

　髙　橋　まず，本件が「上場株式等の配当等」の該当性を誤った事案であって，更正の請求事由の1つである法令解釈の誤りに当たることを主張することになります。上記**理由①**からは，Ｚ調査官が法令解釈の誤りが更正の請求事由に該当することについて異論があるかどうか不明ですが，反論があった場合には，学説や最高裁平成21年判決を根拠に反論することになります。

星税理士　次に，Ｚ調査官の主張のうち前半部分の「選択権規定の選択誤りは，更正の請求における誤りにはならない。最高裁昭和62年11月10日判決でも同様の判断をしている」についてですが，先の最高裁昭和62年判

決等の分析結果より，「最高裁昭和62年判決は，『選び直し』の事案に対する判断であり，選択権規定の適用等に錯誤がある事案についてはその射程は及ばない。そして，本件も『選び直し』の事案ではない以上，その射程は及ばない」と反論することになると思います。

髙　橋　はい。次に，理由①の後半部分，「X氏が本件外国上場株式の配当金について総合課税を選択したことは，確定申告書に添付された『所得の内訳書』に記載された本件外国上場株式について，『所得の種類』欄に記載された『配当』という文字が○で囲まれていないことから明らかである」について反論を構成してみましょう。

星税理士　この部分は，更正の請求事由に関する議論ではなくて，「所得の内訳書」の記載から，「X氏が総合課税を選択した」という事実が認定できるか否かという**事実認定に関する主張**ですね。「上場株式等の配当等」について申告分離課税を選択する場合には，「所得の内訳書」に記載された「配当」又は「配当所得」に○をつけるということになっていますが，本件外国上場株式の配当金については「上場株式等の配当等」ではないと錯誤していたので，確かに「配当」という文字に○はついていません。

　　　　この記載から，「総合課税を選択した」という事実が認定できるのでしょうか??

髙　橋　この記載からいえることは，「X氏が本件外国上場株式につき，申告分離課税を選択適用しなかった」または「総合課税を適用した」という事実までであって，「総合課税を選択した」とまでは推認できません。**「選択適用」**（複数の選択肢がある中から特定のものを選んで適用する）と**「適用」**（そもそも選択肢がなく指定されたものを適用する）**は意味が違うことに注意しましょう**（図表134）。

　　　　「所得の内訳書」に記載される配当金は，「上場株式等の配当等」だけではなく，非上場株式の配当金も含まれます。しかし，「所得の内訳書」にはいずれに該当するかを表示する欄がないので，「配当」の文字に○が付されていない場合（例えば図表135のB株式会社の配当金の場合），「上場株式等の配当等」に該当しないためか，「上場株式

●●● 図表134 「選択適用」と「適用」の違い

●●● 図表135 現行の申告分離課税選択の記載方法

所得の内訳書			
所得の種類	所得の生ずる場所	収入金額	源泉税額
㊀配当	A株式会社	×××円	××円
配当	B株式会社	×××円	××円

等の配当等」に該当するけれども総合課税を「**選択適用**」したからか，実際には「上場株式等の配当等」に該当するけれども，該当しないと錯誤して総合課税を「**適用**」したからなのか，外形からは判別がつきません（**図表136**）。

●●● 図表136 「配当」の文字に〇が付されていないことから推認し得る事実

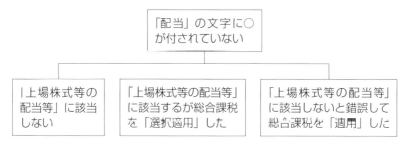

星税理士 そうすると，本件外国上場株式について，「所得の種類」欄に記載された「配当」という文字が〇で囲まれていないだけでは，Ｘ氏が総

合課税を「選択適用」した事実は認定できないですね。したがって，Z調査官の主張に対しては，「所得の内訳書の本件外国上場株式に対応する『配当』の文字に○が付されていないということからは，『上場株式等の配当等』該当性を錯誤して非上場株式と同様に総合株式を適用したのか，該当性の錯誤なしにあえて総合課税を選択適用したのかの区別はつかない。したがって，当該記載からは，X氏が本件外国上場株式の配当金について総合課税を選択したことは推認されない」という反論になりますね。

髙　橋　　はい，そのとおりです。

　　　　　ただ，更正の請求の理由に関する事実の立証責任は，納税者側にあると解されていますので[101]，錯誤があったことはX氏側で，別途証拠によって立証する必要があります。錯誤の事実自体が争点となった場合には，立証できる証拠を準備しておく必要がありますね。

Step 3　争点１－２について（当初申告要件が課されていることが，更正の請求を排斥する理由となるか？）

まずは「当初申告要件」の定義を確認する

髙　橋　　それでは，次の争点に移りましょう。争点１－２は，「措置法8条の4の規定は，国税通則法23条1項1号の適用を排除するものであるか」でしたね。

星税理士　はい。争点１－２に対応するZ調査官の主張は，**理由②**「当初申告要件がある規定においては，確定申告書に一定の記載が必要であるが，本件の確定申告書にはその記載がない」です。

101　「更正の請求に対する更正をすべき理由が無い旨の通知処分の取消訴訟においては，通知処分は税額を確定する不利益処分ではなく，減額更正を拒否する処分です。また，当該訴訟では，実際の税額は，申告によって確定している税額よりも少ないと主張するものですから，それは，申告より確定した税額を納税者に有利に変更することを求めるものといえるでしょう。したがって，更正の請求をする理由（通則法23条3項参照），すなわち，確定申告書の記載が真実と異なることなどについては，納税者が立証責任を負うと解すべきでしょう。」中尾巧『税務訴訟入門第5版』225頁（商事法務・2011年）

第4章　未だ答えの出ていない問題について主張を組み立てる　271

髙　橋　　まず，調査官のいう「**当初申告要件**」の定義について確認しましょう。

星税理士　確か，「確定申告書にその適用を受ける旨の記載がある場合に限り適用する」というような文言が付されている規定のことですよね。

髙　橋　　はい。『国税通則法精解』349頁において，「個別税法において，『確定申告書（注：当初申告書）にその適用を受ける旨及び特定支出の額の合計額の記載があり，かつ，特定支出に関する明細書や証明書類の添付がある場合に限り適用する』旨の定めがある『給与所得者の特定支出の控除の特例』（括弧内省略）など，当初申告時に選択した場合に限り適用が可能な『当初申告要件が設けられている措置』については，当初申告時に選択がなされていない場合には，右のように，更正の請求によって，事後的に当該措置を適用することはできないとされていた」[102]と説明されています。

次に，措置法8条の4に「当初申告要件」が課されているかを条文に当たって確認する

髙　橋　　本件では，平成27年分と平成28年分の確定申告が調査の対象になっていますが，措置法8条の4は，平成25年度税制改正（平成28年1月1日以降に適用）によって一部改正されていますので，平成27年分については改正前が，平成28年分については改正後が適用されることになります。

　　　　　したがって，改正前と改正後の両方の規定について検討する必要があります。いずれについても当初申告要件が課されているのか，改めて条文を確認してみましょう。

「平成25年度税制改正前」
第8条の4　居住者又は恒久的施設を有する非居住者が，平成21年1月1日以後に支払を受けるべき所得税法第24条第1項に規定する配当等（第8条の2第1項に規定する私募公社債等運用投資信託等の収益の分配に係る配当等及

102　志場喜徳郎・前掲（注21）349頁

び前条第1項に規定する国外私募公社債等運用投資信託等の配当等を除く。以下この項，第4項及び第5項において「配当等」という。）で次に掲げるもの（以下この項，次項及び第4項において「上場株式等の配当等」という。）を有する場合において，当該上場株式等の配当等に係る配当所得につきこの項の適用を受けようとする旨の記載のある確定申告書を提出したときは，当該上場株式等の配当等に係る配当所得については，同法第22条及び第89条並びに第165条の規定にかかわらず，他の所得と区分し，その年中の当該上場株式等の配当等に係る配当所得の金額（以下この項において「上場株式等に係る配当所得の金額」という。）に対し，上場株式等に係る課税配当所得の金額（括弧内省略）の100分の15に相当する金額に相当する所得税を課する。この場合において，当該上場株式等の配当等に係る配当所得については，同法第92条第1項の規定は，適用しない。

2　居住者又は恒久的施設を有する非居住者がその年中に支払を受けるべき上場株式等の配当等に係る配当所得について所得税法第22条及び第89条又は第165条の規定の適用を受けた場合には，その者がその同一の年中に支払を受けるべき他の上場株式等の配当等に係る配当所得については，同項の規定は，適用しない。

［平成25年度税制改正後］

第8条の4　居住者又は恒久的施設を有する非居住者が，平成28年1月1日以後に支払を受けるべき所得税法第23条第1項に規定する利子等（括弧内省略）又は同法第24条第1項に規定する配当等（括弧内省略）で次に掲げるもの（以下この項，次項及び第4項において「上場株式等の配当等」という。）を有する場合には，当該上場株式等の配当等に係る利子所得及び配当所得については，同法第22条及び第89条並びに第165条の規定にかかわらず，他の所得と区分し，その年中の当該上場株式等の配当等に係る利子所得の金額及び配当所得の金額として政令で定めるところにより計算した金額（以下この項において「上場株式等に係る配当所得等の金額」という。）に対し，上場株式等に係る課税配当所得等の金額（括弧内省略）の100分の15に相当する金額に相当する所得税を課する。この場合において，当該上場株式等の配当等に係る配当所得については，同法第92条第1項の規定は，適用しない。（各号省略）

2　前項の規定のうち，上場株式等の配当等で同項第1号から第3号までに掲げるもの（同項第2号に掲げる収益の分配にあつては，公社債投資信託以外の証券投資信託に係るものに限る。以下この項において「特定上場株式等の配当等」という。）に係る配当所得に係る部分は，居住者又は恒久的施設を有する非居住者がその年中に支払を受けるべき特定上場株式等の配当等に係る配当所得につき前項の規定の適用を受けようとする旨の記載のある確定申告書を提出した場合に限り適用するものとし，居住者又は恒久的施設を有する

第4章　未だ答えの出ていない問題について主張を組み立てる　273

> 非居住者がその年中に支払を受けるべき特定上場株式等の配当等に係る配当
> 所得について所得税法第22条及び第89条又は第165条の規定の適用を受けた場
> 合には，その者がその同一の年中に支払を受けるべき他の特定上場株式等の
> 配当等に係る配当所得については，同項の規定は，適用しない。（下線は筆者）

星税理士　改正後は，「前項の規定の適用を受けようとする旨の記載のある確
　　　　定申告書を提出した場合に限り適用する」という規定になっているの
　　　　で，「当初申告時に選択した場合に限り適用が可能」という当初申告
　　　　要件の定義に当てはまりますね。しかし，改正前は，単に「この項の
　　　　適用を受けようとする旨の記載のある確定申告書を提出したときは，
　　　　……所得税を課する」と規定されているだけで，「確定申告書にその
　　　　適用を受ける旨の記載がある場合に限り」という規定にはなっていま
　　　　せん。とすると，改正前は当初申告要件が課されてはいないというこ
　　　　とになるのではないですか。

髙　橋　そうです。上記の『国税通則法精解』の説明でも，当初申告要件に
　　　　ついて，「当初申告時に選択した場合に限り適用が可能な『当初申告
　　　　要件が設けられている措置』」という定義がされていて，条文上，「当
　　　　初申告時に選択した場合に限る」という文言が付されていることを理
　　　　由に，当初の確定申告での適用に限定していると解釈しているのです
　　　　から，「限る」としていない以上，当初の確定申告での選択適用に限
　　　　定していないということは文理上明らかです。

　　　　　改正前の措置法8条の4第1項が，確定申告書に申告分離課税を適
　　　　用する旨の記載を要求しているのは，おそらく，申告分離課税を選択
　　　　適用したことを明示する程度の理由ではないでしょうか。

星税理士　租税法規の解釈にあたっては厳格な文理解釈が要求されていて，改
　　　　正前の規定は当初申告要件が課されている改正後とは異なった文言で
　　　　規定されている以上，改正前の規定に当初申告要件が課されていると
　　　　は解釈できないですね。

髙　橋　はい，文理上そうなります。また，そうでない解釈をすべき根拠も
　　　　見当たりません。

星税理士　そうすると，改正前においては当初申告要件が課されていないので，

個別法規である措置法8条の4によって更正の請求の適用が排斥されることにはならないということですね。

髙橋　そういう結論になるはずです。

星税理士　じゃあ，なぜ，Z調査官はいずれも当初申告要件が課されているかのような主張をしたのですかね？

髙橋　おそらく，選択権規定の場合には当初申告要件が課されていることが多いので，措置法8条の4についても同様だと考えたのではないでしょうか。

星税理士　思い込まずに条文に当たることは重要ですね。

髙橋　そのとおりです！

一方，平成25年度改正後の方は，当初申告要件が課されていますから，これをどう突破するかを考える必要があります（図表137）。

●●●図表137　当初申告要件が課されているのは平成25年度改正後のみ

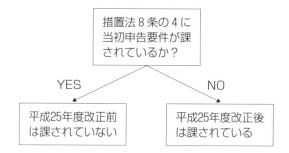

最高裁平成21年判決における当初申告要件規定の解釈方法を理解する

当初申告要件がある以上，実体要件を満たしていても更正の請求は否定されるのか？

髙橋　下級審の裁判例をみると，当初申告要件を満たしていないケースは，厳格な文理解釈を根拠に，確定申告書に記載がない以上実体要件を満たしていたとしても更正の請求は認められないなどと判示しているものが散見されます。最高裁平成21年判決の原審である福岡高裁平成18年10月24日判決・判タ1274号148頁も，以下のとおり，厳格な文理解釈を理由にしています。

第4章　未だ答えの出ていない問題について主張を組み立てる　275

　「ところで，上記(1)及び(2)で見た所得税額控除の趣旨目的や意義に照ら
せば，法人税法68条3項の文言は**できる限り厳格に解釈されるべきは当然**
である。まして，それは，納税者である法人が，自らの自由な意思と判断
により記載したものであってみれば，そこに法令解釈の誤りや計算の誤り
があったからといって，直ちに通則法23条1項1号の要件該当性が肯定さ
れるなどということにはならないのは当然である。」（下線強調は筆者）

星税理士　租税法規の解釈における厳格な文理解釈の重要性はわかりますが，
　　　　　そもそも厳格な文理解釈は，租税法律主義に基づく**予測可能性の担保**
　　　　　が主な理由であったはずです。したがって，納税者の権利救済の場面
　　　　　で，厳格な文理解釈を根拠として権利救済の範囲を狭める解釈をする
　　　　　というのは違和感がありますね。

髙　橋　　はい。課税庁や課税庁の主張をそのまま追認した裁判例では，課税
　　　　　減免規定の解釈に限って厳格な文理解釈を持ち出すことが多いですね。
　　　　　これも，課税庁の思考パターンの1つといえるでしょう。
　　　　　　しかし，実質的に考えて，納税者は，確定申告の段階においては錯
　　　　　誤に陥っていたために選択権規定を選択できなかったわけですから，
　　　　　錯誤に陥りつつ確定申告書に選択する旨を記載せよというのでは，**納**
　　　　　税者に不可能を強いることになります。また，更正の請求の実体要件
　　　　　が満たされたとしても手続要件でそれがすべて排除されるということ
　　　　　になれば，**国税通則法が更正の請求制度を置いている趣旨を没却**する
　　　　　ことになります。
　　　　　　この点，上記のように厳格な文理解釈を持ち出した福岡高裁平成18
　　　　　年10月24日判決でさえ，「とはいえ，法人税法68条3項はどこまでも
　　　　　文言どおり厳格に解釈すべきであり，したがって，法人が自ら記載し
　　　　　た当該金額を変更（増額）することは絶対に認められないとするのも
　　　　　極論に過ぎて，相当ではない。このような硬直した解釈は，かえって
　　　　　制度趣旨にもとることにもなりかねないものというべきである。」と
　　　　　して，制度趣旨にも配慮すべきであるとしています。
　　　　　　また，法人税法の外国税額控除の計算に錯誤があった事案について

更正の請求を認めた福岡高裁平成19年5月9日判決・裁判所ウェブサイトも，「しかも，上記①（筆者注：控除限度要件の「当該金額として記載された金額」とは，確定申告書の別表一（一）の『外国税額』欄（43欄）（以下『43欄』という。）に記載された具体的金額をいう）の解釈を採るとすれば，43欄記載の金額を間違った以上更正の余地が全くないことになり，国税通則法の規定との統一性，整合性を欠くことになるのであって，法がそのような規定を置くことは到底考えられない。」（下線強調は筆者）として，より直接的な表現で，課税庁側の主張する文理解釈を否定しています。

このように，単純な文理解釈によると他の租税法上の制度と整合しなくなるような場合には，目的論的解釈によって整合性のある解釈をするというのも，条文解釈の一方法なわけです。

したがって，条文の文言がこうなっているから「一切ダメ！」という判断は，条文解釈として稚拙ですね。

星税理士　なるほど。上記裁判例の判断は，「条文上の文言は確定申告書に記載した場合に限られるとなっているから，事後には絶対に変更できない！」という主張がなされた場合の反論になりそうですね。そもそも，実体要件を満たしているにもかかわらず，手続要件によってそれを完全に排除することになるというのは，バランスが悪いですよね。

髙　橋　はい。手続要件は実体要件を満たす場合にその条項の適用を実現させるためのものであって，これを妨害したり排斥したりするために置かれるはずはないですから。

そして，更正の請求の実体要件を満たし，かつ，何らの弊害もないにもかかわらず当初申告要件を満たしていないだけの理由で更正の請求が完全に否定されることは，第1章 5 (1)で検討した延滞税に関する最高裁平成26年12月12日判決ほどではないにせよ，**結果が不当です。**

当初申告要件等に関する最高裁平成21年判決の判断を確認する

髙　橋　そこで，措置法8条の4第2項の当初申告要件について，目的論的解釈を試みたいと思います。先に見た最高裁平成21年判決は，当初申

第4章　未だ答えの出ていない問題について主張を組み立てる　277

告要件と控除額の制限が課されている事案なので，この判断を参考に
しましょう。

　該当部分の判示は，以下のとおりです。

　「同条3項は，納税者である法人が，確定申告において，当該事業年度
中に支払を受けた配当等に係る所得税額の全部又は一部につき，所得税額
控除制度の適用を受けることを選択しなかった以上，後になってこれを覆
し，同制度の適用を受ける範囲を追加的に拡張する趣旨で更正の請求をす
ることを許さないこととしたものと解される。（中略）

　そうであるとすると，上告人が，本件確定申告において，その所有する
株式の全銘柄に係る所得税額の全部を対象として，法令に基づき正当に計
算される金額につき，所得税額控除制度の適用を受けることを選択する意
思であったことは，本件確定申告書の記載からも見て取れるところであり，
上記のように誤って過少に記載した金額に限って同制度の適用を受ける意
思であったとは解されないところである。

　**以上のような事情の下では，本件更正請求は，所得税額控除制度の適用
を受ける範囲を追加的に拡張する趣旨のものではないから，これが法人税
法68条3項の趣旨に反するということはできず，上告人が本件確定申告に
おいて控除を受ける所得税額を過少に記載したため法人税額を過大に申告
したことが，国税通則法23条1項1号所定の要件に該当することも明らか
である。**」（下線は判決文，強調は筆者）

星税理士　つまり，法人税法68条3項の趣旨は「**後になって，所得税額控除制
　　　　度の適用を受ける範囲を追加的に拡張する趣旨で更正の請求をするこ
　　　　とを許さない**」ということなので，その趣旨に反しない限り同項は適
　　　　用されないということですね。
髙　橋　はい。最高裁が厳格な文理解釈を根拠とする原審を否定し，かつ，
　　　　法人税法68条3項の制度趣旨によって文言を限定的に解釈しているの
　　　　は，厳格な文理解釈によっては結果が不当であると考えたからだと思
　　　　います。

ここで，これまでみた更正の請求の実体要件と当初申告要件との関係についてまとめておくと，図表138のようになります。

●●●● 図表138　選択適用の場合の更正の請求の実体要件と当初申告要件との関係

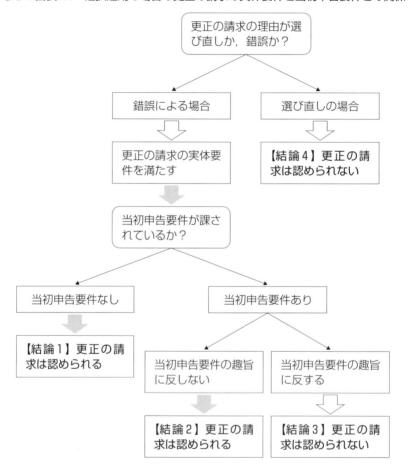

措置法 8 条の 4 第 2 項の当初申告要件の趣旨を明らかにする

星税理士　そうすると，最高裁平成21年判決の手続要件に関する解釈方法を基に措置法 8 条の 4 第 2 項の当初申告要件を解釈するためには，措置法 8 条の 4 第 2 項の当初申告要件の立法趣旨を知る必要がありますね。措置法 8 条の 4 第 2 項の趣旨について，平成25年度の『改正税法のす

第4章 未だ答えの出ていない問題について主張を組み立てる　279

　　　　べて』を見てみましたが，記載はありません。

髙　橋　　はい。日本の場合，立法趣旨が必ずしも明らかになっていないこと
　　　　は，学者等の間でも問題となっています。

星税理士　　そうなると，最高裁平成21年判決の解釈方法は使えないのではない
　　　　ですか？

髙　橋　　いやいや，あきらめるのはまだ早いです！　措置法8条の4第2項
　　　　固有の趣旨はわからなくとも，別のアプローチがあります。

　　　　　平成23年12月の国税通則法の改正で，一部の規定につき当初申告要
　　　　件が廃止されました。その趣旨について，『改正税法のすべて』では
　　　　以下のように説明しています。

　平成23年12月の改正により，「当初申告要件がある措置」のうち，当該措置の
目的・効果や課税の公平の観点から，事後的な適用を認めても問題ないものとし
て，次のいずれにも該当しない措置については，「当初申告要件」を廃止し，所
要の書類を添付することにより事後的に更正の請求が認められることとされた。
　①　インセンティブ措置（例：設備投資に係る特別償却）
　②　利用するかしないかで，有利にも不利にもなる操作可能な措置（例：各
　　種引当金）
　①については，「設備投資に係る特別償却」のような，特定の政策誘導を図る
ことを目的とする「インセンティブ措置」について，更正の請求を含め実質的
にその事後的な選択適用を認めることは，「税負担の軽減を通じ政策目的の達成
を図る」との当該措置の趣旨そのものを没却するおそれがあることから，また，
②については「各種引当金」のような，「納税者が利用するかしないかで，有利
にも不利にもなる措置」について更正の請求を認めることは，実質的に事後的
な事情を踏まえて最も納税者有利とすることができる選択権を納税者自身に付
与するものであり，課税の公平が確保できなくなることから，それぞれ適当で
はないと考えられたことによるものである。

髙　橋　　上記の説明からいけば，平成23年度税制改正後においても，依然，
　　　　当初申告要件が課されている措置は上記①と②であって，それぞれに
　　　　ついて当初申告要件が課されている趣旨は，「『税負担の軽減を通じ政
　　　　策目的の達成を図る』との当該措置の趣旨そのものを没却するおそれ
　　　　があること」（上記①の措置の趣旨）と「実質的に事後的な事情を踏

まえて最も納税者有利とすることができる選択権を納税者自身に付与するものであり，課税の公平が確保できなくなること」(上記②の措置の趣旨)ということですから，**上記趣旨のいずれかが改正後措置法8条の4第2項の当初申告要件の趣旨となるはずです**(図表139)。

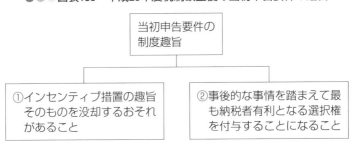

●●●図表139　平成23年度税制改正後の当初申告要件の趣旨

星税理士　なるほど！

　　　　措置法8条の4第1項で定める「上場株式等の配当等」に係る申告分離課税は，上記①のインセンティブ措置と，②の利用するか否かで有利にも不利にもなる操作可能な措置のいずれに該当するのでしょうかね？　どっちにも該当しそうな気がします。

髙　橋　そうですね。上記①と②の区別は，曖昧ではっきりしません。『改正税法のすべて』で説明されている制度趣旨は，漠然とした説明にとどまったり，論理的な整合性が明確でなかったりすることが多いですが，これもその一例といえるでしょう。

　　　　いずれにせよ，当初申告要件の趣旨は，**①事後的な選択適用を認めることによって，当初申告要件の対象としている措置の趣旨を没却するおそれがあること，②更正の請求を認めることで事後的な事情を踏まえて最も納税者有利とすることができる選択権を付与することになること**，のいずれかになるはずです。

最高裁平成21年判決の解釈に基づき，本設例の更正の請求が措置法8条の4の当初申告要件の趣旨に反しないことを論証する

星税理士　そうすると，本件の事実関係が，最高裁平成21年判決の当てはめのように，上記①及び②の両方の趣旨に反しないといえれば，措置法8条の4第2項の当初申告要件の趣旨に反しないということになるわけですね。

髙　橋　はい。最高裁平成21年判決の解釈方法と平成23年度税制改正後の当初申告要件の趣旨を前提にすればそうなります。

星税理士　では，早速やってみます。まず，「**②更正の請求を認めることで事後的な事情を踏まえて最も納税者有利とすることができる選択権を付与することになる**」との趣旨に反するか否かの方がわかりやすいので，こちらから検討してみます。

　　　　　本件は，確定申告時に本件外国上場株式について，「上場株式等の配当等」該当性を誤ったがゆえに総合課税を適用してしまったわけです。実際に「上場株式等の配当等」該当性を正しく認識している本件国内上場株式の配当については申告分離課税を選択しているのですから，当該錯誤がなければ，本件外国上場株式についても「**確定申告当初から**」申告分離課税を選択適用していたはずですね。とすると，「**事後的な事情**」によって申告分離課税を選択適用することにはなりませんから，「事後的な事情を踏まえて最も納税者有利となる選択権を付与することになる」という趣旨には反しないといえますね。

髙　橋　はい，そのとおりだと思います。最高裁平成21年判決における「所得税額控除制度の適用を受ける範囲を追加的に拡張する趣旨で更正の請求をしたか否か」の当てはめにおいて，「本件確定申告書に記載された控除を受ける所得税額の計算が，上告人が別の理由により選択した結果であることをうかがわせる事情もない」として，納税者があえて少ない税額を控除金額として選択したものでないことを認定していますが，これを本件に即していえば，「**確定申告書において，本件外国上場株式の配当金につき総合課税によって計算したことが，納税者が別の理由により選択した結果であることをうかがわせる事情もな**

い」ということになりますね。

星税理士　次に，「①事後的な選択適用を認めることによって，**当初申告要件の対象としている措置の趣旨を没却するおそれがあること**」との趣旨に反しないか否かですが，「当初申告要件の対象としている措置の趣旨」，つまり措置法8条の4第1項の制度趣旨を知る必要がありますね。

髙　橋　はい。これについては，平成20年度の『改正税法のすべて』において，以下のように説明されています。

　平成20年度改正においては，上述のとおり，「金融所得課税の一体化」に沿って，上場株式等の配当等及び譲渡所得等に対する10%の軽減税率を廃止するとともに，上場株式等の譲渡損失と配当所得との間の損益通算の仕組みを導入することとされました。<u>この上場株式等の譲渡損失と配当所得との間の損益通算を行うにあたっては，その課税方式の均衡化を図る必要があることから，上場株式等の配当所得について，上場株式等に係る譲渡所得等と同様に，その課税方式を申告分離課税とする特例が創設されました。</u>（下線強調は筆者）

星税理士　つまり，上場株式等の譲渡損失と配当所得との間の損益通算の導入のために，上場株式等の譲渡損失との課税方式の均衡化を図ることが，措置法8条の4第1項の申告分離課税の制度趣旨ということですね。

髙　橋　はい。

星税理士　つまり，上場株式等の譲渡損失の制度との整合性を目的にしているということになり，両制度の整合性に反しないことが必要であるということですね。上記②の場合と異なり，どうやって趣旨に反しないことを導いたらよいのか，ピンときません。

髙　橋　例えば，こういうのはどうでしょうか。「本件のように『上場株式等の譲渡損失』については正しく理解していたものの，『上場株式等の配当等』該当性のみを誤ってしまった場合，錯誤のない状態で事後的に申告分離課税の選択適用を認めることによって，かえって，上場株式等の譲渡損失との課税方式の均衡化を図ることができる。このように，更正の請求を認めても，措置法8条の4第1項に定める申告分

離課税の趣旨を没却しない」。

星税理士　なるほど！

そうすると，本件の場合，措置法8条の4の当初申告要件が①又は②のいずれの措置に該当するにせよ，当初申告要件の趣旨に反することはなく，更正の請求は認められるといえそうですね。

争点1－2について検討結果を基に主張・反論を構成する

髙　橋　それでは，以上の検討を振り返って，これを基にZ調査官の主張に対する反論を構成していきましょう。

当初申告要件に関するZ調査官の主張（**理由②**）は，「当初申告要件がある選択権規定については，確定申告書に一定の記載をすることが必要であるが，本件の確定申告書にはその記載がない。例外的に，所得税法または租税特別措置法上に，修正申告書または更正の請求での記載でも認める規定がある場合は，更正の請求書に記載があれば選択できる。しかし，本件の場合には，所得税法または租税特別措置法にはそのような規定はないし，宥恕規定もないので，結局更正の請求は認められない」でした。つまり，措置法8条の4には「当初申告要件」が課されていることを前提とする主張です。

星税理士　はい。しかし，平成25年度税制改正前の条文においては，文理上，当初申告要件は課されていないことははっきりしています。したがって，平成25年度税制改正前の条文が適用される平成27年分の更正の請求については，実体要件が満たされるので，更正の請求は認められることになります（前掲図表138の【**結論1**】）。

髙　橋　はい。

星税理士　平成28年分の更正の請求については，当初申告要件が課されているので文理解釈によっては，手続要件を満たさず更正の請求が認められないことになります。しかし，そのような解釈は，更正の請求が制度として置かれていることとの整合性を欠くことになります。実際，最高裁平成21年判決においても，手続要件の解釈についてその趣旨に反しない場合には，更正の請求を認めています。そして，本件において，

更正の請求によって事後に是正を認めたとしても，措置法8条の4第2項で定める当初申告要件の趣旨に反することにはならず，更正の請求は認められるべきです（前掲図表138の【結論2】）。

Step 4　争点2について

髙　橋　　以上のように，判例・学説による解釈と公表されている制度趣旨等を素材として，論理的に解釈すれば，更正の請求が認められることになるはずです。

　　　　しかし，仮に，更正の請求が認められないとしても，措置法8条の4第2項が本件に適用されなければ，申告分離課税を選択した本件国内株式配当について総合課税が強制的に適用されることにはなりません。

　　　　そこで，最後に【争点2】の「措置法8条の4第2項によって，国内上場株式の配当金に対し総合課税を適用することができるか」について検討してみましょう。

　　　　まずは，条文を確認して，課税要件を抽出してみましょう。

措置法8条の4第2項の課税要件事実を明らかにする

星税理士　　平成25年度改正前の2項と改正後の2項後段は同じ内容ですから，改正前の2項だけを確認すれば足りますね。具体的には，「居住者又は国内に恒久的施設を有する非居住者がその年中に支払を受けるべき上場株式等の配当等に係る配当所得について所得税法第22条及び第89条又は第165条の規定の適用を受けた場合には，その者がその同一の年中に支払を受けるべき他の上場株式等の配当等に係る配当所得については，前項の規定は，適用しない。」という内容になります。

髙　橋　　そうですね。そうすると，措置法8条の4第2項の課税要件は，①居住者等が「上場株式等の配当等」の支払を受けたこと，②当該「上場株式等の配当等」につき「所得税法22条及び89条又は165条の適用を受けた場合」になります（図表140）。

星税理士　　まず，課税要件①の居住者等が「上場株式等の配当等」の支払を受

第 4 章　未だ答えの出ていない問題について主張を組み立てる　285

●●○○図表140　措置法 8 条の 4 第 2 項の課税要件

```
          ┌─────────────────┐
          │ 措置法 8 条の 4 第 2 項 │
          │ の課税要件            │
          └─────────────────┘
        ┌──────────┴──────────┐
┌───────────────────┐  ┌────────────────────────┐
│ ①居住者等が「上場株式等の配当 │  │ ②当該「上場株式等の配当等」に │
│ 　等」の支払を受けたこと       │  │ 　つき「所得税法22条及び89条又 │
│                   │  │ 　は165条の適用を受けた場合」  │
└───────────────────┘  └────────────────────────┘
```

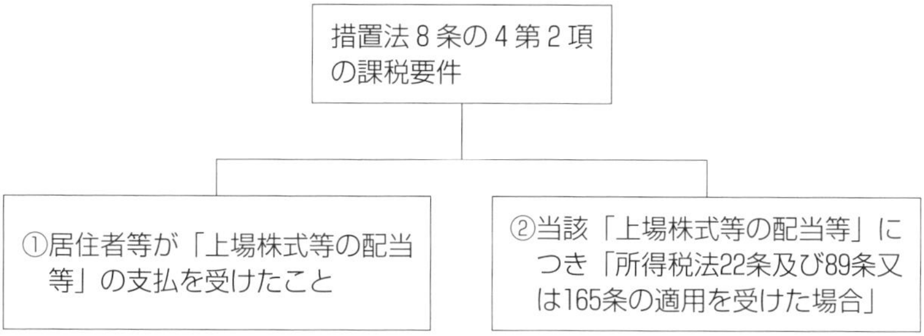

けたことについてですが，内容的には特に曖昧な部分がありません。
また，そもそも，この点について本件では争いがありません。した
がって，問題となるのは課税要件②だけですね。

文理解釈によって課税要件②の内容を明らかにする

髙　橋　　はい。争点 2 に関して，Ｚ調査官は，**理由③**「更正の請求が認めら
　　　　れない以上，措置法 8 条の 4 第 2 項の課税要件を満たし，申告分離課
　　　　税を選択した本件国内上場株式の配当金についても総合課税が適用さ
　　　　れる」と主張していましたね。

星税理士　　ということは，本件のように「上場株式等の配当等」該当性を誤っ
　　　　たがために総合課税を適用した場合であっても，区別なく，「所得税
　　　　法22条及び89条又は165条の適用を受けた場合」に該当するという主
　　　　張ですね。

髙　橋　　はい。Ｚ調査官は，総合課税を「選択適用」していないケースにお
　　　　いても課税要件事実に該当するという解釈を前提としているというこ
　　　　とになります。**「果たして，そのように解釈できるのか？」**が争点 2
　　　　における実質的な争点ということになります。

　　　　　では，まず文理解釈にトライしましょう。

　　　　　「所得税法22条及び89条又は165条の適用を受けた場合」という文言
　　　　は長いので，以下，「総合課税の適用を受けた場合」に言い換えます。
　　　　そうすると，解釈すべき文言は，**「適用を受けた場合」**ということに

なります。

星税理士　50頁以降で説明された「解釈ルール」のうち，「解釈ルール2」として「文理解釈には，国語辞典ルールと法律用語辞典ルールがある」がありましたね。このルールに従って国語辞典と法律用語辞典を調べてみましたが，「適用を受けた場合」という言葉では見つかりませんでした。

髙　橋　そうでしょうね。そうすると，「解釈ルール3」の「法令中に同じ用語が使われている場合には，原則として，同じ内容に解釈されなければならない」でいくしかないですね。改正前措置法8条の4第1項をじっと見ていると，**「規定の適用を受けた」**という用語に似た用語が使用されていることに気がつきませんか？

星税理士　えっと，「当該上場株式等の配当等に係る配当所得につき**この項の適用を受けようとする旨の記載……**」という箇所ですね。この文脈では，「（申告分離課税を）選択適用する」という意味であることは争いがないでしょうね。

髙　橋　そうですよね。とすると，2項の「規定の適用を受けた」という文言も**「選択適用した場合」**という意味に捉えるべきではありませんか？

星税理士　なるほど！「適用を受けようとする」と「適用を受けた」とは，時制に違いはありますが，文言的には近いですね。

髙　橋　はい。他方，同じく1項において，納税者の選択によってではなく法の規定によって当然に適用される場合には，**「適用がある場合」**という文言が用いられています。具体的には，「第3項第3号の規定により読み替えられた同法第72条から第87条までの**規定の適用がある場合**には，その適用後の金額」という箇所です。

星税理士　この場合は，**「受ける」**という文言が入っていないというわけですね。そうすると，仮に，この立法の起案者が，選択適用によって総合課税を適用した場合だけでなく，本件のように錯誤等によって総合課税を適用した場合にも2項を適用させる趣旨であれば，「規定の適用を受けた場合」ではなく，**「適用があった場合」**または**「適用した場合」**という用語を用いているはずですね（図表141）。

第4章　未だ答えの出ていない問題について主張を組み立てる　287

●●◎◎　図表141　措置法8条の4第1項における用語の使い分け

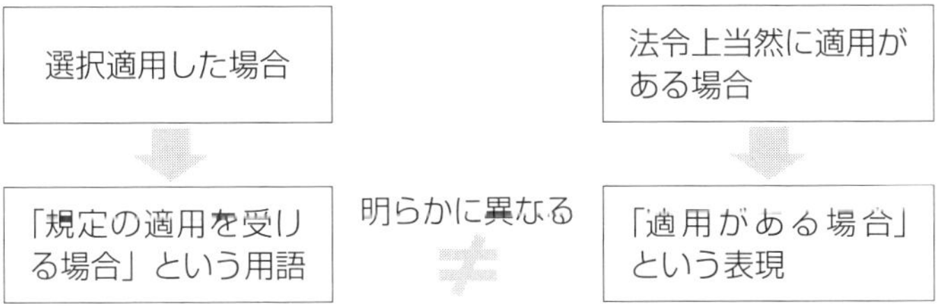

```
┌──────────────────┐          ┌──────────────────┐
│  選択適用した場合  │          │  法令上当然に適用が │
│                  │          │  ある場合          │
└──────────────────┘          └──────────────────┘
         ▼                             ▼
┌──────────────────┐          ┌──────────────────┐
│「規定の適用を受け  │ 明らかに異なる│「適用がある場合」  │
│る場合」という用語  │   ≠      │という表現          │
└──────────────────┘          └──────────────────┘
```

髙　橋　そうなりますよね。その他，**「適用を受ける」** という文言は，選択
　　　　権規定において当該選択権規定を（積極的に）選択適用する場合に，
　　　　その旨を確定申告書に記載するくだりで使用されています。例として，
　　　　所得税法57条の2第3項[103]，同法64条3項[104]，相続税法19条の2第
　　　　3項[105]が挙げられます。

　　　　　以上から，**文理解釈上，②の課税要件事実は，「当該『上場株式等
　　　の配当等』につき総合課税の選択適用をした場合」と解釈すべき**で
　　　しょう。

星税理士　そう解釈すれば，本件の場合には，総合課税を「選択適用」しては
　　　　いないので，②の要件事実を満たさず，2項は適用されないという結
　　　　論になりますね！

　　　　　実質的に考えてみても，「上場株式等の配当等」の一部について，

103　「第1項の規定は，確定申告書，修正申告書又は更正請求書（次項において「申
　　告書等」という。）に第1項の規定の**適用を受ける旨**及び同項に規定する特定支出
　　の額の合計額の記載があり，かつ，前項各号に掲げるそれぞれの特定支出に関する
　　明細書及びこれらの各号に規定する証明の書類の添付がある場合に限り，適用す
　　る。」

104　「前項の規定は，確定申告書，修正申告書又は更正請求書に同項の規定の**適用を
　　受ける旨**の記載があり，かつ，同項の譲渡をした資産の種類その他財務省令で定め
　　る事項を記載した書類の添付がある場合に限り，適用する。」

105　「3　第1項の規定は，第27条の規定による申告書（当該申告書に係る期限後申
　　告書及びこれらの申告書に係る修正申告書を含む。第5項において同じ。）又は国
　　税通則法第23条第3項（更正の請求）に規定する更正請求書に，第1項の規定の**適
　　用を受ける旨**及び同項各号に掲げる金額の計算に関する明細の記載をした書類その
　　他の財務省令で定める書類の添付がある場合に限り，適用する。」

その該当性を誤ったがため，やむなく課税上不利となる総合課税を適用したにもかかわらず，さらに，追い打ちをかけるように，納税者の意思に反して総合課税が適用され追徴課税されるというのは，**結果が不当です。**

髙　橋　　実質面からいってもそうですね。「規定の適用を受けた」という文言が「選択適用をした」という意味であるということは，平成20年度『改正税法のすべて』の記述からも裏付けられます。平成20年度『改正税法のすべて』は，措置法 8 条の 4 第 2 項に関して，以下のように説明しています。

---

(3)　総合課税との選択適用

　居住者等がその年中に支払を受けるべき上場株式等の配当等に係る配当所得について総合課税の適用を受けた場合には，その居住者等がその同一の年中に支払を受けるべき他の上場株式等の配当等に係る配当所得については，申告分離課税を選択することはできません（措法 8 の 4 ②）。つまり，上場株式等の配当等に係る配当所得を有する者が確定申告する場合には，その申告する上場株式等の配当等に係る配当所得のすべてについて，**総合課税と申告分離課税のいずれかを選択適用することになります。**（下線強調は筆者）

　　　このように，措置法 8 条の 4 第 2 項は，「総合課税と申告分離課税のいずれかを選択適用することになること」を定めた規定なわけですから， 2 項の「規定の適用を受けた」を「選択適用した」と読むべきということになりますね。

星税理士　　なるほど！　公表されている説明等を素材にして，いろいろと反論を組み立てられるものですね。

目的論的解釈によっても文理解釈と同じ解釈となり得るか確認する

髙　橋　　では，次に，目的論的解釈からも同様の解釈が導かれるかについて検討してみましょう。

星税理士　　措置法 8 条の 4 第 2 項の趣旨ですが，平成20年度の『改正税法のすべて』では，すでに引用された「(3)総合課税との選択適用」という説

明しかありませんね。コンメンタールにも載っていません。

髙橋　そうですね。日本では，租税法規の趣旨のすべてが明らかにされているわけではないということの問題点がここでも現れていますね。

　以下では，措置法8条の4が創設された趣旨及び，1項と2項の関係に着目して趣旨を推測してみましょう。このような解釈方法は裁判例でもみられるところです。

　そもそも，申告分離課税と総合課税を納税者に選択させる方法として，①配当金ごとにいずれかを選択可能という方法と②すべての配当金につきいずれか一方しか選択できないという方法（All or nothing）のいずれかが考えられます（図表142）。

　この点，措置法8条の4第2項は，②を採用しているということになります。

●●●図表142　総合課税と申告分離課税の適用に関する制度設計の類型

星税理士　現行法が②の方法を採用している根拠は，何なのでしょうか？

髙橋　措置法8条の4第1項が総合課税か申告分離課税かの選択を納税者の意思にかかわらしめている以上，その意思を尊重して両方適用させるという①の制度設計の方が整合的だと思われますが，あえて一方しか選択できないような設計にしている以上，何らかの合理的な理由，例えば，課税上の弊害防止等を目的としているはずです。

星税理士　なるほど。つまり，措置法8条の4第2項は何らかの課税上の弊害の防止が立法趣旨ということですね。では，措置法8条の4第2項が

想定している「**課税上の弊害**」とは，何でしょうか？

髙　橋　この「課税上の弊害」について，措置法8条の4が創設された趣旨
に遡って探ってみましょう。まずは，措置法8条の4が創設された趣
旨について確認しましょう。

星税理士　平成20年度税制改正の解説では，措置法8条の4が創設された趣旨
について，以下のように説明しています。

　　　「『金融所得課税の一体化』に沿って，上場株式等の配当等及び譲渡
所得等に対する10％の軽減税率を廃止するとともに，上場株式等の譲
渡損失と配当所得との間の損益通算の仕組みを導入することとされま
した。

　　　この上場株式等の譲渡損失と配当所得との間の損益通算を行うにあ
たっては，その課税方式の均衡化を図る必要があることから，上場株
式等の配当所得について，上場株式等に係る譲渡所得等と同様に，そ
の課税方式を申告分離課税とする特例が創設されました。」

　　　つまり，上場株式等の譲渡損失との損益通算ができるよう，上場株
式等の配当等についても申告分離課税の制度を設けて課税方式を均衡
化するというのが立法趣旨ということですね。

髙　橋　はい。措置法8条の4第1項が定められたことで，上場株式等の配
当等について申告分離課税を選択することができるようになり，申告
分離課税を選択した場合には上場株式等の譲渡損失と課税方式が同じ
になるため，損益通算をすることができるというわけです。ただし，
申告分離課税を選択した場合には，配当控除は適用できないこととさ
れました。

星税理士　一方，総合課税を選択した場合には，損益通算はできませんが，配
当控除を適用することができますね。

髙　橋　はい。それぞれにメリット・デメリットはあるということですね。

　　　以上の立法趣旨及び各制度にメリット・デメリットがあることを前
提とした上で，仮に，上場株式等の配当等の一部につき総合課税を選
択しつつ，その他について申告分離課税を選択することを認めるとす
ると，納税者は，「**配当控除という課税上の利益**」を得つつ，「**損益通**

算という課税上の利益」も得るということになります。そこで、措置法8条の4第2項は、このような「いいとこどり」を回避し、いずれか一方の利益しか得させないということにしたのではないかと考えます（図表143）。

●●● 図表143　措置法8条の4第2項の立法趣旨

星税理士　つまり、措置法8条の4第2項が想定している「課税上の弊害」というのは、損益通算と配当控除の「いいとこどり」ということですね。これを防止することが措置法8条の4第2項の趣旨になるということですね。

髙　橋　　はい。このくらいしか2項の立法趣旨としては思い浮かびませんね。仮に「いいとこどり」の防止が立法趣旨であったとした場合、2項の「総合課税の適用を受けた場合」はどのように解釈すべきでしょうか？

星税理士　「いいとこどり」というのは、納税者が意図的にやるわけですよね。そうすると、「総合課税の適用を受けた場合」とは、**意図的に総合課税を選択した場合**と解釈すべきだと思います。逆に、本件のように、「いいとこどり」どころか、課税上、不利であるにもかかわらず誤って総合課税を適用した場合に2項を適用することは、「いいとこどりの防止」という趣旨に反することになります。

髙　橋　　そうですね。本件外国上場株式については、配当控除も適用できないわけですからね。

そもそも措置法8条の4第1項では、納税者に選択権を付与してい

るにもかかわらず，2項において当該意思を否定する以上，申告分離課税を選択したのと同じ程度の意思によって総合課税を選択した場合に限られるべきですね。

争点2について反論を構成する

髙　橋　では，争点2について主張・反論を構成しましょう。

　　　　Z調査官の主張は，「③更正の請求が認められない以上，措置法8条の4第2項の課税要件を満たし，申告分離課税を選択した上場株式等の配当等についても総合課税が適用される」でしたね。

星税理士　「措置法8条の4第2項の課税要件を満たし」といっていますが，本件の場合は，あくまで錯誤によって総合課税を「適用」したのであって「選択適用」したわけではありません。課税要件を満たすというのであれば，「規定の適用を受けた」という文言は「選択適用の有無にかかわらず総合課税が適用された場合」であると解釈されなければならないことになります。しかし，そのように解釈されるべきであるとする理由については何ら説明されていません。

髙　橋　そうですね。まず，Z調査官に，そのように解釈する根拠を説明してもらう必要があります。その上で，X氏側の主張を構成するとすればどうなりますか。

星税理士　「本件について措置法8条の4第2項が適用されるか否かは，『総合課税の規定の適用を受けた』という文言をいかに解釈するかが問題となる。

　　　　そもそも，租税法の解釈にあたっては，まずは文理解釈によるのがルールである。そして，措置法8条の4第1項やその他の規定からは，『適用を受ける』という文言は，『選択適用する』という意味に解釈されるべきことが明らかである。

　　　　また，目的論的解釈によった場合でも，2項の趣旨は『いいとこどりの防止』であると考えられるため，『総合課税の適用を受けた場合』とは，『意図的に総合課税を選択した場合』と解釈すべきことになる。

　　　　以上より，2項が適用されるのは，総合課税を選択適用した場合で

あると解釈され，本件のように『上場株式等の配当等』の錯誤によって総合課税を法の規定に基づき『適用』した場合は該当しない」。

　こんなところでしょうか。

髙　橋　グッジョブ！です。

　実はもう１つ，重要な点があります。それは，措置法８条の４第２項は課税要件を満たした場合の効果として，**「前項の規定は，適用しない」**としか規定していない点です。「総合課税を適用する」とは規定されていないのです。

　おそらく，Ｚ調査官は，総合課税と申告分離課税の**「２択」**しかないことを暗黙の前提としているのでしょうが，実際には，本件国内上場株式の配当金には措置法８条の５第１項で定める申告不要制度も適用されます。つまり，**「３択」**なのです。したがって，申告分離課税の適用を否定したとしても，総合課税が当然に適用されることにはならないはずです！

星税理士　な〜るほど‼

　では，早速，この点についてＺ調査官に説明を求めてみたいと思います！

2 消費税の還付〜輸出免税における帳簿等の保存要件に不備があった場合の還付の可否

　消費税法は，原則として，国内取引（国内において事業者が行った資産の譲渡等及び特定仕入れ）と輸入取引（保税地域から引き取られる外国貨物）に対して消費税を課税すると定め，一定の非課税取引と輸出取引については，消費税を課税しない（輸出の場合は免除）こととしています。

　このように，消費税法には，輸出取引には消費税を免除するという制度（輸出免税制度）があるため，これを悪用して不正に還付請求する事案が少なくありません。例えば，架空の輸出取引を計上したり，帳簿等を改ざんし国内売上げを輸出免税売上げに仮装するなどして不正に消費税の還付請求をした事案も

あり，輸出免税取引を理由とする還付に対し課税当局は厳しい目を向けています。

もっとも，実際には不正な還付請求ではなく，取引上の理由により帳簿等が完備されていない例もあり，その場合の効果をめぐって課税庁側と争いになることが少なくありません。

そこで，取引上の理由により帳簿等が完備されていないようなケースにおいて，輸出免税を否定する課税庁の主張に対していかにして反論するかにつき，以下の設例でチャレンジしましょう。

(1) 設　例

Y市に所在するX商事株式会社（以下「X商事」）は，日本の電化製品及びカメラ等を，主に香港，中国，台湾及び韓国に輸出する事業を営む会社です。

X商事は，売上げのすべてが輸出であるため，過去の事業年度における消費税の確定申告はすべて還付申告であり，これまで何の問題もなく還付されてきました。

前回の税務調査から3年ほど経過した平成30年4月某日，X商事は，過去3期分の消費税確定申告を対象とする税務調査を受けました。

X商事の代表者は，Z調査官の求めるまま，帳簿書類及び輸出関係書類等を提示しました。Z調査官は，売上台帳に記載されている輸出売上げと輸出許可書とを突合していましたが，**輸出許可書に記載されている単価が売上帳簿に記載されている商品単価よりも低いものがある**ことに気づき（図表144），X商事の代表者にその理由を尋ねました。

●●●図表144　本設例における帳簿と輸出許可書との記載の食い違い

当該質問に対し，X商事の代表者は，以下のように回答しました。

第4章　未だ答えの出ていない問題について主張を組み立てる　295

　「これらの取引は，輸入者である取引先から，取引先の国での関税負担を抑えるため，実際の販売単価よりも低い単価でインボイスを作成してほしいといわれ，そのようにしたものです。取引先の要求を断ると，『それなら，他の商社から買うから結構です。低い単価でインボイスを作成してくれるところは，いくらでもありますから』といわれ，やむなく応じました。しかし，売上台帳には実際の取引金額を記載しないと脱税になってしまうので，実際の単価と売上金額を計上しています。同業者からも，同様のことを大なり小なりやっていると聞いています。前回の調査の際にも同様の指摘がありましたが，先ほど説明した内容と同じことを説明したら，調査官は納得して何の指摘もしませんでした。その調査官は，このような取引も問題ないものと認めていたということではないのですか。今になってそんなことを言われても困ります。」

　これに対し，Ｚ調査官は，「う〜ん。輸出許可書に記載されている単価が実際と違っているので，『輸出』とはいえないと思うのですが」といったものの，その場では最終的な判断を留保しました。

　その後，Ｘ商事の税務調査終了にあたり，Ｚ調査官はＸ商事の代表者に対し，「署に持ち帰って上司とも協議しましたが，やはり，輸出許可書に記載されている単価と実際の販売単価とが異なる売上げは，『輸出』とは認められないということになりました。したがって，これらについてはすべて課税売上げとなり，追徴税額は約1,000万円になります。なお，『輸出』と認められる売上げに係る還付消費税についても，この追徴分について最終的に決着がつくまでは還付できません。」と説明しました。

　これに対し，Ｘ商事の代表者は，「輸出取引なので取引先からは消費税を受け取ってもいないのに，消費税を課税されることは全く納得がいかない。そもそも，消費税は預かっている税金を支払うものでしょう？　どうして自己負担しなければならないのでしょうか？　それに，1,000万円もの追徴税額を支払う資金的余裕もありません」と反論しましたが，Ｚ調査官は「お気持ちはわかりますが，法律上，そのようになっているので」として，取りあいませんでした。

　そこで，これを不服としたＸ商事の代表者は，星税理士に本件の対処を依頼しました。

296

⑵ 検　討

Step 1　適用条文と本事案の争点を明らかにする

髙　橋　本件において，Ｚ調査官は，輸出許可書に記載された単価が事実と
　　　　異なる取引は「輸出」に該当しないということは説明していますが，
　　　　どの条文のどの文言が問題となるのかについては，言及していません
　　　　ね。
　　　　　そこで，まずやるべきことは，本件で**適用対象となる条文を明らか
　　　　にする**ことです。

星税理士　Ｚ調査官は「輸出」に該当しないから課税売上げとなるといってい
　　　　るので，**「輸出免税」**のことをいっているのだと思います。そうする
　　　　と，輸出免税について定めた消費税法７条２項が適用条文になると思
　　　　います。

髙　橋　そうですね。ただ，消費税法７条２項は，「前項の規定は，その課
　　　　税資産の譲渡等が同項各号に掲げる資産の譲渡等に該当するものであ
　　　　ることにつき，財務省令で定めるところにより証明がされたものでな
　　　　い場合には，適用しない」として，財務省令に委任していますから，
　　　　財務省令である消費税法施行規則もみる必要があります。

星税理士　消費税法施行規則５条１項で，輸出取引等の証明に関する規定が置
　　　　かれています。ここでは，一定の書類または帳簿を整理し，一定期間
　　　　保存することが輸出免税取引であることの「証明がされたもの」とす
　　　　る旨が規定されています。したがって，本件において適用される条文
　　　　は，**消費税法７条２項と消費税法施行規則５条１項**になると思います。

髙　橋　そうですね。では，本件において，消費税法施行規則５条１項で規
　　　　定されたもののうち，問題となりそうな文言は何になりますか？

星税理士　本件では輸出許可書上に記載された商品の単価が事実と異なってい
　　　　たことが問題となっていますので，消費税法施行規則５条１項１号ハ
　　　　の**「当該資産の品名並びに品名ごとの数量及び価額」**が問題になると
　　　　思います。

髙　橋　そうですね。もう少し争点っぽい言い方にすれば，本件の場合は，

X商事が保存している輸出許可書，つまり，実際の商品単価とは異なった単価が記載されている輸出許可書が，消費税法施行規則5条1項1号に規定する**「当該各号に定める書類又は帳簿」**に該当するのかという問題といえそうですね。

星税理士　そうすると，本件における争点は，**「当該各号に定める書類又は帳簿」該当性という条文解釈の問題**になるということですね。

髙　橋　はい。

参考

【消費税法7条】

（輸出免税等）

第7条　事業者（第9条第1項本文の規定により消費税を納める義務が免除される事業者を除く。）が国内において行う課税資産の譲渡等のうち，次に掲げるものに該当するものについては，消費税を免除する。

　一　本邦からの輸出として行われる資産の譲渡又は貸付け

　二　外国貨物の譲渡又は貸付け（前号に掲げる資産の譲渡又は貸付けに該当するもの及び輸入品に対する内国消費税の徴収等に関する法律（昭和30年法律第37号）第8条第1項第3号（公売又は売却等の場合における内国消費税の徴収）に掲げる場合に該当することとなつた外国貨物の譲渡を除く。）

　三　国内及び国内以外の地域にわたつて行われる旅客若しくは貨物の輸送又は通信

　四　専ら前号に規定する輸送の用に供される船舶又は航空機の譲渡若しくは貸付け又は修理で政令で定めるもの

　五　前各号に掲げる資産の譲渡等に類するものとして政令で定めるもの

2　前項の規定は，その課税資産の譲渡等が同項各号に掲げる資産の譲渡等に該当するものであることにつき，財務省令で定めるところにより証明がされたものでない場合には，適用しない。

> **参考**
>
> **【消費税法施行規則5条1項】**
>
> （輸出取引等の証明）
>
> 第5条　法第7条第2項に規定する財務省令で定めるところにより証明がされたものは，同条第1項に規定する課税資産の譲渡等のうち同項各号に掲げる資産の譲渡等に該当するものを行つた事業者が，当該課税資産の譲渡等につき，次の各号に掲げる場合の区分に応じ当該各号に定める書類又は帳簿を整理し，当該課税資産の譲渡等を行つた日の属する課税期間の末日の翌日から2月（清算中の法人について残余財産が確定した場合には1月とする。第3項において同じ。）を経過した日から7年間，これを納税地又はその取引に係る事務所，事業所その他これらに準ずるもの（以下この項において「事務所等」という。）の所在地に保存することにより証明がされたものとする。
>
> 一　法第7条第1項第1号に掲げる輸出として行われる資産の譲渡又は貸付け（船舶及び航空機の貸付けを除く。）である場合（次号に掲げる場合を除く。）　当該資産の輸出に係る税関長から交付を受ける輸出の許可（関税法（昭和29年法律第61号）第67条（輸出又は輸入の許可）に規定する輸出の許可をいう。）若しくは積込みの承認（同法第23条第2項（船用品又は機用品の積込み等）の規定により同項に規定する船舶又は航空機（本邦の船舶又は航空機を除く。）に当該資産を積み込むことについての同項の承認をいう。）があつたことを証する書類又は当該資産の輸出の事実を当該税関長が証明した書類で，次に掲げる事項が記載されたもの
>
> 　　イ　当該資産を輸出した事業者の氏名又は名称及び住所若しくは居所又は事務所等の所在地（以下この条において「住所等」という。）
>
> 　　ロ　当該資産の輸出の年月日
>
> 　　ハ　当該資産の品名並びに品名ごとの数量及び価額
>
> 　　ニ　当該資産の仕向地

Step2　Z調査官の否認理由を明らかにし，議論・分析する

髙橋　本件の争点が条文解釈であることが明らかになりましたが，これについて，Z調査官は何と言っていましたか？

星税理士　えっと，Z調査官は，「輸出許可書に記載されている単価と実際の販

第4章 未だ答えの出ていない問題について主張を組み立てる　299

　　　　売単価とが異なる売上げは，輸出とは認められない」としかいってい
　　　　ませんね。これって，結論だけで理由が説明されていないですよね？
髙　橋　　はい。適用条文である消費税法7条2項や消費税法施行規則5条1
　　　　項1号からZ調査官が主張するような解釈が導かれる理由が，全く明
　　　　らかになっていませんね。そのような場合には，そのように解釈する
　　　　理由を明らかにしてもらいましょう。
　　　　　国税通則法74条の11第2項では，「国税に関する調査の結果，更正
　　　　決定等をすべきと認める場合には，当該職員は，当該納税義務者に対
　　　　し，その調査結果の内容（更正決定等をすべきと認めた額及びその理
　　　　由を含む。）を説明するものとする。」として，更正等の理由を説明す
　　　　ることが要求されていますからね。
星税理士　はい。早速，Z調査官に確認してみます。

＊＊＊

星税理士　Z調査官に，輸出許可書に記載されている単価が実際の販売単価と
　　　　異なる場合には，「輸出」に該当しないとする理由を確認しました。
　　　　　Z調査官いわく，「①消費税法4条1項において，国内において事
　　　　業者が行った資産の譲渡等は消費税の課税対象となることが定められ
　　　　ているので，国内取引であるにもかかわらず免税となる輸出免税は消
　　　　費税法4条1項の例外規定に当たるが，**例外である以上その要件は厳**
　　　　密に解釈する必要がある。よって，実際に輸出取引であったとしても，
　　　　輸出許可書に記載されている内容が事実と異なる場合は，輸出免税の
　　　　要件を満たさない。また，②帳簿等への記載が仮名である場合に，消
　　　　費税法30条8項で規定する帳簿等に該当するか否かが争点となった事
　　　　案（東京地裁平成9年8月28日判決・訟月45巻2号388頁）において
　　　　は，消費税額の調査・確認を行うための資料として帳簿等の保存を義
　　　　務付けた趣旨より，**帳簿等への記載は真実であることが要求されてい**
　　　　ると解されている。消費税法7条の場合も，その趣旨は輸出か否かの
　　　　確認のために輸出許可書等の書類の保存を義務付けたものと考えられ

るため，当該裁判例と同様に，輸出許可書等の記載は，当然真実が記載されていることが要求されていると考える」ということでした。

髙橋　へ～，そうですか。

では，まずは，Z調査官の主張を議論モデル図の形で整理してみましょう（図表145，図表146参照）。

●●●図表145　理由①に関する議論モデル図

●●●図表146　理由②に関する議論モデル図

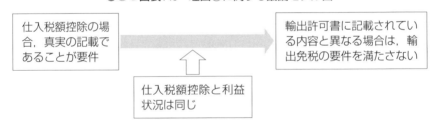

Step 3　理由①（例外規定の厳格解釈）に対して反論する

髙橋　ここでも，「例外規定の限定解釈」が出てきましたね。81頁で説明したとおり，課税減免規定の場合の思考パターンですからね。

しかし，「厳密に解釈すべき」との宣言から，いきなり「輸出許可書に記載されている内容と異なる場合は，輸出免税の要件を満たさない」との結論になっていて，そのように解すべき根拠が示されていませんね。

これに対して，まず反論すべき点は何でしょうか？

星税理士　まず，例外規定だからより厳格に解釈すべきであるという考え方自体，租税法の条文解釈ルールとして受け入れられませんね。最高裁が

第4章　未だ答えの出ていない問題について主張を組み立てる　301

　　　　繰り返し判示しているように，侵害法規である租税法規において条文
　　　　解釈は原則として文理解釈によるべきであって，みだりに縮小解釈す
　　　　べきではないと反論することになるのではないかと思います。

髙　橋　そうですね。では，文理解釈によった場合にはどのように解釈でき
　　　　そうですか？

星税理士　う～ん。本件は，輸出許可書に記載すべき事項が記載されていない
　　　　のではなくて記載されているケースですから，事実と異なる場合をど
　　　　のように解するかの問題ですよね。とすると，条文上，決め手になり
　　　　そうな文言はなさそうですね。

髙　橋　そうなんです。したがって，文理解釈によって説得的な解釈を導く
　　　　のは無理そうですね。

星税理士　とすると，制度趣旨による目的論的解釈によるしかなさそうですね。

髙　橋　はい。Ｚ調査官が根拠とする東京地裁平成9年8月28日判決も目的
　　　　論的解釈をしているので，理由②に対する反論を構成しつつ目的論的
　　　　解釈についても検討してみましょう。理由①への反論に戻ると，そも
　　　　そも，**輸出免税は，消費税法4条1項の例外といえるのでしょうか？**

星税理士　う～ん。条文上は，輸出取引も，「国内において事業者が行った資
　　　　産の譲渡等」に該当するので，例外的規定であるとは思います。

参考

【消費税法4条1項及び2項】

（課税の対象）

第4条　国内において事業者が行つた資産の譲渡等（特定資産の譲渡等に該当
　するものを除く。第3項において同じ。）及び特定仕入れ（事業として他の者
　から受けた特定資産の譲渡等をいう。以下この章において同じ。）には，この
　法律により，消費税を課する。

2　保税地域から引き取られる外国貨物には，この法律により，消費税を課する。

髙　橋　そうですね。消費税法4条1項から見れば，輸出免税は例外的規定
　　　　になりそうですね。でも，他の視点からもみてみましょう。

　　　　　一般的に，制度趣旨は法的議論のための良い素材になりますので，

まずは，**輸出免税の制度趣旨**から確認します。『租税法』に輸出免税の制度趣旨の説明がありますので，見てみましょう[106]。

　輸出される物品や国外で提供されるサービスに対する消費税の課税主体については，政策論として2つの考え方がある。1つは，源泉地主義（origin principle）と呼ばれ，源泉地国に課税権があるとする考え方であり，いま1つは，仕向地主義（destination principle）と呼ばれ，仕向地国に課税権があるとする考え方である。各国の消費税制度が統一されて，税負担の水準がほぼ等しくなり，しかも物やサービスの流れが相互的である場合には，源泉地主義を採用しても特に不都合は生じない。しかし，各国の消費税制が不統一で，しかも物やサービスの流れが相互的でない場合には，源泉地主義を採用すると，輸入超過国の国庫の犠牲において輸出超過国の税収が増大するのみでなく，税負担水準の低い国の製品が国際競争上有利な立場に立つことになる。これに対し，仕向地主義のもとでは，輸出品は，源泉地国の消費税を免除され，仕向地国の消費税を課されるから，消費税の負担に関する限り，仕向地国および他の国々の製品と全く同じ条件で競争しうることとなり，税制の国際的競争中立性が確保される。また，各国は，自国品・輸入品の別なくその領土内で消費される物品から税収を確保することができる。我が国が輸入品（外国貨物）に対して国内で製造・販売される物品と全く同様に消費税を課す一方で，輸出される物品に対して消費税を免除しているのは，そのような理由からである。

星税理士　つまり，クロスボーダー取引に関して消費税の課税主体を誰にするかについては，政策論として2つの考え方があって，その1つは，物品やサービスを提供する国が課税すべきとする「**源泉地主義**」，もう1つは物品やサービスが提供される国が課税すべきとする「**仕向地主義**」であって，日本は**仕向地主義**をとっているということですね。そして，消費税法7条で定める輸出免税は，仕向地主義の表れということですね（**図表147参照**）。

髙　橋　はい。このように，消費税における輸出取引については，源泉地主義と仕向地主義という2つの考え方があり，源泉地主義が原則というわけではありません。

106　金子宏・前掲（注16）743頁

●●● 図表147　クロスボーダー取引における消費税の課税主体の考え方

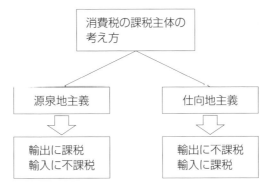

　そして，わが国の消費税法は，仕向地主義に基づき，輸入品（＝外国貨物）については，「国内において事業者が行った資産の譲渡等」には該当しないものの国内での消費に課税すべく，4条2項で「保税地域から引き取られる外国貨物には，この法律により，消費税を課する」と規定し，その反面として，輸出品については，「国内において事業者が行った資産の譲渡等」に該当するものの，国外で消費される輸出品については，7条1項1号によって課税対象から除外しているわけです（図表148の【現行消費税法】参照）。

　このように，**7条1項1号は，4条2項とともに輸出入取引に関して，消費税を仕向地主義に基づいて取り扱う旨の規定**であるということがわかります。そして，源泉地主義が「原則」というわけではないですから，7条1項1号で定める輸出免税は，本来課税されるべきものであるにもかかわらず課税しないことを定めた**「例外規定」**ではないということになります。

星税理士　なるほど！　そうすると，輸出取引については，わが国で消費税を課税する源泉地主義と，消費税を課税しない仕向地主義という2つの考え方があるので，Z調査官が主張の前提とする**輸出取引についても本来課税されるべきものである**という考え方自体が成り立たないということですね。

髙　橋　ええ。そう考えます。条文の定め方としては，輸出入以外の取引と輸

●●●●図表148　輸出入に関する条文の定め方

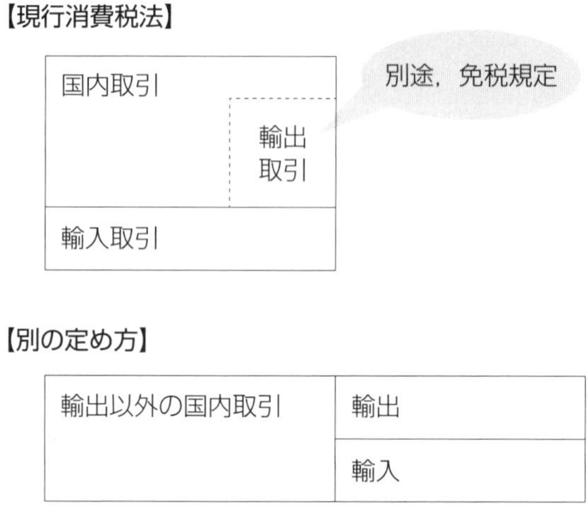

【現行消費税法】

国内取引		別途，免税規定
	輸出取引	
輸入取引		

【別の定め方】

輸出以外の国内取引	輸出
	輸入

出入を分けて規定する方法もあり得ると思いますが（**図表148**の【別の定め方】参照），現行の消費税法の定め方として，消費税法4条1項で国内において事業者が行った資産の譲渡等及び特定仕入れには消費税を課すとして広く網をかけたため，7条1項が4条1項の例外規定に見えるということにすぎません。

星税理士　条文の構造だけで表面的に原則・例外が決まるというわけではないということですね。

髙　橋　ええ。そんな単純な話ではないですね。物事にはいろいろな側面があるので，どの面に着目するかによって原則・例外という評価も変わってきますからね。

Step 4　**理由②（東京地裁平成9年8月28日判決を根拠とする主張）に対して反論する**

髙　橋　では，理由②に対する反論を構成してみましょう。

理由②は，帳簿等への記載が仮名の事案である東京地裁平成9年8月28日判決において，帳簿等への記載は真実であることが要求されていると解されていることを根拠に，輸出許可書等の記載も，当然真実が記載されていることが要求されているということでしたね。

第4章　未だ答えの出ていない問題について主張を組み立てる　305

　　Z調査官が根拠とする東京地裁平成9年8月28日判決以外に，本件と同様に輸出免税の要件が争点となった裁決や裁判例はありましたか？

星税理士　リサーチしてみました。輸出許可書の保存がなされていなかった事案の裁決（国税不服審判所平成7年7月3日裁決・裁決事例集50号257頁）がありました。

　　この裁決の内容を簡単にいうと，X社は，F国のG社から商品Aの販売を受注したが，商品はG社の要請によりH社W工場に納入され，H社の商品Bと同梱の上，K国に輸出していました。この取引の輸出手続はH社が行っており，商品Bに係る輸出証明書はH社が保管していたものの，商品A自体の輸出証明書は交付されていませんでした。このような事実関係のもと，X社が当該取引を輸出取引に該当するとして課税売上げから除外していたところ，Y税務署長は，消費税法7条2項に規定する輸出取引等の証明がないため，輸出免税の適用はないとして更正処分をしました。X社が当該更正処分を違法であるとして審査請求したところ，国税不服審判所は，A商品の輸出証明書が交付されていない以上，消費税法7条2項に基づき輸出免税の適用を受けることはできないと判断しました。

　　この裁決については，「法7条2項が，財務省令で定めるところによる証明がされたものであることを求めているのは，問題となる事案について，輸出の事実があったかどうか，どのような内容の輸出かという，取引の事実を正確に把握するためと考えるべきであろう。そうだとすれば，納税者が自らの帳簿，請求書等によって，輸出の事実とその内容を証明することができる場合にまで，形式的な理由により，輸出免税を排除してよいかどうかは疑問である」[107]との批判がなされています。

　　ただ，本件においては，輸出許可書自体の整理保存はあるので，この裁決における判断は直接の関係はないと思います。他には，特に見

107　田中治「納税義務者・課税取引と非課税取引」金子宏編『租税法の基本問題』716頁（有斐閣・2007年）

当たりませんでした。

髙　橋　そうですか。ということは，Ｚ調査官にとっても，根拠となる裁決
や裁判例がないということになりますね。

では，まずは，Ｚ調査官が根拠とする東京地裁平成 9 年 8 月28日判
決を見ていきましょう。

星税理士　はい。

事案の概要

　医家向け専門の医薬品の現金卸売業を営む株式会社である納税者が，仕入先
の候補となる薬品の卸等に対し，仕入先獲得のために，取引先の氏名を含む取
引上の事項に対して秘密を守ることを明示したチラシを郵送していました。そ
のため，納税者の仕入帳には仮名によって記載されているものがありました。

　当該取引に関し，課税庁は，当該帳簿に記載された仕入相手の氏名または名
称のうち，仮名であると認められる仕入取引に係る消費税額については控除を
認めることができないとして，更正処分等をしたため，納税者がこれを不服と
して争いました。

判決

「1　法定帳簿の意義について

　1　(1)　法30条 1 項は，事業者の仕入れに係る消費税額の控除を規定す
るが，右規定は，法六条により非課税とされるものを除き，国内において
事業者が行った資産の譲渡等（事業として対価を得て行われる資産の譲渡
及び貸付け並びに役務の提供をいう。法 2 条 1 項 8 号）に対して，広く消
費税を課税する（法 4 条 1 項）結果，取引の各段階で課税されて税負担が
累積することを防止するため，前段階の取引に係る消費税額を控除するこ
ととしたものである。その際，課税仕入れに係る適正かつ正確な消費税額
を把握するため，換言すれば真に課税仕入れが存在するかどうかを確認す
るために，同条七項は，同条一項による仕入税額控除の適用要件として，
当該課税期間の課税仕入れに係る帳簿等を保存することを要求している。
また，令50条 1 項は，法30条10項の委任に基づいて，同条 1 項の規定の適

用を受けようとする事業者について同条7項に規定する帳簿等を整理し，当該帳簿についてはその閉鎖の日の属する課税期間の末日の翌日から2か月を経過した日から7年間，これを納税地又はその取引に係る事務所，事業所その他これらに準ずるものの所在地に保存しなければならないと規定する。右のような法30条7項の趣旨及び令において帳簿の保存年限が税務当局において課税権限を行使しうる最長期限である7年間とされていること及び保存場所も納税地等に限られていることからすれば，**法及び令は，課税仕入れに係る消費税額の調査，確認を行うための資料として帳簿等の保存を義務づけ，その保存を欠く課税仕入れに係る消費税額については仕入税額控除をしないこととしたものと解される。**

⑵　**そして法30条8項が『前項に規定する帳簿とは，次に掲げる帳簿をいう。』と規定していることからすれば，同条7項で保存を要求されている帳簿とは同条八項に列記された事項が記載されたものを意味することは明らかであり，また，同条7項の趣旨からすれば，右記載は真実の記載であることが当然に要求されているというべきである。**なお，法30条8項の記帳事項が単に一般的記帳義務の内容を規定するものにすぎないとすれば，法30条中に規定する理由はないというべきであるし，あえて再生資源卸売業等に関する記帳事項の特例（令49条1項）を設け，法30条8項1号イのみの記帳省略を規定していることに照らしても，同項に規定する事項が仕入税額控除の要件として保存すべき法定帳簿の記載事項を規定していることは明らかというべきである。

⑶　**すなわち，法は，仕入税額控除の要件として保存すべき法定帳簿には，課税仕入れの年月日，課税仕入れに係る資産又は役務の内容及び支払対価の額とともに真実の仕入先の氏名又は名称を記載することを要求しているというべきである。**」（下線強調は筆者）

髙　橋　なるほど。では，本判決の判断を分析してみましょう。
　　　　これを議論モデル図として表現すると図表149のとおりになります。
　　　　つまり，消費税法30条7項の趣旨が「税務調査において，真に課税仕入れが存在するかどうかを確認するため」であることを前提として，

「消費税法30条7項で保存を要求されている帳簿の記載は真実の記載であることが要求されている」という主張を導いていますが、その根拠は「趣旨から当然に導かれる」ということのようです。

●●●● 図表149　東京地裁平成9年8月28日判決の議論モデル図

星税理士　根拠は「**当然**」だけですね。

髙橋　ええ。下級審における税務裁判例を分析していると、「当然」という理由で済ませているものを見かけることがあります。特に文理や趣旨から説得的に導けないような場合に、「当然」という理由が使われる傾向があります。法人税法上の「交際費」に該当するか否かが争点となった東京高裁平成5年6月28日判決・税資195号700頁においても、「とりも直さず」という評価をして、交際費該当性の判断基準に当てはまるものと判断していますが、これもその一例です[108]。しかし、本来、「当然」というのはそれ以外に解釈の余地がないとか、一義的に明らかといった場合に用いられる言葉であるはずです。

そして、「真に課税仕入れが存在するかどうかを確認するため」という消費税法30条7項の趣旨からは、「**原則として帳簿に記載されることを法は求めてはいるが、そうでない場合であっても、他の資料によって課税仕入れが存在することが確認されれば仕入税額控除をすることが認められる。**」という解釈も十分成り立つわけですから、「当然」ではないですね。そういう意味で、東京高裁平成5年6月28日判決は、**議論としての説得力がありません**。

本裁判例と同じ争点の裁判例として、東京地裁平成10年3月25日判

108　東京高裁平成5年6月28日判決については、拙著『税務判例に強くなる本』（中央経済社・2016年）79頁以降で分析していますので、ご参照ください。

第4章　未だ答えの出ていない問題について主張を組み立てる　309

決・税資231号341頁と広島地裁平成11年２月18日判決・税資240号716
頁が，ジュリスト税務判例百選［第５版］160頁で紹介されています
ので，これらについても判決内容を確認しておきましょう。

東京地裁平成10年３月25日判決

「1　法定帳簿の意義及び本件帳簿の法定帳簿該当性の有無
（争点１）について
　1　法30条１項は，事業者の課税仕入れ（法２条１項12号）に係る消費
税額の控除を規定するが，右規定は，法６条により非課税とされるものを
除き，国内において事業者が行った資産の譲渡等（事実として対価を得て
行われる資産の譲渡及び貸付け並びに役務の提供をいう。法２条１項８
号）に対して，広く消費税を課税する（法４条１項）結果，取引の各段階
で課税されて課税が累積することを防止するため，前段階の取引について
生じた消費税額を控除することとしたものである。その際，課税仕入れに
係る適正かつ正確な消費税額を把握するため，換言すれば真に課税仕入れ
が存在するかどうかを確認するために，法30条７項は，同条１項による仕
入税額控除の適用要件として，当該課税期間の課税仕入れに係る帳簿等を
保存することを要求している。また，令50条１項は，法30条10項の委任に
基づいて，同条１項の規定の適用を受けようとする事業者について同条７
項に規定する帳簿等を整理し，当該帳簿についてはその閉鎖の日の属する
課税期間の末日の翌日から２か月を経過した日から７年間，これらを納税
地又はその取引に係る事務所，事業所その他これから（ママ）に準ずるも
のの所在地に保存しなければならないと規定する。右のような法30条７項
の趣旨並びに令50条１項において帳簿の保存年限が税務当局において課税
権限を行使しうる最長期限である７年とされていること及び保存場所も納
税地等に限られていることからすれば，法及び令は，課税仕入れに係る消
費税額の調査，確認を行うための資料として帳簿等の保存を義務け（マ
マ），その保存を欠く課税仕入れに係る消費税額については仕入税額控除
をしないこととしたものと解される。
　2　そして法30条８項が「前項に規定する帳簿とは，次に掲げる帳簿を

いう。」と規定していることからすれば，同条７項で保存を要求されてい
る帳簿とは同条８項に列記された事項が記載されたものを意味することは
明らかであり，また，前記１において説示した同条７項の趣旨からすれば，
右記載は真実の記載であることが当然に要求されているというべきであ
る。」（下線強調は筆者）

広島地裁平成11年２月18日判決

　「(2)　そこで，右のような，真実の取引先を記載していない領収証等の
原資料であっても，消費税法30条７項にいう帳簿の備付があったと評価で
きるかにつき検討する。

　〈1〉　消費税法（以下「法」という。）30条１項は，事業者の仕入れに
係る消費税額の控除を規定するが，右規定は，法６条により非課税とされ
るものを除き，国内において事業者が行った資産の譲渡等に対して，広く
消費税を課税する結果，取引の各段階で課税されて税負担が累積すること
を予防するため，前段階の取引に係る消費税額を控除することとしたもの
であると解される。

　そして，右控除を行う際には，課税仕入れに係る適正かつ正確な消費税
額を把握することが必要となるところ，法30条７項は，右のような観点か
ら，同条１項による仕入税額控除の適用要件として，当該課税期間の課税
仕入れに係る帳簿等を保存することを要求して，その保存がない各課税仕
入れに係る消費税額については仕入税額控除をしないこととし，かつ，法
30条８項１号イは，右帳簿等には課税仕入れの相手方の氏名又は名称を記
載するものとしている。

　そうすると，右記載は真実の記載であることが当然に要求されていると
いうべきであり，したがって，仕入税額控除の要件として保存すべき帳簿
等には，課税仕入れの年月日，課税仕入れに係る資産又は役務の内容及び
支払い対価の額とともに，真実の仕入先の氏名又は名称を記載することを
要求していると解される。

　ただし，事業者において帳簿に記載した仕入先の氏名が真実であると信
じるについて相当の理由がある場合には，結果として真実でない氏名が記

第4章　未だ答えの出ていない問題について主張を組み立てる　311

<u>載されるに至ったとしても，仕入れに係る消費税額控除は適用されるものと解される。けだし，このような場合にまで税額控除を否定することは事業者に難きを強いることになり，法の趣旨に反する結果となると解されるからである。</u>」（下線強調は筆者）

星税理士　東京地裁平成10年3月25日判決も広島地裁平成11年2月18日判決も，先にみた東京地裁平成9年8月28日判決と同じような内容ですね。ただ，広島地裁の方は「事業者において帳簿に記載した仕入先の氏名が真実であると信じるについて相当の理由がある場合には，結果として真実でない氏名が記載されるに至ったとしても，仕入れに係る消費税額控除は適用されるものと解される。」という留保が付いている点に違いがあります。

反論その1　**Z調査官が根拠とする東京地裁平成9年8月28日判決の判断に関して反論する！**

髙　橋　まず，理由②に対しては，Z調査官が根拠とする東京地裁平成9年8月28日判決の判断が不当であると反論することが考えられます。

星税理士　先程，髙橋先生が言及したように，「消費税法30条7項の趣旨からいって，原則として帳簿に記載されることを法は求めてはいるが，そうでない場合であっても，他の資料によって課税仕入れが存在することが確認されれば仕入税額控除をすることが認められる。」という解釈も十分成り立ちますよね。その意味で，東京地裁の判断は，必要以上に厳しく解釈しているという印象があります。

髙　橋　はい。この東京地裁の判断は，139頁以降で検討した事前確定届出給与に関する裁判例（東京地裁平成24年10月9日判決）と同じように，All or nothingの思考パターンといえます。

星税理士　法令で列挙されている内容のすべてを満たしていなければ，効果はゼロというわけですね。

髙　橋　東京地裁の判断について反論するとすれば，例えば，以下のように構成できると思います。

消費税は，付加価値部分について納税する仕組みとなっているものの，事業者による資産の譲渡等のなされた各段階において課税する建付けとなっており，それによる課税の累積を排除するため，仕入税額控除という制度が設けられている。したがって，課税仕入れが真に存在しない場合には控除されるべきではないが，真に存在することが確認し得るにもかかわらず仕入税額控除がなされない場合には，課税の累積が排除されず，**仕入税額控除制度の趣旨を没却する**ことになる。

　また，**課税の公平の点からも不当**である。つまり，他の資料等によって真実の仕入業者名が判明するのであれば，課税仕入れが真に存在するか否かの確認に支障がなく，帳簿上真実の記載をしている場合と実質的に同じ状況にあるといえる。そして，担税力も同じである以上，真実の記載の場合にしか仕入税額控除を認めないとするのは，課税の上で同じ状況にあるものは同じに扱うべしという「課税の公平」に反する。

星税理士　なるほど。確か，消費税法30条7項の「保存」の解釈が争点となった最高裁平成16年12月20日判決の滝井繁男裁判官の反対意見も仕入税額控除制度を対立利益として議論していましたね。

髙　橋　はい。それを参考にして構成してみました。

　　　　また，保護法益の調和の観点からも反論を構成できます。裁判所が根拠とする保護法益は「調査の必要性」または「調査の便宜」ということになるわけですが，上述のとおり，仕入税額控除の制度趣旨である「課税の累積の排除」や「課税の公平」といった保護法益に対する配慮が全く欠けているといえます（**図表150**参照）。

●●○図表150　東京地裁の判断は保護法益の調和を欠いている

課税の累積の排除
担税力に基づく課税
課税の公平
VS.
調査の必要性
調査の便宜

第4章　未だ答えの出ていない問題について主張を組み立てる　313

　ただ，東京地裁平成9年8月28日判決に対して一応は反論しておくとしても，地裁レベルではあるものの同じ判断の裁判例が複数ある以上，課税の現場において当該判断を否定することだけで対抗するのは，ややハードルが高いと思われます。

　したがって，戦略的には，当該裁判例での判断が不当であるので根拠にはならないといった真っ向勝負の主張だけではなく，別のルートも考えるべきですね。

反論その2　仕入税額控除と輸出免税との違いを強調する！

星税理士　これまでの反論は，理由②の議論モデル図（前掲図表146）のうち「前提・事実等」の部分をつぶすということだったので，別のルートというのは「根拠」部分をつぶすということですか？

髙　橋　そうです！

　　　　理由②の根拠は，「輸出免税と仕入税額控除とでは，調査による確認の必要性という点で利益状況は同じ」ということでしたね。したがって，**利益状況は「同じではない」といえればよい**ということになります。

星税理士　なるほど。そうすると，**輸出免税と仕入税額控除の違う点を見つける**必要がありますね。

髙　橋　はい。輸出免税と仕入税額控除とでは，何が違いますか？

星税理士　単純に考えて，輸出免税は「売上げ」で，仕入税額控除は「仕入れ」といった違いはありますね。

髙　橋　そうですね。帳簿等によって確認すべき取引の種類が異なりますね。仕入税額控除の場合は課税仕入取引の有無及び内容が確認すべき取引の内容になりますが，輸出免税の場合，帳簿等によって確認すべきことは何でしょうか？

星税理士　消費税法7条2項では「前項の規定は，**その課税資産の譲渡等が同項各号に掲げる資産の譲渡等に該当するものであることにつき，財務省令で定めるところにより証明がされたものでない場合には，適用しない**」と規定されているので，1項各号の資産の譲渡等に該当するか

否かが確認（条文上では「証明」）対象ということになります。輸出の場合は，1項1号なので「**本邦からの輸出として行われる資産の譲渡又は貸付け**」が確認の対象ということになります。

髙　橋　そうですね。つまり，「**輸出**」であることが確認の対象であるということになりますね（図表151参照）。

そこで，次に，消費税法7条1項1号の「輸出」の意味を明らかにする必要があります。

●●●●図表151　仕入税額控除と輸出免税における確認対象

星税理士　日常的に使っている「輸出」という言葉とは，意味が違うのですか？

髙　橋　一般に，条文上の文言であって，当該文言について定義を定める規定が置かれていない場合には，解釈によって確定する必要があります。

『租税法』によると，「ここに輸出とは，貨物を外国に仕向けられた船舶または航空機に積み込むことであり，中古自動車を外国に持ち帰る外国人に譲渡する取引だけでは，輸出があったとはいえない（東京地判平成18年11月9日・税資256号順号10569）」[109]と説明されています。つまり，**物理的に貨物を外国向けの船舶等に積み込むことが「輸出」**の意味のようです。

念のため，ここで紹介されている東京地裁平成18年11月9日判決を確認してみましょう。

109　金子宏・前掲（注16）742頁

第4章　未だ答えの出ていない問題について主張を組み立てる　315

「2　争点①（輸出免税の実体要件該当性）について

(1) 『輸出』という語は，外国為替及び外国貿易法，輸出貿易管理令，輸出入取引法などの各種法令で用いられており，一般には，貨物を本邦以外の外国に向けて送り出すこと，すなわち，外国に仕向けられた船舶又は航空機に積み込むことを指すとされている（吉国一郎ほか共編『法令用語辞典』）。関税法では，特に，内国貨物を外国に向けて送り出すことを『輸出』としているが（同法2条1項2号），これは，保税地域からの外国貨物の積戻し（同法75条）と区別するための定義規定であり，内国貨物の『輸出』に限っていえば，上記のような一般的な意義と異なるものではない。消費税法7条1項1号にいう「輸出」も，同法中に特に定義規定が置かれていないことから，上記のような一般的な意義を有する語として用いられているものと解される。

　<u>このように『輸出』とは，貨物を外国に仕向けられた船舶又は航空機に積み込むことをいうのであり，船舶又は航空機への積込みという貨物の物理的な移転行為をとらえた概念であるから，消費税法7条1項1号にいう『本邦からの輸出として行われる資産の譲渡又は貸付け』とは，資産を譲渡し又は貸し付ける取引のうち，当該資産を外国に仕向けられた船舶又は航空機に積み込むことによって当該資産の引渡しが行われるものをいうと解するのが相当である。</u>すなわち，本件のような動産の売買取引においては，通常，目的物である動産を買主に引き渡すことが取引の重要な要素であるから，外国に仕向けられた船舶又は航空機への積込みによって目的物の引渡しが行われる場合には，当該売買取引は，その要素に輸出行為を含む取引として，『本邦からの輸出として行われる資産の譲渡』に該当するものというべきである。」（下線強調は筆者）

髙　橋　　上記判示から，消費税法7条1項1号の「輸出」は，外国為替及び外国貿易法，輸出貿易管理令，輸出入取引法及び関税法からの**借用概念**によって解釈されていることがわかります（**図表152参照**）。そして，消費税法7条1項1号にいう「本邦からの輸出として行われる資産の譲渡又は貸付け」とは，資産を譲渡し，または貸し付ける取引のうち，

当該資産を外国に仕向けられた船舶または航空機に積み込むことによって当該資産の引渡しが行われるものをいうものと解されていることがわかります。

つまり，船舶または航空機への積込みという**「貨物の物理的な移転行為」**をとらえた概念であるということです。

図表152　消費税法７条１項１号の「輸出」は他の法令からの借用概念

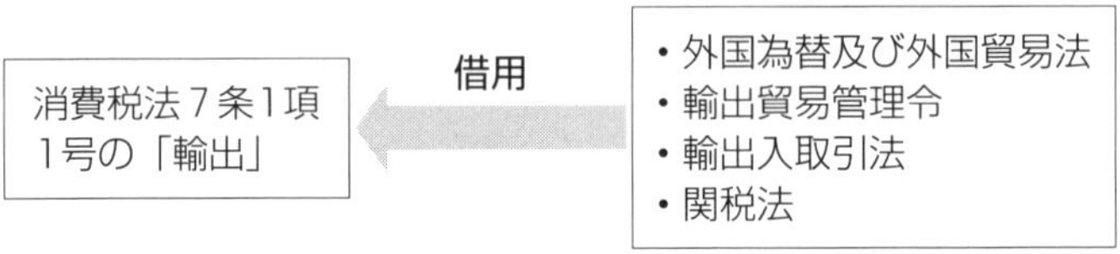

消費税法７条1項
1号の「輸出」
借用
・外国為替及び外国貿易法
・輸出貿易管理令
・輸出入取引法
・関税法

星税理士　とすれば，ある資産の譲渡等が「輸出」であることを確認するためには，**課税事業者が譲渡した資産の譲渡等が，物理的に外国に仕向けられた船舶等に積み込まれたことが輸出許可書によって証明できれば足りる**ということではないでしょうか（図表153）。

図表153　輸出許可書によって確認すべきこと

積み込む
仕向地：外国
これが確認できれば
足りる！

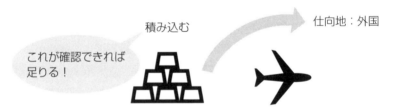

髙　橋　そうですね！　そうすると，課税事業者が譲渡した資産等が，物理的に外国に仕向けられた船舶等に積み込まれたことは，輸出許可書に記載された①輸出した事業者，②輸出年月日，③資産の品名及び数量及び④仕向地で確認できるので，単価は「輸出」の有無の確認において必ずしも必要な情報というわけでもないですね。販売価格は輸出者によって異なるわけですから，輸出物品の特定に役立つ情報というわけでもないですしね。また，輸出売上金額の確認が必要であるとしても，請求書等の他の資料によって十分に確認できますね（図表154）。

●●●図表154　輸出許可書上の単価の記載が真実と異なる場合の「輸出」の確認

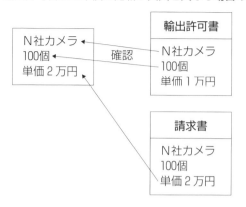

星税理士　なるほど。つまり，①**そもそも，仕入税額控除と輸出免税では確認すべき対象が異なり，単価は「輸出」であることの確認に必須ではない**，そして，②**輸出免税の場合，単価は輸出許可書以外，例えば請求書等によっても確認できる**という点で，仕入税額控除とは違うということがいえますね。

　そうすると，Ｚ調査官が理由②の根拠とする「輸出免税と仕入税額控除とでは，調査による確認の必要性という点で利益状況は同じ」に対しては，「上記①の点で利益状況は異なるので，東京地裁平成９年８月28日判決の判断は，輸出免税の場合にはそのまま妥当するわけではない。また，単価の確認が必要であるとしても上記②のとおり請求書等で確認できる」，と反論することになりそうですね。確かに，**輸出許可書等の整理・保存は，税務調査において「輸出」の事実を確認するためであるという趣旨からいって，単価まで正確に記載されていなければならないという解釈にはならない**ですね。

髙橋　はい。それと，本件のように取引先の要求によってアンダーバリューにする場合でなくとも，輸出許可書によっては単価が確認できない場合があります。というのも，関税法によれば，輸出の時点では価格未決定で，かつ，輸出申告内容に誤りがあった場合等以外の場合には，輸出許可後の変更手続が不要になりますので，その場合，単価

は実際の単価と異なる場合があります。そうすると，単価については，輸出許可書によって確認できない場合が当然にあり得るということです。

とすると，**消費税法施行規則 5 条で，単価についても真実の内容を要求するとした場合，このようなやむを得ないケースまで輸出免税が認められないということになりますが，このような帰結が不当である**ということも反論にできそうですね。

星税理士 なるほど。All or nothingで解釈する場合には弊害が生じるということですね。

参考

【「輸出許可後の価格変更の取扱いを変更しました（平成27年 5 月）」（出典：税関HP）】

＜輸出許可内容の変更に係る基本的な考え方＞

　関税法における輸出申告及び許可については，輸出申告の時点における貨物の現況により，輸出申告が行われ許可の判断がなされていることから，輸出申告内容そのものに誤りがあった場合，又は，関税法基本通達67－ 1 －11から67－ 1 －14まで（船名・積込港・数量・価格の変更の取扱い）の規定により変更を要する場合を除き，輸出許可後において，事情の変更があったとしても輸出許可内容の変更は要しない。

理由② 反論のまとめ

髙　橋 理由②の反論はやや長くなりましたので，ここで簡単にまとめてみましょう。

まず，Ｚ調査官が根拠とする東京地裁平成 9 年 8 月28日判決の判断については，真実の記載であることが必要であると導くための根拠が乏しく，また，仕入税額控除制度の趣旨を没却する等の観点から不合理である，と反論することになります（**反論その 1** ）。

星税理士 ただ，東京地裁平成 9 年 8 月28日判決の判断の不当性だけを主張してもＺ調査官の主張に対する反論としては弱いということでしたね。

髙　橋 はい。そこで，輸出免税と仕入税額控除とでは，調査による確認対

第4章　未だ答えの出ていない問題について主張を組み立てる　319

象の違いという点で利益状況は同じではないため，東京地裁平成9年
8月28日判決の判断は輸出免税の場合には妥当しないと反論すること
になります（**反論その2**）。

　具体的には，仕入税額控除の場合は課税仕入取引の有無及び内容が
確認すべき事項になりますが，輸出免税の場合には課税事業者が譲渡
した貨物が物理的に外国に仕向けられた船舶等に積み込まれたことで
あって，その点に差異があります。

　そして，単価は，貨物が物理的に積み込まれた事実の確認に必須で
はなく，加えて，単価は請求書等によっても確認できることから，輸
出許可書において単価まで正確に記載されていなければならないとす
る理由はないという主張になります。

星税理士　はい。よくわかりました。それでは，以上を取りまとめてＺ調査官
　　　と協議したいと思います。

おわりに

いかがでしたか。

「あれも伝えたい，これも伝えたい」と思って執筆していたら，当初の予定とは異なり，分厚い本になってしまいました。それでも，最後までお読みいただきありがとうございました。

「はじめに」でも言及したように，税務の世界は，ルールがはっきりとせず，概念も曖昧，納税者に有利な判決等も少ないというような，納税者にとって有利な議論を展開することが難しい状況にあります。しかし，このような状況を前にあきらめてしまうのではなく，概念を明確にする（例えば，「課税の公平」），ルールを明確化する（例えば，条文解釈ルール），原理原則に立ち返って考える（例えば，「課税減免規定の限定解釈」の妥当性），課税庁の言い分とは違う視点から考えてみる（例えば，別の保護法益からの視点），論理的妥当性を検証する（例えば，詭弁の有無），具体的に考えてみる（例えば，蓋然性の程度）というようなことを駆使すれば，説得的な議論を組み立てることも可能です。

これが，筆者が本書で伝えたかったことです。

なお，本書で取り上げた判決に対する分析や批判等は，筆者の視点に基づく解釈ですから，これが「正解」というわけでは，もちろんありません。異なった視点に立てば，別の評価も十分あり得ると思います。しかし，裁判所が行った判断であるから「正解」というわけではないということが感じ取っていただけたのであれば，筆者の試みとしては大成功です！

本書が，今後の皆さまの実務におけるご参考となれば，大変うれしく思います。

【著者紹介】

髙橋　貴美子（たかはし　きみこ）

髙橋貴美子法律事務所　弁護士・公認会計士

公認会計士としてKPMGで外資系企業を中心とする監査業務に従事。その後，会計事務所を自ら運営。弁護士登録後，三井法律事務所にて国内及びクロスボーダーの各種金融取引，M＆A，民事再生を含む企業法務全般に従事。2011年8月に髙橋貴美子法律事務所を開設。税務訴訟も複数手掛ける。日本公認会計士協会租税調査会法人課税専門部会専門委員，税務訴訟学会理事。

ぜいむあたま
税務頭を鍛える本

2018年9月15日　第1版第1刷発行

著　者　髙　橋　貴　美　子
発行者　山　本　　　　継
発行所　㈱中　央　経　済　社
発売元　㈱中央経済グループ
　　　　パブリッシング

〒101-0051　東京都千代田区神田神保町1-31-2
電話　03(3293)3371(編集代表)
03(3293)3381(営業代表)
http://www.chuokeizai.co.jp/
印刷／㈱堀内印刷所
製本／誠　製　本　㈱

© 2018
Printed in Japan

＊頁の「欠落」や「順序違い」などがありましたらお取り替えいたしますので発売元までご送付ください。（送料小社負担）
ISBN978-4-502-27671-2　C3034

JCOPY〈出版者著作権管理機構委託出版物〉本書を無断で複写複製（コピー）することは，著作権法上の例外を除き，禁じられています。本書をコピーされる場合は事前に出版者著作権管理機構（JCOPY）の許諾を受けてください。
JCOPY〈http://www.jcopy.or.jp　eメール：info@jcopy.or.jp　電話：03-3513-6969〉